全国高等院校电子商务类规划教材

电子商务网站运营与管理

主　编　张传玲　王红红
副主编　吴国华　王玉玉　于　帅
　　　　翟瑞卿　孙　伟　甄小虎

内 容 简 介

全书共分电子商务网站策划、电子商务网站管理、网站优化及推广三大部分。其中电子商务网站策划包括网站定位与策划、网站功能设置、网站域名注册与主机选择共三个项目，电子商务网站管理包括网站设置、系统维护、网站备案、商品管理、文章管理、广告管理、订单管理、会员管理共八个项目，网站优化及推广包括网络信息沟通、网站优化、网站推广、网站评价共四个项目。

本书强调学生实际动手能力的培养。每个项目分为几个任务，每个任务有相关的知识介绍，通过每个任务的实施提高学生操作能力，每个项目都有拓展训练，通过拓展训练达到举一反三的效果。

本书可作为高等职业学校、普通高等院校（应用型本科）、成人高校、民办院校及本科院校举办的二级职业院校电子商务类专业及其他相关专业的教学用书，也可作为电子商务培训教材和自学用书。

图书在版编目（CIP）数据

电子商务网站运营与管理/张传玲，王红红主编. —北京：北京大学出版社，2009.8
（全国高等院校电子商务类规划教材）
ISBN 978-7-301-15299-7

Ⅰ. 电… Ⅱ. ①张…②王… Ⅲ. 电子商务—网站—高等学校：技术学校－教材 Ⅳ. F713.36 TP393.092

中国版本图书馆 CIP 数据核字（2009）第 091369 号

书　　　　名：	电子商务网站运营与管理
著作责任者：	张传玲　王红红　主编
责 任 编 辑：	周　伟
标 准 书 号：	ISBN 978-7-301-15299-7/F · 2211
出　版　者：	北京大学出版社
地　　　址：	北京市海淀区成府路 205 号　100871
网　　　址：	http://www.pup.cn
电　　　话：	邮购部 62752015　发行部 62750672　编辑部 62756923　出版部 62754962
电 子 信 箱：	xxjs@pup.pku.edu.cn
印　刷　者：	三河市博文印刷有限公司
发　行　者：	北京大学出版社
经　销　者：	新华书店
	787 毫米×980 毫米　16 开本　18 印张　353 千字
	2009 年 8 月第 1 版　2019 年 12 月第 10 次印刷
定　　　价：	30.00 元

未经许可，不得以任何方式复制或抄袭本书之部分或全部内容。
版权所有，侵权必究
举报电话：010-62752024；电子信箱：xxjs@pup.pku.edu.cn

前　言

随着电子商务应用在全球的不断普及与深入，电子商务已成为国民经济和社会信息化的重要组成部分。随着企业上网需求的不断增加，许多企业意识到在电子商务实施过程中，电子商务网站的策划、管理、推广与维护已成为企业电子商务中的一项重要工作。成功的策划、推广电子商务网站，并做好网站的日常管理与维护，对电子商务的实施效果起着至关重要的作用。我国许多的企业已进入电子商务领域，而且还有更多的企业正准备进军这一领域，因此，需要一大批能够熟练地进行电子商务网站策划、管理、推广与维护的人员。

本书以面向应用为宗旨，以任务驱动的方式，着重介绍了电子商务网站策划、管理、推广与维护工作中涉及的主要技能及相关的理论。

本书紧贴职业岗位的需要，以一个网店从策划到应用的实例，突出了职业知识与职业技能，内容通俗易懂，编写方式新颖。

全书共分电子商务网站策划、电子商务网站管理、网站优化及推广三大部分，共十五个项目。其中电子商务网站策划包括网站定位与策划、网站功能设置、网站域名注册与主机选择共三个项目，电子商务网站管理包括网站设置、系统维护、网站备案、商品管理、文章管理、广告管理、订单管理、会员管理共八个项目，网站优化及推广包括网络信息沟通、网站优化、网站推广、网站评价共四个项目。

本书采用了项目导向、任务驱动的编写方法，每章以"项目引入"引出职业岗位工作需要，用"项目分析"引出主要问题，用"任务分解"引出若干个任务。在每个任务中有"相关知识"介绍，有"任务实施"进行具体操作步骤的讲解。为了使学生更好的掌握所学内容，每个项目都有"知识回顾"及"拓展训练"供学生进行总结和练习。

本书可以作为高等职业学校、普通高等院校（应用型本科）、成人高校、民办院校及本科院校举办的二级职业院校电子商务类专业及其他相关专业的教学用书，也可以作为电子商务培训教材和自学用书。

本书由山东经贸职业学院张传玲、淄博职业学院王红红担任主编，吴国华、王玉玉、于帅、翟瑞卿、孙伟、甄小虎参与了编写工作。在教材编写过程中，作者做了许多努力，但由于作者的水平有限，书中内容难免有疏漏之处，恳请广大读者批评指正，并将意见及时反馈给我们，以便在教材修订时加以改进。

为帮助师生更好掌握乐度网店系统操作技巧，乐度网店系统源程序可从 http://www.lodoeshop.com/ 下载试用，我们可以在本机安装 IIS，将乐度网店系统文件拷贝至根目录，在浏览器中进行本地测试。也可以将乐度网店系统文件上传到虚拟主机空间进行远程测试。

张传玲
2009 年 7 月

目　　录

项目一　网站的定位与策划 1
　　任务一　电子商务模式选择 3
　　任务二　网站可行性分析 8
　　任务三　网站建设规划 14

项目二　网站功能设计 18
　　任务一　设计网站前台功能 19
　　任务二　设计网站后台功能 26

项目三　域名注册与主机选择 34
　　任务一　注册申请域名 35
　　任务二　主机方案的选择 42
　　任务三　网站的发布与维护 49

项目四　网站设置 55
　　任务一　登录乐度网店系统 57
　　任务二　网站基本设置 61
　　任务三　系统设置 65
　　任务四　邮件管理设置 70
　　任务五　支付管理设置 74
　　任务六　配送管理设置 79

项目五　系统维护与更新 83
　　任务一　人员权限设置 84
　　任务二　数据安全维护 88
　　任务三　管理日志维护 90
　　任务四　锁定 IP 功能 92
　　任务五　数据清理 92
　　任务六　主机信息查看 93

项目六	网站备案	96
项目七	商品管理	109
任务一	商品分类管理	111
任务二	商品品牌管理	114
任务三	供货厂商管理	116
任务四	商品信息编辑与发布	118
任务五	商品关键词	124
任务六	优惠管理	127
项目八	文章管理	133
任务一	网站导航设置	134
任务二	新闻管理	139
项目九	广告管理	148
任务一	网络广告发布与管理	149
任务二	友情链接	167
项目十	订单管理	175
任务一	订单处理	176
任务二	销售数据分析	180
任务三	访问统计	184
项目十一	会员管理	191
任务一	会员注册测试	192
任务二	会员后台管理	196
任务三	会员短信	200
任务四	会员充值	201
任务五	会员级别管理	202
项目十二	网络信息沟通	205
任务一	在线调研设计	206
任务二	用户反馈信息的获取与处理	213

项目十三　网站优化 226
任务一　站内 SEO 228
任务二　站外 SEO 234

项目十四　网站推广 238
任务一　搜索引擎推广 239
任务二　电子邮件推广 244
任务三　利用 BBS 推广网站 249
任务四　博客推广 251
任务五　分类信息 256
任务六　商圈推广 260

项目十五　网站评价 268
任务一　网站评价 269
任务二　网站排名与访问统计 273

项目一
网站的定位与策划

小王:小王是一名普通的电子商务专业的应届毕业生。

得乐办公用品有限公司:一家地区性的专业化大型办公用品供应商,为客户提供各种专业的办公用品、办公设备、IT产品、耗材、文化教学用品、商务礼品、办公家具、办公装饰用品、体育用品、办公生活必需品等,并提供广告、图文制作等相关服务。主要客户为本地区的各界企事业单位。公司档案参见表1-1。

表1-1 得乐办公用品有限公司情况表

所主营行业	办公文具办公耗材
公司经营性质	私营
主要商品	各类笔、益而高、得力、易达、齐心、华杰文具、比百利纸品、打印耗材等
产品主要品牌	益而高、得力、易达、齐心、华杰、比百利
企业类型	贸易公司
注册资金	50万
员工人数	60~100人
公司成立年份	2000—9—1

电子商务网站运营与管理

得乐办公用品有限公司是一家典型的传统企业,主要的经营范围是 W 市及周边的县市区。在信息技术高速发展的今天,为了在激烈的市场竞争中提高自身的竞争能力,得乐办公用品有限公司的管理层想通过开展电子商务来弥补自己现在商业模式上的不足,提高企业的经营效率和降低成本。但是,对传统企业来说开展电子商务,缺乏相关的专业人才是制约企业发展电子商务的瓶颈之一。

现在这项任务理所当然的交给了小王。小王考虑之后决定利用网站来作为公司在电子商务架构的主体,在互联网上发布信息,开展网络推广和销售。

项目分析

近年来,随着互联网的迅速崛起,互联网已日益成为收集提供信息的最佳渠道并逐步进入传统的流通领域,互联网的跨地域性和可交互性使其在与传统媒体行业和传统贸易行业的竞争中具不可抗拒的优势,因而发展十分迅速。在电子商务在中国逐步兴起的大环境下,建立利用互联网开拓信息渠道,帮助企业及时调整产品结构,协助经销商打开货源的信息门户成为解决信息流通不畅的有效方案。毫无疑问,电子商务有利于企业转换经营机制,建立现代企业制度,提高企业的管理水平和国际竞争力。

就电子商务的概念来说,其概念的外延非常广泛,从应用企业邮箱、建立企业站点到登录搜索引擎、实现网上销售等都是企业开展电子商务的具体行动。因此,电子商务并不只是有很强实力的大中型企业才有资格涉足的,相反,电子商务中最活跃和最大的受益群体恰恰应该是那些实力不强、面临激烈竞争的中小企业。

企业建设电子商务系统,获得的优势还是不言而喻的。从大的方面说,企业通过互联网可以融入全球化的经济大环境,增强企业的全球市场竞争能力,能以非常低的成本建立全球市场,实现全球性多边贸易;由于客户群的增加,企业对客户需求也会有更为广泛的了解,使企业获得更准确的目标产品信息,向顾客提供他们所需要的信息及产品服务;另一方面,对在网上进行交易的企业和消费者而言,网上交易可节省开支、降低费用;而对整个社会而言,企业广泛地进行网上交易,可以与金融电子化相互促进,极大地减少了现金的生产、储存、流通和管理。从企业自身的经营管理方面来说,可以减少企业因为散发有关产品说明、广告印刷、等待客户决定等而造成的时间、资金上的巨大浪费,明显缩短销售周期、资金周转周期。再进一步来说,企业甚至可以通过精简供货环节,显著削减占用巨大物理库存的费用,有的甚至可能根本不用库房,只需把内部管理系统与电子商务系统连接起来,就能解决在线订货问题。有些企业还可以通过网上销售的跟踪预测和分析工具的高效和精确,显著提高处理库存、进行经营决策的效率。

目前互联网上的网站数以万计,有些网站办得有声有色,发挥了较好的作用,有些网站则无声无息,没有发挥应有的作用,分析其原因,主要是对网站的认识还不够深入,多数网站不知道自己到底能干些什么,人们为什么会访问自己的网站,浏览者还会不会再次光临。其次,无论是政府网站、企业网站还是电子商务网站或其他类型的网站,网站的成功与否取决于网站的定位和提供服务的效果,要规划设计好一个有吸引力的网站,至少应该遵循以下基本原则:

(1)明确网站设计的目的与用户需求。
(2)网站总体设计方案主题鲜明。
(3)网站总体设计应结构清晰。

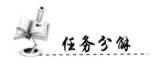

为完成以上工作,可以把本项工作分解成以下三个工作任务:
任务一:电子商务模式选择;
任务二:网站可行性分析;
任务三:网站建设规划。

任务一 电子商务模式选择

一、电子商务

所谓电子商务(e-business),就是利用数字技术对企业各种经营活动的优化。这里所说的数字技术就是计算技术和网络技术,因为它们为数字信息(即用1和0组成的信息)的存储和传递创造了条件。

企业利用电子商务的手段吸引并且维系客户和商务伙伴。电子商务已渗透到企业的各项工作流程中,如产品的采购和销售等。它涉及的领域包括数字化沟通、数字化交易、在线市场调研,企业的各个工作岗位上都会用到电子商务。

有时候人们也用 e-commerce 来表示电子商务，我们可以认为它是电子商务的一个分支，即电子交易。

电子商务具有以下几个特征。

（1）经济主体间数字化信息的交换。

这种信息交换可以表现为双方的交流、商品和服务流通的协调，或是电子订单的传送。这些交换可能出现在企业与企业之间、消费者之间，或是企业和消费者之间。

（2）以技术为基础。

电子商务是基于技术的交易。过去企业经常通过人员面对面交流的方式严密地管理与顾客和市场之间的交易；而在电子商务中，这样的交易可以使用技术来进行处理。

（3）以技术为媒介。

电子商务正在从简单的基于技术的交易转变为以技术作为交易双方的媒介。企业的成功在于企业如何利用屏幕和机器来管理客户关系并满足客户的需求。这与过去以人员接触为特征的交易大相径庭。

（4）支持企业间的交易和企业内部的活动。

电子商务的范畴包括所有电子化的、直接或间接支持市场交易的所有企业内外部的活动。从这个意义上来说，电子商务不仅影响企业与外部的关系——客户、供应商、合伙人、竞争者和市场，而且也影响着企业内部的管理业务、流程和系统。

二、电子商务与传统企业的不同

每个传统企业在开展电子商务前都必须做出一个最基本的选择，即怎样在其所选择的市场内展开竞争，这些选择有些是体现在企业传统战略的制定和执行过程中，如"我们怎样划分市场"、"我们的产品是否增加了目标客户的价值"，以及"我们怎样在目标市场中取胜"。许多战略决策是新经济所特有的，如采用何种基于技术的用户界面。在对这些关键性的战略决策做进一步的讨论之前，首先要搞清楚电子商务企业与传统的砖头加水泥型企业的区别是什么。

1. 基于技术的核心战略决策

在互联网当中，关于虚拟店面、客户服务、客户感官体验以及站点内容的战略决策都与技术决策相关。这些决策涉及服务供应商、公众交易系统和网站设计方法等方面的选择。与各种传统的砖头加水泥型企业相比，数字企业在战略决策过程中不能脱离技术选择。

2. 实时竞争响应

最近，战略学家引入了一个基于速度的竞争以及"超竞争"的概念，已表明速度对传统的砖头加水泥型企业越来越重要。但是，新经济出现后，决策过程的时间尺度已经从月降到了分钟。在虚拟世界中 B2C（Business to Customer，企业-消费者模式）企业的虚拟店面在万维网的平台上频繁的与公众进行动态对话。因此，企业更容易复制其竞争对手的成功模式。这并不意味着电子商务交易最终变成同质产品间的竞争，价格成为唯一需要考虑的因素。恰恰相反，创新速度、品牌、实用的方便性、操作的有效性、产品的分类、会员的协议等将成为企业维持或者增强差异化的手段。

3. 商店全天候服务

网络商店能一周 7 天、一天 24 小时、一年 365 天进行营业，这里简单表示成 24×7。这种能够随时提供服务的能力对于客户和商家都有很重要的意义。从消费者的角度看是能及时收集信息，查找产品，比较不同站点的价格，以及订购产品。因此，24×7 已经从本质上改变了顾客对便利性和实用性的认识。从企业的角度看，这样的水准已经迫使企业在战术和战略上调整对竞争的响应。

4. 以技术为基础的用户界面

在传统企业中，客户通过面对面方式或者借助于电话与商店的营业员、会计、经理或其他人员进行交易。与之成为对比的是，电子化环境中的用户界面是一种"人机互动"型的。所谓的电子环境，包括个人电脑的显示器、ATM 机、掌上电脑（PDA）或其他的电子设备，这还包括正在迅猛发展的无线应用协议的领域。在经营上这种界面要求企业承担获取和表达客户购物信息的责任，因为在交易过程中，企业没有机会直接对客户施加影响。如果用户界面设计恰当，客户将没有必要同时或者事后与企业进行电话交谈。因此这种人机互动的界面在增加销售量、降低成本方面具有很大的潜力。

5. 客户主导的互动

大多数网站使用自助服务的模式来管理基于商务或社区的交流，因此，客户控制着人机互动的交流。客户控制检索过程、浏览网站的时间、价格产品的比较、需要联系的人员以及购买决策。在面对面的交易中，买方、卖方或是其他的相关人员都有一定的控制权。商家尽量将潜在的消费者导向不同的产品或购物场所，以便消除客户在价格上的顾虑和实施对竞争对手供应做出反应，从而影响购物过程。虚拟商店的消费者体验可以通过独特的目标促销、重新设计界面以反映客户过去的检索习惯、基于以前的其他相似用户的购买行为重新推荐产品、优先享有相关信息等方面来塑造。但是，在在线环境下，企业的影响力有限，在线交易的控制权和信息流掌握在消费者的手中。

6. 认识客户的行为

尽管客户控制了互动过程，但企业仍有前所未有的机会观察和跟踪每一个客户的购物行为。企业也可以通过第三方公司跟踪客户的众多行为进行评估。这些行为包括访问的站点、在站点上停留的时间、在站点上浏览的页面、计划购物清单、时间购买量、消费的金额、重复购买习惯、最终完成交易者所占的比率，以及其他的衡量标准。对客户的行为习惯跟踪到这种程度（在跟踪消费者偏好、知识水平或行为目的方面）传统企业是不可能实现的（即使实现了，成本也是让人难以承受的）获得这些信息之后，企业可以提供一对一的商品定制服务。另外，企业可以在网上发布动态产品信息，调整向客户提供的产品种类。在战术的制定上，电子售货商欢迎回头客。在更高的战略层次上，在线企业实际上能提供某类客户特别偏爱产品的摆放位置。

而且，应用一些衡量标准，如客户获取成本、客户保持成本、客户时间价值、协作协议的价值和购物定价结构（如"点击"支付或委托购物的付款方式），这种跟踪客户行为的能力可移转换成实时的客户财务估算。由于用真实购买情况代替了对消费者行为的预期（浏览次数、点击率、对网站的印象等），传统的广告形式重新抬头，这就是为什么影响媒体的网络术语（如浏览量、点击率）与点进次数和购买收益相比不再对顾客具有吸引力。

7. 网络经济学

在信息密集型行业中，厂商间的竞争主要集中在行业的产品标准、服务、部件或体系结构上。正如梅特卡尔夫定律所描述的那样，网络效应描述的情况是，产品或服务的价值随着正在使用该产品的用户数量的增长而增长，典型的例子是传真机和电话。对于客户来说，产品或服务的价值主要由正在采用这项技术的其他人的数量所决定。

网络经济学的关键特征是正反馈。也就说，随着已安装用户基数的增长，越来越多的客户将会愿意接受它。在数字化经济时代，由于客户转换成本的增加，许多商战围绕着标准的制定进行，即扩大已使用产品用户的技术和使用标准来"锁定"客户。这个规律适用于硬件[有线调制解调器与数字用户线（DSL）的竞争]和软件（如MP3与流音频的竞争）。

网络效应和正反馈造成的一个重要现象是"报酬递增"，而在传统的砖头加水泥型的企业中，报酬递减。这也意味着市场营销的传统手段，如在消费者中口口相传的重要性在新的网络环境下被放大了。正是这种不断增强的口口相传的现象使得以客户为中心的电子商务病毒营销得以实现，譬如实时信息传送系统。

总而言之，与传统型企业的每一项差异均构成了电子商务交易的独特性。然而，如果将这些差异放在一起，它们的影响就会被放大。人机互动的界面、网络效应、实时竞争响应以及一对一客户定制的结合势必会实现顾客与企业的双赢。双方都获得了独特的、以前没有获得过的信息。

三、电子商务模式

电子商务有三种不同的类型，即企业-企业模式、企业-消费者模式、消费者-消费者模式。

1. 企业-企业模式（Business to Business，简称 B2B）

企业-企业模式是指在两个组织之间发生的所有电子商务交易。B2B 电子商务交易的其他形式包括购买和采购、供应商管理、库存管理、渠道管理、销售活动、支付管理以及售后服务和维护。

2. 企业-消费者模式（Business to Customer，简称 B2C）

企业-消费者模式是指企业与客户间的电子商务交易，如亚马逊、当当等网站。类似 B2B 电子商务中的交易方式也会出现在 B2C 电子商务情境中。如与较小的 B2B 电子商务一样，与"后台"相关的管理（即企业存货管理）常常并不是采用电子方式处理的。不过，所有面向顾客的或称"前台"的活动都典型的以电子方式解决。这些活动包括销售、消费者检索、常见问题解答以及售后服务和维护等。

3. 消费者-消费者模式（Customer to Customer，简称 C2C）

消费者-消费者模式是指两个或两个以上客户相互间的交易。这些交易不一定有第三方存在，如淘宝、ebay 的拍卖交易。

任务实施

本次任务的目标是根据公司对电子商务及网站的需求，确定网站电子商务模式的选择，主要有以下问题需要解决：

1. 分析中小企业如何开展电子商务；
2. 选择网站的电子商务模式。

步骤 1：得乐办公用品有限公司开展电子商务的分析

小王通过调查发现，近几年来有很多中小企业由于对自身和市场认识不足，盲目的赶潮流，在电子商务实施上盲目求大、求全，投入大量的资金，以为这样企业的发展就进入了快车道了，然而事实证明，有很多这样的项目最终没有派上多大的用途，收效甚微。如建立了功能丰富的电子商务网站却访问量极小；购买了关键字搜索排名，但无人问津。针对这种情况，在发展企业电子商务的时候，就应先分析企业开展电子商务的目标。只有了解了企业信息化需求，才能制订完全适合企业现状的电子商务解决方案。

基于以上原因，小王认为，为了使电子商务工作流程与传统的商业系统很好地结合在一起，得乐办公用品有限公司的电子商务服务流程应该按照实际存在的商务流程设计，确定电子商务目标为商情发布和电子商务交易。这样的模式的优点是用户使用方便，感觉与

实际商业环境没有很大的区别。

由此而组建企业营销网站,把企业信息与产品信息推到网上。获取更多的贸易机会和市场竞争力。企业网站可以提高企业的知名度,并可以加强与客户的沟通,改善与客户的关系。初期以线上方式为主,后续再线上线下结合继而实现线上与线下一体化,以销售量及用户数为主要目标,低价取胜的产品及价格策略,从而实现增加企业的收入、降低企业经营成本。

步骤2:选择网站的电子商务模式

按照交易对象来分,得乐办公用品有限公司的线下客户主要以企事业单位终端零售为主,因此在选择网站电子商务模式时,通过对B2B、B2C和C2C三种模式的分析,小王采用B2C的电子商务模式。

任务二 网站可行性分析

一、网站规划分析

任何一个网站在开始开发之前,一般需要确定网站的基础目标,并拿出一个切实可行的行为计划,以使网站的实现过程更加有序、更高效率。这个过程就是网站的系统规划。企业或组织的网站建设往往是它们的信息系统的一个重要的环节,是为了实现企业或组织的目标而存在的一种战略工具。因此,在网站开发前做出周密的规划显得十分重要。

网站规划可分为三个层次,即战略规划、战术规划和执行规划。每一层次的规划有不同的内容,解决不同的问题。战略规划属高层规划,一般主要涉及网站的使命和长期目标、网站的环境约束及政策、网站开发的具体指标、实现目标的计划。

当然,对不同的网站,规划内容的复杂程度会有所区别,但无论什么类型网站的规划都应满足以下要求。

1. 规划目标明确

网站的战略规划方向和目标首先应该是明确的,如网站的定位和发展目标一定要很清楚。尤其重要的是,这些目标应该切合企业或组织的实际,也就是要根据实际的需要和可能来制定网站开发目标。另外,一个好的规划应该留有变化的空间,并且处理好各个部分的利益之间的关系,是平衡和折中的体现。

2. 分析约束条件

全面分析环境对规划目标的约束包括三个方面的问题。第一，要在充分调查研究的基础上，对网站开发环境的影响和限制做出比较充分的分析。环境的情况包括企业发展的情况和内部管理模式，也包括本地、国内以及行业内部的政策、发展趋势、竞争对手的情况等。第二，在规划中要充分考虑资源的整合，包括企业或组织内外的各种资源，如资金、人力、信息源等，以便选择最适合本企业或组织的开发方案和策略。

3. 设计适当指标

计划和指标解决如何具体完成网站的开发。在规划中，细节的安排是不需要的，但一定要有时间、进度表和具体的技术指标，以便监测和控制网站的开发进程。当然，这些计划和指标必须切和企业或组织的实际，应该具有可操作性和一定的灵活性。

二、网站建设可行性分析

网站规划设计之前，网站开发人员必须了解网站的建设目标、资源状况和受众群体，才能有针对性地对网站进行系统规划，提出可行性分析报告。

1. 网站基本目标

每件事情均有发生的原点，互联网应用也是一样。网站开发人员要了解客户期望通过运用网站建设达到什么目标。对企业而言，建网站是期望提高销售额、拓展国内外市场，还是提升客户服务水平或推广新产品，将网站作为其战略的一部分。只有把握住网站的这些基本目标，规划方案才有撰写的依据，才能有发挥的空间，才能牢牢抓住用户的需求。因此，网站规划人员需要与客户接触，了解网站建设的基本目标。

2. 网站资源现状

多少资源便能办多少事。资源现状对于网站定位、网站建设规模、网站投资与回报计划、网站运营均有重要影响，资源决定了互联网应用的空间大小。在进行企业互联网应用咨询工作时，需要收集以下资源。

（1）企业单位基本资料。

这类资料的收集非常关键，企业从事的行业直接决定着网站应用的方向。如 IT 界主要从事信息交易，使用计算机及网站是员工的基本技能，行业的发展也依存于计算机和网站，企业可以通过网站直接销售虚拟软件产品、电子产品、计算机产品、网络产品、咨询产品甚至是服务等多元化的信息交易。而相比之下，制奶业的行业结构及人员结构则不同，制奶业的生态圈中一般是代理商、制造商、分销售、直销店、供货商等。很多公司不需要具备计算机及互联网知识便可以运转,该行业运用网站主要是进行生态圈内的销售管理、拓展国内外市场、招标采购等互联网应用。因此,了解客户资料非常关键。

(2) 企业对网站的理解。

通过直接与客户洽谈,可以直接了解客户对互联网的熟练程度,这里需要思考三点内容:一是用专业化的语言还是平民化的语言去阐述方案;二是客户对互联网的了解程度及客户是否会进行深入的互联网应用;三是同行竞争对手的实力情况。

(3) 企业资金投入情况。

企业投入网站建设资金情况对网站策划方案的规模、最终给的报价方案等有重要的影响。当然,这方面不可强求,我们需要综合多方因素去洞察客户预计投入的资金范围。在交谈中,主要有以下几个方法可以帮助规划、参考。

① 根据客户直接提供的网站规模设想,直接估计网站价格,必要时可直接询问网站的投资额。

② 在了解对方情况之后,提出几项对方可能感兴趣的价值点,如产品展示、会员管理、邮件群发等,根据对方可能接受的模块思考价格范围。

③ 拿出我方已设有价格范围的从简单到复杂的解决方案供客户参考,看对方对哪种方案感兴趣。

3. 网站生态圈现状

由于各行各业经营业务范围、技术状况、管理模式的不同,所以网站应用的情况也不相同。一般而言,应充分了解网站建设单位的行业背景、信息化水平、网站应用现状、网站建设对所属单位和网页的影响关系等。

4. 同类网站竞争对手

由于行业内的特点及适应互联网的快慢情况不一样,同行竞争对手应用网站的水平层次也不一样。当然,最关键的因素是应通过行业应用情况看出同行竞争对手的现状及对网站的运用到了哪一个阶段。如海尔集团自1998年推出网站以来,先后经历三次改版。第一版本是企业宣传型网站,主要宣传其集团实力及形象;第二版本则开展了大规模的电子商务,包括海尔电子商城(B2C)、海尔企业形象网站、试探性的海尔企业间(B2B)网站;第三个版本则强调了国际化、平台化、集团化的特点,将海尔集团网站、海尔分公司网站、海尔电子商城网站、海尔物流网站等集合于一体,形成海尔网站集群。显然,行业巨头将家电企业运用互联网的门槛提升到相当高的层面,这对于同行企业而言形成了巨大的压力,网站建设也不能随意进行。如果我们的客户是类似于海尔这种家电企业,那么对其互联网应用网站的要求则非常高;如果企业现状适合常识性应用,那么不妨建立企业宣传型网站或直接进行电子商城网站的建设。

5. 网站的定位

通过对客户现状的了解，便可以展开网站定位分析。网站定位是网站的导航灯，网站应按照网站定位的方向进行栏目策划、功能开发、制订阶段计划、确定建设计划、协调项目安排等。网站定位主要是对网站经营模式做出具体定位。网站经营模式主要是指网站通过哪些经营模式展开网站经营，从而达到客户的商业目标。分析这种模式之前，需要对各方资源有相当的了解，然后与客户一起分析其经营模式，经营模式具有以下特点：

（1）根据客户现状，可实现预期目的的经营模式；

（2）经营模式符合行业现状，不能与之相违背；

（3）经营模式经过系统规划，可以分阶段执行相应的模式路线，并且可以互通、扩展。

6. 网站受众群体

网站受众群体即网站客户分析，一般分析的内容包括客户的年龄阶层、客户受教育程度、客户在网站中的基本行为路线及行为方式等。

7. 网站投资计划

网站投资计划在与客户洽谈过程中便已开始，很多客户对网站投资计划所持的态度不一样，一般大中型企业对网站投资与回报均有清醒的认识，解决方案供应商有义务与客户一起讨论以下几个方面的问题。

（1）整个网站投资计划。

投资计划与投资预算是每位客户均会考虑的核心问题，作为解决方案供应商，一方面需要聆听客户对网站的理解与期望，透彻地掌握客户的情况；另一方面则需要提出建设性口头建议，并与客户一起讨论投资的可能性与合理性，最后在策划方案中加入投资计划建议方案。

（2）投资回报计划与评估标准。

投资回报计划需要根据客户互联网应用的实际情况而定，如企业宣传型网站、社区型网站、电子商务型网站，因为各自的互联网应用价值不一样，其投资与回报的评估标准也不相同。如企业宣传型网站的投资回报主要是通过互联网建立的品牌情况而定，包括网站访问量、访问网站客户群体分布情况、品牌知名度、在传统数据统计基础之上推出网站之后新增了多少客户、收集访客留言、了解品牌美誉度如何等。

三、网站规划

通过一系列资料收集，规划人员对该企业或组织应用网站的情况已掌握，接下来需要对这些资料进行系统分析，深刻挖掘，以便为策划方案写作打基础。

1. 网站定位及目标受众群体分析

对前期资料收集的所有数据进行系统定位。主要是根据企业资料现状、企业单位行业背景现状、资源现状、商业目标并综合这些数据，找到网站定位及目标受众群体定位。

2. 制订网站长期建设/运营计划

很多企业投资互联网和进行互联网应用，要考虑到网站长期运营计划及变化。作为专业网站设计师，需要以身作则，帮助客户制定网站长期建设、运营目标，包括时间计划、阶段任务、投资预算方面，让企业或组织有的放矢。

3. 思考网站首期建设详细计划

第一期投资网站平台建设和网络营销推广工作的实施质量，对一般网站未来的发展具有关键的作用，结果差则会令企业或组织的信心受打击，网站前景令人担忧；结果优良则会令企业或组织的信心十足，网站前景看好。作为专业规划者，需要对此进行悉心指导，争取让客户理性对待。

网站首期建设详细计划包括以下几个方面。

（1）网站短期目标制定。

短期目标是企业迈出网络营销的第一步，需要尽量保证其成功。因此，短期目标的制定以能实现、能做到为宗旨，争取开个好头。

（2）网站平台策划开发。

根据客户的短期目标与资源现状，提出网站平台策划与开发建议，重点打造能为公司获得品牌效益或投资收益的基础营销平台。

（3）网站品牌推广。

帮助客户根据其网站定位、第一目标、预期投放资金额等情况有的放矢地提出推广渠道、成本预算、时间控制等方面的推广建议。

（4）首期投资与回报预算。

实践证明，网站从建立到推广，其回报期一般在第一阶段推广结束后的1～3个月内见效，让企业有一定的耐心，可以以3个月作为评估点。

4. 制订网站功能开发方案

对于企业或组织而言，网站功能将使用网站的目的通过开发功能的方式得以实现。如为了收集客户邮箱和资料信息，可以开发会员中心或开发调查功能及常用的留言板功能；开通产品搜索功能，使客户能方便地搜索信息。

项目一　网站的定位与策划

任务实施

本次任务的目标是根据公司对电子商务及网站的需求,确定网站电子商务的选择并制作相应的调查问卷,主要有以下问题需要解决:

1. 网站系统规划;
2. 网站系统规划调研;
3. 网站可行性分析。

步骤1:网站系统规划

(1)规划明确目标。

得乐办公用品有限公司网站的定位和发展目标为以销售量及用户数为主要目标,低价取胜的产品及价格策略定位。企业借由网站提高企业的知名度,并可以加强与客户的沟通,改善与客户的关系。实现增加企业的收入、降低企业经营成本。

(2)分析约束条件。

为了更好地完成规划的目标,小王需要对环境对规划目标的约束进行分析。第一,分析得乐办公用品有限公司企业发展的情况和内部管理模式,行业内部的政策、发展趋势、竞争对手的情况。第二,考虑可以实用的资源,包括网站建设资金、所具有的专业人员、如何采集信息等。

(3)设计适当指标。

计划网站开发的具体进度,如果不是自主开发系统可以设定利用商业软件进度指标。

步骤2:网站系统规划调研

调研的内容包括网站基本目标、网站资源现状、网站的定位、网站受众群体、网站建设对所属单位和网页的影响关系等。

得乐办公用品有限公司组建企业电子商务网站的基本目标是为商情发布和电子商务交易。公司的网站初期以线上方式为主,后续再线上线下结合继而实现线上与线下一体化,以销售量及用户数为主要目标,低价取胜的产品及价格策略,从而实现增加企业的收入、降低企业经营成本。把企业信息与产品信息推到网上,获取更多的贸易机会和提高市场竞争力。企业网站可以提高企业的知名度,并可以加强与客户的沟通,改善与客户的关系。

步骤3:网站建设可行性分析

(1)网站定位及目标受众群体分析,定位分析得乐办公用品有限公司的基本情况。

(2)制订网站长期建设/运营计划。

(3)制订网站首期建设详细计划。

计划包括以下几个方面:①网站短期目标制定;②网站平台策划开发;③网站品牌推

广；④首期投资与回报预算。

步骤4：根据步骤1、步骤2、步骤3的分析，完成表1-2

表1-2 网站建设可行性分析表

项目	内容	备注
网站规划目标	网站是否适合进行网络交易，网站定位	
现有资源分析	市场、人员、资金、维护投入	
竞争者网站建设情况	现有竞争者是否建有相应网站，运营推广情况如何	
市场定位		
消费者分析		
可行性分析		

任务三 网站建设规划

网站策划书应该尽可能涵盖网站策划中的各个方面。网站策划书的写作要科学、认真、实事求是。一般来说，网站策划书包含以下的内容。

1. 建设网站前的市场分析

相关行业的市场是怎样的，市场有什么样的特点，是否能够在互联网上开展公司业务。

市场主要竞争者分析，竞争对手上网情况及其网站策划、功能作用。

公司自身条件分析、公司概况、市场优势，可以利用网站提升哪些竞争力，建设网站的能力（费用、技术、人力等）。

2. 建设网站目的及功能定位

为什么要建立网站，是为了树立企业形象、宣传产品、进行电子商务，还是建立行业性网站？是企业的基本需要还是市场开拓的延伸？

整合公司资源，确定网站功能。根据公司的需要和计划，确定网站的功能类型：企业型网站、应用型网站、商业型网站（行业型网站）、电子商务型网站。企业网站又分为企业形象型、产品宣传型、网上营销型、客户服务型、电子商务型等。

根据网站功能，确定网站应达到的目的、作用。

3. 网站技术解决方案

根据网站的功能确定网站技术解决方案。

采用自建服务器，还是租用虚拟主机。

选择操作系统，用 Window2000/NT 还是 Unix、Linux。分析投入成本、功能、开发、稳定性和安全性等。

采用模板自助建站、建站套餐还是个性化开发。

网站安全性措施，防黑、防病毒方案（如果采用虚拟主机，则该项由专业公司代劳）。

选择什么样的动态程序及相应数据库。如程序 ASP、JSP、PHP；数据库 SQL、ACCESS、ORACLE 等。

4. 网站内容及实现方式（与专业公司商议）

根据网站的目的确定网站的结构导航。一般企业型网站应包括：公司简介、企业动态、产品介绍、客户服务、联系方式、在线留言等基本内容。更多内容如常见问题、营销网络、招贤纳士、在线论坛、英文版等。

根据网站的目的及内容确定网站整合功能。

如 Flash 引导页、会员系统、网上购物系统、在线支付、问卷调查系统、信息搜索查询系统、流量统计系统等。

确定网站的结构导航中的每个频道的子栏目。如公司简介中可以包括总裁致辞、发展历程、企业文化、核心优势、生产基地、科技研发、合作伙伴、主要客户、客户评价等；客户服务可以包括服务热线、服务宗旨、服务项目等。

确定网站内容的实现方式。如产品中心使用动态程序数据库还是静态页面；营销网络是采用列表方式还是地图展示。

5. 网页设计

网页美术设计一般要与企业的整体形象一致，要符合企业 CI 规范。要注意网页色彩、图片的应用及版面策划，保持网页的整体一致性。

在新技术的采用上要考虑主要目标访问群体的分布地域、年龄阶层、网络速度、阅读习惯等。

制订网页改版计划，如半年到一年的时间进行较大规模的改版等。

6. 费用预算

企业建站费用的初步预算一般根据企业的规模、建站的目的、上级的批准而定。

专业建站公司提供详细的功能描述及报价，企业进行性价比研究。

网站的价格从几千元到十几万元不等。网站建设的费用一般与功能要求是成正比的。

7. 网站维护

服务器及相关软硬件的维护，对可能出现的问题进行评估，制定响应时间。

数据库维护，有效地利用数据是网站维护的重要内容，因此数据库的维护要受到重视。

内容的更新、调整等。

任务实施

通过一系列的资料收集与详细的思路分析，此时小王已有了很明晰的思路，接下来需要对这些资料进行系统整理，撰写网站建设策划书。

步骤1：撰写需求分析

根据前期分析调查，企业的具体需求用列表的形式进行简要归纳。需要注意的是要确保这些需求是企业的真实需求。

步骤2：撰写网站类型

确定网站定位为得乐办公用品有限公司对外宣传和提供信息、服务及交流、产品展示及销售等的综合性中文企业网站。

步骤3：撰写网站开放工具与使用平台

所采用的主要的开发工具为：数据库开发——SQL Server 2000；程序开发——Microsoft.net；操作系统——Windows2000 Server；如果不是自主开发则说明使用平台。

步骤4：撰写网站风格

网站的风格包括整体风格和首页风格。

整体风格方面，得乐办公用品有限公司网站的整体风格将力求特点突出、稳健大气。配合公司的企业风格，体现专业特色，使浏览者一进入网站即可明确感觉到得乐办公用品有限公司网站的特点和实力，同时借助品牌影响力，让用户乐于投入到网站中来。页面风格统一，不同栏目的页面文字风格相似统一而又各具特色，以不同的色系和图案加以区别。在构思上注重突出实用性，提高页面响应速度，以获得较高的浏览效率。在内容上力求信息丰富、准确、更新迅速。

首页风格方面，在首页设计上，为充分展示动态效果，适应用户在不同带宽情况下尽快获取信息的需求，将采用 Flash 制作，并与动画、声音融合在一起，由专业的网站设计师创做出极具吸引力的高效网页，使得乐办公用品有限公司的网站得到最美好的展现。

主题鲜明，得乐办公用品有限公司网站 Logo、网站名称、主题等力求表达准确，易于理解与辨析。

步骤5：撰写网站栏目设计（见项目二"网站功能设计"）
步骤6：撰写功能介绍（见项目二"网站功能设计"）
步骤7：撰写人员安排

需要为此项目成立专门的项目开发小组，在项目经理的带领下，对项目进行更详细的需求调研、系统规划、设计开发和售后服务。

知识回顾

在网站设计的前期，需要对网站的建设目标、资源条件、运营设想等进行深入的调查和分析，真正了解用户的需求和想法，编写网站项目需求分析报告，以便作为专业技术人员进行设计的依据。

在网站设计开始阶段，应根据用户需求对网站的功能定位和技术方案进行总体规划设计，对网站建设的可行性进行分析。对可行的网站再编写出详细的网站总体规划设计方案。

拓展训练

1．网站建设前应该做些什么准备？
2．市场调研对网站设计有什么影响？
3．假设你要为一家图书音像制品公司规划网站，请依照本章所学初步确定网站采用的电子商务模式。
4．任意选择某种商品，如数码类、文具类、服饰类等，在调查分析的基础上，规划设计一个网站，并提交一份网站规划可行性分析。

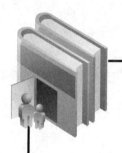

项目二
网站功能设计

  项目引入

网站系统规划是提出网站希望实现的目标，而网站功能设计是实现目标的载体，是整个网站策划中最为核心的一步。设计出新颖、强大的功能，对于网站的建设和推广营销来说是一个关键的环节，没有它可以说网站的建设与推广举步维艰。同时，网站功能的丰富程度及质量的优劣反映出一个开发团队的实力，也体现了一个企业实力的强弱。因此摆在得乐人面前的问题就是如何设计一个功能相对完善，具有良好的可用性、实用性和可扩展性的功能设计。

  项目分析

网站建设者在收集和组织了许多相关的材料内容之后，通常一定会认为这些都是最好的，肯定能吸引网友们来浏览网站。但此时也应该问问自己：有没有将最好的、最吸引人的内容放在最突出的位置呢？有没有让好的东西在版面分布上占绝对优势呢？

项目二 网站功能设计

对于普通用户来说，前台是他们唯一接触到的部分，所以要求前台的操作简单、人性化。其实对于用户来说还有一点特别重要，即新的系统要尽量符合他们的使用习惯，也就是说要与当前主流系统的操作类似，包括界面和操作的流程。所以我们在设计网站系统前台时要参照目前企业经常采用的站点形式网站进行设计。

通过项目一的系统需求和调研，我们已经知道了系统的规划和设计，接下来可以分析系统流程。

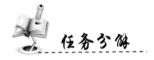

根据上面的系统流程描述和流程图，可以把本项工作分解成以下两个工作任务：
任务一：设计网站前台功能；
任务二：设计网站后台功能。

任务一　设计网站前台功能

顾客在进入企业网站后，首先看到的是企业网站的首页。在这里，网站的浏览者或者说企业的客户应该能看到最先引起其注意的东西。如对网站有个总体的认识，可以查看网站内发布的公告，或者企业正在举办的特价商品活动，查看商品的类别，并且从这儿还能进入到浏览商品的界面，并能够方便的搜索商品，而且还能像在商场里一样，网站的浏览者可以使用一个叫做购物车的工具用以模拟商城中的实物购物车。网站的浏览者在查看商品的价格等详细信息后，可以把自己喜欢的商品放入购物车中，并可以对已放入购物车的商品进行处理，如修改商品数量或从购物车中去掉不想买或不满意的商品等。当用户购物完毕后可以到网站的服务台结账，术语叫下订单。用户下订单时必须要求在网站里注册并且已登录，以便商城能够在数据库中对订单及订单的接收者也就是顾客有完整的信息记录，方便随后的订单处理。在下完订单后，用户可以打印或者使用电子邮件保留订单。但是，上面仅仅是完成企业网站功能的一部分，企业还要管理自己网站内的货物和商品，进货、添加新的商品，删除没有的产品，向顾客发布新的公告，删除过期的公告，管理在商城里登记注册的用户。

根据上面所述的系统需求、流程，以流程图的形式画出系统功能模块图，并将这些流程图分为网站前台（客户端）和网站后台（管理端）。图 2-1 为网站前台（客户端）模块流程图，图 2-2 为网站后台（管理端）模块流程图。

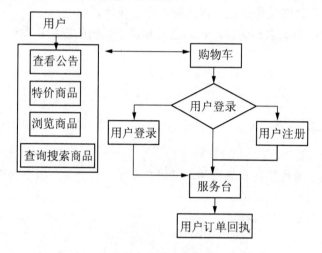

图 2-1　网站前台（客户端）模块流程图

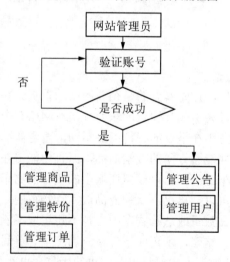

图 2-2　网站后台（管理端）模块流程图

根据图 2-1 和图 2-2 的流程图和模块的分析及结构划分，接下来需要把完成流程图中的功能的模块设计出来。对于企业来说，网站的主要用户有企业网站系统运营后的顾客和企业网站系统管理员两大类，前者是企业网站的前台用户，后者是企业网站的后台用户。设计企业站点需要为不同用户群体提供不同的功能。前台功能针对企业的顾客，后台管理功能是完全独立于企业的顾客而只提供给企业网站系统管理员使用的。

B2C 电子商务站点常见的十大功能模块参见表 2-1。

表 2-1 常见 B2C 电子商务站点功能模块

功能模块	说　　明
会员管理	自动完成会员注册审核，对会员进行分级管理，分别对不同级别的会员能够进行不同的操作，会员级别可以调整
积分管理	会员购物按交易额可以兑换积分，积分可以兑换礼品或转换为优惠活动；管理员可以设定积分规则和赠送积分等
商品展示和管理	商品分类、信息编辑与上传，商品价格、推荐、上架下架管理
广告管理	广告位的设定、能够支持多种广告形式
商品订购管理	能够实现会员的选购商品，购物管理，下订单；商品销售排行及销售分析
留言板	能够实现非注册会员对产品评论、在线留言、在线咨询服务
网上支付	在订单基础上对接第三方支付平台或网银实现在线支付
信息发布管理	企业动态新闻的上传更新、维护功能
系统维护	可实现方便简单的数据库维护、网站备份等功能
网站流量统计分析	可方便简单的查看网站访问流量，分析月、周、日、时段的访问情况

任务实施

本次任务的目标是根据公司对电子商务及网站的需求，设计网站前台功能，主要有以下问题需要解决：

1．设计商品展示功能；
2．设计商品订购功能；
3．设计信息发布功能；
4．设计会员功能；
5．设计会员积分功能；
6．设计在线调查功能；
7．设计广告管理功能；
8．设计留言板功能；
9．设计企业论坛功能。

步骤1：设计商品展示功能

商品展示的主要功能包括：商品分类浏览、商品特征分类浏览、商品搜索、商品详细信息浏览、商品人气排行、商品推荐、商品评论、相关商品显示、显示商品点击率。

（1）商品分类浏览。

客户可查看企业对商品的各种分类展示，并可点击分类名称查看该分类下的商品。商品分类的展示，提供了多种展示方式，如树状展示（商品分类树的默认展开级数可在制作期指定）、梯形展示、滑出式商品分类展示。在表示商品分类时，可以用更为直观的图片代替文字。每个分类下的商品，客户可以按照不同的排序方式进行浏览，如按照价格、上架时间、商品名称以及商品编号进行排序。

（2）商品特征分类浏览。

顾客可通过企业系统的其他商品分类方式查看商品分类下的商品列表，包括精品速递、新品上架、本店热卖、特卖专区等分类方式。

（3）商品搜索。

客户可按照商品名称和描述等关键字，搜索自己感兴趣的商品。

（4）商品详细信息浏览。

在商品的各种展示页面中选择商品名称后，会显示商品的详细信息，包括商品名称、价格、图片（支持Flash展示）、介绍等信息。某些商品属性可以用多行文本以及附件来进行展示。

（5）商品人气排行。

系统根据顾客对商品的点击次数，排定商品的人气排行榜。顾客可以依据排行榜选择自己喜欢的商品。

（6）商品推荐。

任何用户都可以将自己喜爱的商品用电子邮件的方式推荐给好友。

（7）商品评论。

会员用户可以对每个商品发表评论。

（8）相关商品显示。

在商品的展示页面中，同时罗列出与其相关的商品名称或图片，顾客点击后可以看到这些相关商品的详细信息，也可直接购买。

（9）显示商品点击率。

显示某一商品被点击的次数。

步骤2：设计商品订购功能

商品订购的主要功能包括：按名次排序销售排行、商品虚拟库存管理、显示购物车简要信息、购物车、收银台、订单处理结果通知。

（1）按名次排序销售排行。

系统对热销的商品按照名次的周期变化进行排序，让顾客更清楚地了解到该企业最热门的商品。

（2）商品虚拟库存管理。

动态调整企业库存的数量，在顾客购买商品的时候，如果由于库存不足而没有办法进行购买，则可以提示顾客进行缺货登记。对企业没有的商品，顾客可以进行缺货登记，填写自己需要的商品和联系方式。

（3）显示购物车简要信息。

会员用户登录后，可以看到自己当前购物车内的简要情况，可以直接去收银台进行支付。

（4）购物车。

会员用户可以将预购的商品逐个放在购物车中，并可随时返回继续购物。放在购物车中的商品可以进行数量修改，会员用户也可进行删除商品、清空购物车操作。

（5）收银台。

会员用户在购物车中点击收银台按钮，按照系统提示，逐步填写订单相关信息，包括收货人信息、配送信息、支付信息、包装信息等，最终生成订单。生成订单后，会员用户会收到系统自动发出的确认电子邮件，同时可以在"我的订单"中对订单进行查看。

（6）订单处理结果通知。

客户在提交订单后，订单的处理结果可以以电子邮件和短信（需要手机短信模块的支持）的形式通知客户。

步骤3：设计信息发布功能

信息发布的主要功能包括：信息分类浏览、浏览详细信息内容、浏览相关信息、浏览及发表信息评论、浏览焦点信息、信息搜索、显示信息访问率。

（1）信息分类浏览。

客户可查看企业的各种不同的信息分类，并可点击分类名称查看该分类下的信息。支持同一类别下既显示信息分类又显示信息内容的功能。

（2）浏览详细信息内容。

显示某一信息主题的详细信息。

（3）浏览相关信息。

在信息的展示页面中，同时罗列出与其相关的其他信息，顾客点击后可以看到这些相关信息的详细信息。

（4）浏览及发表信息评论。

会员用户可以对每条信息内容发表评论，或者利用星级评定信息内容并浏览其他人针对该条信息的评论内容。

（5）浏览焦点信息。

可以浏览大家共同关注的话题。

（6）信息搜索。

根据一定的查询规则，对所有的信息进行搜索。可以对搜索结果指定展示。

（7）显示信息访问率。

显示某一信息被点击的次数。

步骤4：设计会员功能

会员功能主要包括：会员注册、查看会员注册条款、会员登录、会员信息维护、会员服务、会员注销、会员查找密码。

（1）会员注册。

客户可通过注册功能，成为企业的注册会员（支持中文用户名）。

（2）查看会员注册条款。

需要成为企业注册用户的客户，可以查看到需要遵守的会员条款。

（3）会员登录。

会员用户通过用户名和密码登录企业网站，可以享受网站提供的独有服务。用户名支持中文用户名。

（4）会员信息维护。

会员用户登录后可以对自己注册时填写的个人信息进行修改维护。

（5）会员服务。

会员功能是重要的功能，有了会员功能，网站可以更好地为客户提供很多服务功能：如不同的会员可以浏览不同的商品以及不同的信息内容；只有会员才能在商务网站购买商品、把商品放入永久收藏夹和生成订单；可以发表对商品和信息的评论；可以下载不同的文件；享受提供的短信、邮件服务等。

（6）会员注销。

会员用户如果想离开企业的商务网站系统，可以进行注销登录。但是仍然可以浏览该商务网站系统的其他不受限内容。

（7）会员查找密码。

忘记密码的会员用户，通过回答提问，可以重新找回密码。

步骤5：设计会员积分功能

会员积分功能主要包括：查询积分、使用积分。

（1）查询积分。

顾客可通过购买商品积累一定数量的积分。

(2) 使用积分。

顾客可以根据企业提供的积分使用方式，使用自己积累的积分，如换购礼品、会员级别升级、享受折扣、兑换一定数量的购物券。

步骤6：设计在线调查功能

在线调查主要功能包括客户可以根据企业设定的情况参与在线调查，提交问卷。

步骤7：设计广告管理功能

广告管理功能主要包括：发布Banner广告、图片广告、文字广告、弹出广告、浮动广告。

(1) Banner广告。

企业可以利用大幅的图片或是Flash展示自己企业的形象，客户可以进行浏览。

(2) 图片广告。

企业可以用图片（包括Flash）推荐某类或某个商品，也可以推荐其他的网站链接，如友情链接、合作伙伴等，客户可进行浏览。

(3) 文字广告。

企业可以用文字推荐某类或某个商品，也可以推荐其他的网站链接，如友情链接、合作伙伴等，企业客户可进行浏览。

(4) 弹出广告。

管理员可以用弹出窗口发布信息和商品广告。

(5) 浮动广告。

客户可以看到浮动广告的内容及其效果，浮动显示的效果可以分为绝对位置固定、相对位置固定、屏幕飘浮三种。

步骤8：设计留言板功能

留言板的主要功能包括：企业客户留言、留言过滤、查看留言以及回复。

(1) 企业客户留言。

企业客户可进行留言，对商品和服务进行评价、咨询或提出意见。为了提高留言版的安全性，需要在提交留言的时候输入验证码。

(2) 留言过滤。

顾客所要提交的留言需要经过企业设置的关键字的检查和过滤，含有设置过的关键字的留言将不能提交。

(3) 查看留言以及回复。

用户可以查看到所有关于某一问题的留言以及管理员进行的回复。

步骤9：设计企业论坛功能

企业论坛的主要功能包括：查看免责声明、讨论区浏览、讨论话题以及回复浏览、详细内容浏览、发表和回复话题、修改话题内容、论坛信息搜索、精华和热门帖子浏览、论坛用户登录、讨论区跳转。

（1）查看免责声明。

客户可以事先了解本企业论坛的一些规定，如发表的言论要符合国家的规定等。

（2）讨论区浏览。

客户可以根据不同的分类浏览自己感兴趣的讨论区。

（3）讨论话题以及回复浏览。

客户可以在不同的讨论区下浏览自己感兴趣的话题。简化了论坛回复操作，可直接查看回复以及回复感兴趣的内容。

（4）详细内容浏览。

客户可以通过点击话题或是回复的标题，浏览该话题或回复的详细内容。如果话题或回复中包含图片的，能直接显示图片，同时也可以以附件形式显示（两种显示方式）。

（5）发表和回复话题。

企业的注册用户可以发表新的话题或是对某一话题进行回复。可在新发表的话题以及回复中上传附件或是插入图片。

（6）修改话题内容。

企业的注册用户可以对自己曾经发表的话题进行修改。

（7）论坛信息搜索。

客户可以通过主题、内容或是作者的关键字以及时间等条件对话题进行搜索，快速找到自己感兴趣的话题。

（8）精华和热门帖子浏览。

客户可以根据企业的设置浏览到精华帖子以及当前比较热门的话题。

（9）论坛用户登录。

对于没有在企业客户系统其他地方登录过的客户，如果要发表、回复或是修改帖子时，需要提示进行系统登录。

（10）讨论区跳转。

可以让客户在不同的并且有浏览权限的讨论区当中进行快速的转换。

任务二　设计网站后台功能

任务一中功能模块设计都是围绕着前台浏览者展开的，下面就要设计的就是前台功能模块对应的后台功能，即后台管理功能。

因为我们设计的这个网站是将后台逻辑与前台表现分开实现的，所以大部分功能都在后台实现，前台主要负责将后台产生的数据按照用户要求的格式表现出来。

项目二 网站功能设计

任务实施

本次任务的目标是根据公司对电子商务及网站的需求，设计网站后台功能，主要有以下问题需要解决：

1．设计系统维护功能；
2．设计内容管理功能；
3．设计商品管理功能；
4．设计商品订购管理功能；
5．设计信息发布功能；
6．设计广告管理功能；
7．设计会员管理功能；
8．设计在线调查管理功能；
9．设计留言板管理功能；
10．设计企业论坛管理功能。

步骤1：设计系统维护功能

系统维护的主要功能包括：管理员信息维护、更改密码、添加管理员、企业信息维护、网站首页访问量维护、ICP备案证书上传。

（1）管理员信息维护。

管理员可以维护自己的邮件地址，为了在忘记密码的时候能找回自己的密码，管理员可以设置找回密码的提示问题和答案以及自己的出生日期。

（2）更改密码。

管理员可根据需要随时修改自己的密码。

（3）添加管理员。

添加新的企业系统管理员。

（4）企业信息维护。

管理员对企业信息进行修改维护。

（5）网站首页访问量维护。

可以设置首页计数器的数值。

（6）ICP备案证书上传。

管理员可以自行维护其公司网站的ICP备案证书。

步骤2：设计内容管理功能

内容管理的主要功能包括：导航条栏目维护、说明页内容维护。

（1）导航条栏目维护。

管理员根据需要在导航条内添加新的自定义栏目，并可在导航条维护页面设定栏目位置。管理员对导航条内所有栏目标题、描述以及是否发布进行修改、删除，并可按照栏目标题或栏目发布状态查询栏目。

（2）说明页内容维护。

管理员可以对说明页的内容进行维护，这些说明页的内容可以是企业定制的导航条栏目的内容，如公司简介、关于企业、指南等介绍性内容。

步骤3：设计商品管理功能

商品管理的主要功能包括：添加商品、商品维护、商品基本分类信息维护、商品特征分类信息维护、分类排序维护、商品转移、商品评论维护、商品虚拟库存管理、数据导出。

（1）添加商品。

管理员先选择商品基本分类，再添加新商品。

（2）商品维护。

管理员对商品（包括上架商品和下架商品）进行搜索、修改、删除、上下架的操作。添加商品选择分类的时候，分类树默认全部打开，减少添加一批商品时的操作；在添加或是维护商品的时候，可以不用填写商品的价格以及库存数（采用以默认形式自动填写），以减少对必填项的输入。

（3）商品基本分类信息维护。

管理员对商品的基本分类进行设定和维护。基本分类通常是指按照一般意义上的商品分类进行分类。商品类别维护分类树展示时，默认为全部展开，减少对商品类别维护时进行的多次点击操作。在维护商品分类的时候，可以利用图片来更为直观的表示商品的分类。

（4）商品特征分类信息维护。

管理员对商品的特征分类进行设定和维护。特征分类一般是指区别于基本分类的，能够突出商品特征的分类，或者用于促销活动而做的特殊分类设计。商品类别维护分类树展示时，默认为全部展开，减少对商品类别维护时进行的多次点击操作。

（5）分类排序维护。

管理员对企业的商品分类在前台显示的顺序进行排序。

（6）商品转移。

管理员可以把某一特征分类中包含的商品统一从某一个分类中移走。

（7）商品评论维护。

对应前台用户对商品发表的评论，管理员可以在后台对这些评论进行维护管理。

（8）商品虚拟库存管理。

动态调整企业库存的数量，在库存为零后，可以提示缺货。

（9）数据导出。

以 Excel 表格的形式把企业的商品基本信息导出，企业可以留做备份。

步骤4：设计商品订购管理功能

商品订购的主要功能包括：订单包装维护、订单热销排行统计、订单查询与统计、数据导出。

（1）订单包装维护。

管理员对用户下订单时可选择的包装方式进行维护。

（2）订单热销排行统计。

管理员对前台中显示的热销排行进行统计，可以选择按年、月、季度、周或天对上一时间段已完成订单中的商品销售情况进行统计和排行。

（3）订单查询与统计。

管理员对符合指定的搜索条件的订单进行统计，统计符合条件的订单的平均值、订单数量和总金额。

（4）数据导出。

管理员可以把企业客户的所有订单数据，以 Excel 表格的形式导出并加以保存、备份。

步骤5：设计信息发布管理功能

信息发布管理的主要功能包括：信息分类维护、分类浏览权限设置、信息分类排序、信息内容维护、信息评论维护。

（1）信息分类维护。

管理员可以进行信息类别的增加、修改和删除操作。支持多级分类，一个分类下可以同时包含子分类与信息。

（2）分类浏览权限设置。

根据信息分类设置浏览人群，可以让企业实现客户分权限浏览信息。

（3）信息分类排序。

管理员可以决定同一级别的信息分类在前台的显示顺序。

（4）信息内容维护。

管理员可以对信息进行增加、删除、修改等操作。提供对以信息标题或内容中包含的关键字、信息分类、发布状态为搜索条件的搜索。系统还提供信息在不同分类间转移的功能。

（5）信息评论维护。

管理员可以对前台发表的信息评论内容进行维护管理，如查看、删除或者给评论人发回复邮件。

步骤6：设计广告管理功能

广告管理的主要功能包括：广告查询、Banner广告、图片广告、文字广告、弹出广告、浮动广告、广告链接。

（1）广告查询。

管理员可以按广告主题、广告类型、广告风格、广告的发布状态进行各种组合查询。

（2）Banner广告。

管理员可以定期更换Banner广告的内容。

（3）图片广告。

管理员可以对图片广告的内容进行维护管理，如更换内容。管理员可以通过自主排序决定所有图片广告在前台出现的顺序。

（4）文字广告。

管理员可以对文字广告的内容进行维护管理，如更换内容。管理员可以通过自主排序决定所有文字广告在前台出现的顺序。

（5）弹出广告。

管理员可以对弹出窗口的内容进行维护管理，如更换内容。

（6）浮动广告。

管理员可以对浮动广告的内容进行维护管理，如更换内容。

（7）广告链接。

管理员可以为各种不同类型的广告设置所要链接到的内容，可以不作任何链接，可以链接到其他网站地址，可以链接到某一产品或是信息分类以及单一产品/信息，可以链接到某一份调查问卷。

步骤7：设计会员管理功能

会员管理的主要功能包括：会员注册条款维护、会员注册信息定制、快速添加会员、会员类别维护、会员查询、添加新会员、会员积分管理、数据导出。

（1）会员注册条款维护。

管理员可以通过后台自行修改前台的会员注册条款内容。

（2）会员注册信息定制。

管理员可以在一定范围内决定需要收集的注册会员信息。

（3）快速添加会员。

管理员可以通过输入简单的信息（不是完整的会员注册信息）而快速添加批量的会员。

（4）会员类别维护。

管理员对会员进行分类别（级别）进行管理。可以设定某一会员分类对应的购物总金额的起始金额以及该类会员对应的商品价格打折率，在添加和维护商品时对于每个商品对应的每个会员级别都可设定不同的会员价格，并且系统可以更改设定的购物总金额对符合标准的顾客进行自动的会员级别升级。

（5）会员查询。

管理员可以按搜索条件查询会员信息，并可对会员信息进行修改、删除操作。

（6）添加新会员。

管理员可直接添加注册会员用户。

（7）会员积分管理。

管理员对会员的积分进行管理，并可修改会员积分以及会员级别。

（8）数据导出。

以 Excel 表格的形式把企业的会员基本信息导出，企业可以留做备份。

步骤 8：设计在线调查管理功能

在线调查的主要功能包括：问卷维护、问卷搜索、设定投放人群、设定是否需要参与者填写用户信息、设置缺省问卷、问题维护、显示调查结果、调查结果维护。

（1）问卷维护。

管理员可以查询、增加、修改、删除、中止和恢复调查问卷。

（2）问卷搜索。

管理员可以根据问卷类型、关键字、投放人群进行相应的问卷搜索。

（3）设定投放人群。

管理员可以限定参与调查的顾客类型，可以要求只有某种用户才能参与（扩展了问卷投放的客户群体）。

（4）设定是否需要参与者填写用户信息。

管理员在增加问卷的时候，可以决定该份问卷是否需要参与者输入自己的个人信息。

（5）设置缺省问卷。

管理员可以设置前台默认显示的调查问卷。

（6）问题维护。

管理员可以新增、修改或删除某一份调查问卷中所包含的问题，可以根据问题的重要程度安排题目的顺序，这样可以决定调查问卷的题目在前台出现的顺序。

（7）显示调查结果。

管理员可以查看关于某份调查问卷的调查结果以及查看所有问题的答案情况。

（8）调查结果维护。

管理员可以删除调查问卷的答案。

步骤 9：设计留言板管理功能

留言板管理的主要功能包括：顾客留言搜索、顾客留言管理、顾客留言回复。

（1）顾客留言搜索。

管理员可以按留言主题或内容、顾客姓名、所在地区、电子邮件地址、联系电话以及留言提交时间范围搜索并查看顾客的留言。

（2）顾客留言管理。

管理员可对顾客的留言进行删除操作。为加快对留言管理的速度，可以进行批量删除留言的操作。

（3）顾客留言回复。

管理员可对顾客的留言进行回复，回复留言的同时可以自动给客户发送一封关于回复内容的电子邮件。

步骤10：设计企业论坛管理功能

论坛管理的主要功能包括：声明维护、讨论区组维护、讨论区维护、讨论区浏览权限设置、帖子维护、版主申请管理、设置版主。

（1）声明维护。

管理员可以编辑论坛的免责声明，约定用户发表的信息不能具有违反国家规定的内容。

（2）讨论区组维护。

管理员可以新增、修改、删除、关闭和开启一级讨论区。

（3）讨论区维护。

管理员可以新增、修改、删除、关闭和开启二级讨论区。

（4）讨论区浏览权限设置。

在进行讨论区维护的时候，管理员可以设置这一讨论区能面向的用户群体。

（5）帖子维护。

管理员登录后，在论坛前台可以对所有的帖子进行查询、删除、移动、置顶、锁定以及设置为精华等操作。每个板块的版主登录后，只能对当前板块中的帖子进行删除、置顶、锁定等操作。

（6）版主申请管理。

管理员可以搜索和查看所有注册会员的申请以及申请的原因；同时可以删除或是批准注册会员的申请。

（7）设置版主。

论坛的管理员可以从注册会员或是申请做版主的候选人中为某一板块选择相应的管理员。

电子商务网站包括的信息内容、具备的功能和采取的表现形式都没有统一的模式。不同形式的网站及内容、实现的功能、经营方式、建站方式、投资规模也各不相同。一个功能完善的电子商务网站可能规模宏大，耗资几百万，而简单型的信息型网站甚至不需要单独的专业人员维护。网站功能的设计与企业经营战略、投入等因素有着直接关系。

电子商务网站功能设计主要针对客户能够享受到的电子商务系统功能而言,通过该系统客户能够享有的功能才是客户比较关心的问题。网站的实用性主要体现在功能模块的设计上,在设计时应该考虑功能模块的互动形式带来的信息流是否符合网站主题的需求,功能模块的实施成本(硬件资源消耗、制作、维护)。系统的后台管理系统由两大部分组成:后台基础管理模块和后台网站程序内容维护部分。其中后台基础管理模块主要负责网站部门、用户、后台内容管理角色、前台用户浏览权限分组设置和授权。后台网站内容维护部分与前台页面栏目内容完全一一对应。

通过本章的学习已经了解、具有客户建设电子商务网站系统所需要的标准基本功能,已经能够为客户提供产品展示、在线购物和产品管理功能。通过这些功能的设计,客户能够基于 Web 方式,实现对整个电子商务及网上购物流程的业务处理,实现对自己商品和客户资料的管理,同时也可以实现部分信息门户的功能。

1. 结合项目二的内容,体验某个 B2C 网上商店的会员功能。
2. 结合所学内容,设计所选种类的商品的功能模块。

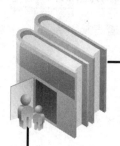

项目三
域名注册与主机选择

项目引入

经过紧张的工作之后,小王完成了网站功能策划后,他想到了网站建设还需要注册域名和确定主机方案。于是小王又投入到了新工作中。

项目分析

网站是由两个以上的网页链接在一起并放在服务器上。可以说网站是指以域名本身或者"WWW+域名"为网址的 Web 站点。因此做好一个看起来不错的站点,然后转身离开是完全不够的。想要"把公司的产品放到网上"让企业客户通过互联网就可以了解自己的信息,就需要搭建网站运行的平台,把网站运行的基础环境配置并管理好。并进行网站信息的维护与更新,添加内容,随时把新加入或修改的网页放到主页空间中去。

目前最主要的网站架设方式有完全自主建站、主机托管、虚拟主机等建站方式。在实际应用中这些建站方式在技术、资金、人才等方面的要求上有很大的差别。

项目三 域名注册与主机选择

小王所在的企业是一家典型的中小企业,虽然认识到互联网和电子商务带给企业好处,但资金链的紧张和专业人才的缺乏使他们很难选择自主建站的方式,而主机托管的成本似乎也不低。因此小王决定使用虚拟主机的方式来架设公司的网站。

为完成以上工作,可以把本项工作分解成以下三个工作任务:
任务一:注册申请域名;
任务二:主机方案的选择;
任务三:网站的发布与维护。

任务一　注册申请域名

一、域名

域名在网络上简称为"玉米"。从技术上讲,域名只是一个互联网中用于解决地址对应问题的一种方法。可以说只是一个技术名词。但是,由于互联网已经成为了全世界人的互联网,域名也自然地成为一个社会科学名词。从社会科学的角度看,域名已成为了互联网文化的组成部分。从商界看,域名已被誉为企业的"网上商标"。没有一家企业不重视自己产品的标识——商标,而域名的重要性和价值也已经被全世界的企业所认识。

截至 2008 年底,中国的域名总量达到 16826198 个,较 2007 年增长 41%。其中.cn 的市场份额已经达到 80.7%。截至 2008 年底,中国的网站数,即域名注册者在中国境内的网站数(包括在境内接入和境外接入)达到 287.8 万个,较 2007 年增长 91.4%,是 2000 年以来增长最快的一年。域名级别域名可分为不同级别,包括顶级域名、二级域名等。

顶级域名又分为两类:一是国家顶级域名(national Top-Level Domainnames,简称 nTLDs),目前 200 多个国家都按照 ISO3166 国家代码分配了顶级域名,如中国是 cn,美国是 us,日本是 jp 等;二是国际顶级域名(international Top-Level Domainnames,简称 iTDs),如表示工商企业的.com,表示网络提供商的.net,表示非赢利组织的.org 等。

二级域名是指顶级域名之下的域名,在国际顶级域名下,它是指域名注册人的网上名称，如 ibm、yahoo、microsoft 等；在国家顶级域名下，它是表示注册企业类别的符号，如 com、edu、gov、net 等。

二、国际域名

所谓国际域名，就是国际通用的域名，如.com、.net、.org 等后缀的域名。其中又区分为英文国际域名和中文国际域名。如 cnkuai.com、cnkuai.net、cnkuai.org 等都属于英文国际域名；而"快网.com/快网.中国"则属于中文国际域名。

三、中文域名

中文域名是符合国际标准的一种域名体系，使用上和英文域名近似，作为域名的一种，可以通过 DNS（Domain Name System，域名系统）解析，支持虚拟主机、电子邮件等服务。中文域名的好处如下：

（1）中国人自己的域名，使用方便，便于记忆；

（2）中文域名域名资源丰富，可以获得满意的域名。注册一个中文.中国域名，自动获得中文.cn；

（3）注册一个简体中文域名，自动获赠繁体中文，域名注册手续简便、快捷。

（4）显著的标识作用，体现自身的价值和定位；

（5）全中文服务，保障用户知情权；

（6）适用中国法律，全面保障用户利益；

（7）保障国家域名系统的安全。

中文域名更符合使用中文的人的习惯，全球有 20 亿左右的华人，其中大部分人使用中文。使用中文域名可以让人更容易记住你的网站、品牌以及公司名称等。现在中国正在大力推广中文域名的应用，所以中文域名必将是未来的使用趋势。

四、域名的注册

域名的注册遵循先申请先注册原则，管理机构对申请人提出的域名是否违反了第三方的权利不进行任何实质审查。同时，每一个域名的注册都是唯一的、不可重复的。因此，在网络上，域名是一种相对有限的资源，它的价值将随着注册企业的增多而逐步为人们所重视。各个机构管理域名的方式和域名命名的规则也有所不同。

域名中字符的组合规则包括以下几个方面。

（1）在域名中，不区分英文字母的大小写和中文字符的简繁体。

（2）未经国家有关部门的正式批准，不得使用含有"CHINA"、"CHINESE"、"CN"、"MATIONAL"等字样的域名；不得使用公众知晓的其他国家或者地区名称、外国地名、国际组织名称；未经各级地方政府批准，不得使用县级以上（含县级）行政区划名称的全称或缩写；不得使用行业名称或者商品的通用名称；不得使用他人已在中国注册过的企业名称或者商标名称；不得使用对国家、社会或者公共利益有害的名称。

（3）英文域名注册规则。

英文域名区分为国际英文域名和国内英文域名，因为域名注册机构不同，所以规则也不同，下面我们就分别介绍国际英文域名注册规则和国内英文域名注册规则。

国际英文域名注册规则：域名在"."之前最长可以注册63个英文字母，命名可使用的字符包括字母（A—Z，a—z，大小写等价）、数字（0—9）、连接符(-)，不区分大小写。

国内CN英文域名注册规则：域名在"."之前最长可以注册63个英文字母，命名可使用的字符包括字母（A—Z，a—z，大小写等价）、数字（0—9）、连接符(-)，不区分大小写。

（4）国内中文域名注册规则。

我们可以选择中文、字母（A—Z，a—z，大小写等价）、数字（0—9）或符号(-)命名中文域名，但最多不超过20个字符。目前有".cn"、".中国"、".公司"、".网络"四种类型的中文域名。

五、域名选取的原则

域名是连接企业和互联网网址的纽带，它像品牌、商标一样具有重要的识别作用，是访问者通达企业网站的"钥匙"，是企业在网络上存在的标志，担负着标示站点和导向企业站点的双重作用。域名对于企业开展电子商务具有重要的作用，它被誉为网络时代的"环球商标"，一个好的域名会大大增加企业在互联网上的知名度。因此，企业如何选取好的域名就显得十分重要。在选取域名的时候，首先要遵循两个基本原则。

（1）域名应该简明易记，便于输入。

这是判断域名好坏最重要的因素。一个好的域名应该短而顺口，便于记忆，最好让人看一眼就能记住，而且读起来发音清晰，不会导致拼写错误。此外，域名选取还要避免同音异义词。

（2）域名要有一定的内涵和意义。

用有一定意义和内涵的词或词组作域名，不但可记忆性好，而且有助于实现企业的营销目标。如企业的名称、产品名称、商标名、品牌名等都是不错的选择，这样能够使企业的网络营销目标和非网络营销目标达成一致。

六、域名选取技巧

（1）用企业名称的汉语拼音作为域名。

这是为企业选取域名的一种较好方式，实际上大部分国内企业都是这样选取域名的。如红塔集团的域名为 hongta.com，新飞电器的域名为 xinfei.com，海尔集团的域名为 haier.com，四川长虹集团的域名为 changhong.com，华为技术有限公司的域名为 huawei.com。这样的域名有助于提高企业在线品牌的知名度，即使企业不作任何宣传，其在线站点的域名也很容易被人想到。

（2）用企业名称相应的英文名作为域名。

这也是国内许多企业选取域名的一种方式，这样的域名特别适合与计算机、网络和通信相关的一些行业。如长城计算机公司的域名为 greatwall.com.cn，中国电信的域名为 chinatelecom.com.cn，中国移动的域名为 chinamobile.com。

（3）用企业名称的缩写作为域名。

有些企业的名称比较长，如果用汉语拼音或者用相应的英文名作为域名就显得过于烦琐，不便于记忆。因此，用企业名称的缩写作为域名不失为一种好方法。缩写包括两种方法：一种是汉语拼音缩写；另一种是英文缩写。如广东步步高电子工业有限公司的域名为 gdbbk.com，泸州老窖集团的域名为 lzlj.com.cn，中国电子商务网的域名为 chinaeb.com.cn，计算机世界的域名为 ccw.com.cn。

（4）用汉语拼音的谐音形式给企业注册域名。

在现实中，采用这种方法的企业也不在少数。如美的集团的域名为 midea.com.cn，康佳集团的域名为 konka.com.cn，格力集团的域名为 gree.com，新浪用 sina.com.cn 作为它的域名。

（5）以中英文结合的形式给企业注册域名。

如荣事达集团的域名是 rongshidagroup.com，其中"荣事达"三个字用汉语拼音，"集团"用英文名。这样的例子还有许多，如中国人网的域名为 chinaren.com，华通金属的域名为 htmetal.com.cn。

（6）在企业名称前后加上与网络相关的前缀和后缀。

常用的前缀有 e、i、net 等；后缀有 net、web、line 等。如中国营销传播网的域名为 emkt.com.cn，网络营销论坛的域名为 webpromote.com.cn，联合商情域名为 it168.com，脉搏网的域名为 mweb.com.cn，中华营销网的域名是 chinam-net.com。

（7）不要注册其他公司拥有的独特商标名和国际知名企业的商标名。

如果选取其他公司独特的商标名作为自己的域名很可能会惹上一身官司，特别是当注册的域名是一家国际或国内著名企业的驰名商标时。换言之，当企业挑选域名时，需要留

项目三 域名注册与主机选择

心挑选的域名是不是其他企业的注册商标名。

七、域名与 IP 地址之间的关系

域名和 IP 地址之间是一一对应的关系,并且多个域名可以对应同一个 IP 地址。就像一个人的姓名和身份证号码之间的关系,显然记忆人的名字要比记忆身份证号码容易得多。IP 地址是网络上标识用户站点的数字地址,为了简单好记,采用域名来代替 IP 地址表示站点地址,域名服务器(DNS)将域名解析成 IP 地址,使之一一对应。

任务实施

本次任务的目标是根据公司及网站内容,确定自己的域名,然后选择适合的域名注册商注册域名,主要有以下问题需要解决:

1. 选择与网站相匹配的域名类别;
2. 了解一般域名的设计技巧并为自己的网站设计几个合适的域名;
3. 了解域名的查询与注册方法,为自己注册域名。

步骤 1:为网站选择适合的域名类别

通过对域名类别的了解,小王认为要选择一个".com"的域名,因为公司的网站是一个企业站点,而人们都熟悉".com",公司也有一些外贸业务要经常面对海外客户,当然最好是使用.com 国际通用域名。由于.com\..net 等国际主流域名资源的枯竭,CN 域名具有一些优势,一来本地化,二来起保护商标的作用。所以小王认为国际国内双英文域名策略,选择.com.cn 和.cn 的域名也是很有必要的,这样可以使自己的网站能够覆盖到全球更多的客户。

步骤 2:为自己的网站设计适合的域名

域名是连接企业和互联网网址的纽带,它像品牌、商标一样具有重要的识别作用,是访问者通达企业网站的"钥匙",是企业在网络上存在的标志,担负着标示站点和导向企业站点的双重作用。企业在域名的命名上应慎重选择,既要符合国际惯例,不违反相关规定,又要充分考虑到域名的商业价值,使域名与企业的其他无形资产相辅相成、互相映衬。

好域名的基本原则是好记,基本要求是访问者一想起网站脑海里就会同时浮现出网站的域名,如想起"搜狐"脑海里就浮现出"sohu.com"。好记的域名第一要简短(以不超过 6 个字符为宜),第二要有意义。这其实和人的名字一样,显然,3 个字的名字比 10 个字的名字要好记,有意义的名字(我们常说某个人的名字里有故事)比无意义的名字要好记,对此我们或多或少都有体验。

> 选择域名应该考虑下面这些问题：
> 1. 我可以容易的念出这个名字吗；2. 名字是容易记忆的吗；3. 人们可以仅凭听到它就能够拼写出这个名字吗；4. 它和我的 Web 空间里的内容，或者我所提供的产品和服务有联系吗。

步骤3：域名的查询与注册

注册一个好的域名是网上经营成功的开始。域名注册时应考虑注册的类型、个数，应与公司的中英文名称、商标，平时所作的宣传一致。当然考虑到这些因素以外，还要知道想要注册的域名有没有被其他的人抢先注册，查询域名是否被注册到以下这个网址。

（1）中国互联网络信息中心（http://www.cnnic.net.cn/）。CN 域名与中文域名的查询地址参见图3-1。

图3-1 CNNIC 主页左侧为 WHOIS 查询

（2）在查询界面输入想要查询的域名。如图3-2所示，点击查询。

图3-2 CNNIC 的 WHOIS 查询界面

（3）如果该域名未注册，显示所查询的信息不存在（参见图 3-3）。

图 3-3　域名未被注册

（4）如果该域名已经被注册，显示相关注册信息（参见图 3-4）。

图 3-4　域名注册信息

（5）域名注册的过程并不复杂，一般程序为：选择域名注册服务商→查询自己希望的域名是否已经被注册→注册用户信息→支付域名注册服务费→提交注册表单→注册完成。

（6）小王最终确定的公司域名为 dele.com、dele.cn 和 dele.com.cn、wf588。

> 选择注册域名应该考虑下面这些问题：
> 1.注册一个域名有一定时间段，最短时间为 1 年，在域名期满前注意更新这个注册；
> 2.对于国内的中小企业来说，除了注册.com 域名外，也应该考虑一下.com.cn 和.cn 的域名；3.为了确保相关的服务质量，选择一家优质的注册商来注册域名。

任务二 主机方案的选择

 **相关知识**

一、专用服务器

专用服务器指的是专门用来提供某种或多种网络服务的计算机。服务器在网络中承担信息传输和处理数据的任务,具备高可伸缩性、高可靠性、高可用性和高管理性。网站服务器是网站信息内容的载体,也是用户访问时提供技术支持和服务的主要设备。不同性能、不同规格的服务器对网站的综合技术性能有较大的影响。

按照应用规模的大小,服务器可以划分为入门级服务器、部门级服务器、企业级服务器、功能服务器以及超级服务器与集群服务器六种类型。

个人用户和小型企业一般选择入门级服务器。以此类服务器具有服务器的基本功能,价格便宜,通常性价比比较高。

部门级服务器定位在中小型企业的应用领域。较好的通用性使其可适用于文件/打印共享服务、Web 服务、远程办公以及部门级邮件或数据库应用。它有良好的监控机制,用户可轻松地监控系统温度、风扇速度和系统运行中的电压负载等功能。

企业级服务器具有出众的性能和可伸缩性,可满足不断增长的企业应用需要。它采用多路 CPU、大容量内存、热插拔技术,但价格偏高。

从广义上讲,功能服务器是能够提供特定功能和服务的计算机系统。但从产品的狭义上讲,功能服务器特指那些能够提供特定服务功能或应用的服务器产品。首先,它是一个完整的产品,不需要再增加其他软件就能够完成其定义的功能或服务,而通常一个应用系统中的服务器都需要一些软硬件的配合才能完成相关的功能和服务。如 Web 功能服务器产品不需要其他产品的配合就可以完成 Web 服务,但如果通过服务器构成 Web 服务器,还必须配备操作系统和 Web 服务器软件。

超级服务器能对不同平台的服务器系统进行跨平台的集中管理,极大地提升了服务器管理的效率。它一般适合于大型网站、电信级应用和服务等。

二、服务器托管

顾名思义,服务器托管就是把自己的专用服务器委托别人代管。由于服务器托管服务商的网络线路一般位于互联网的主干线,把专有服务器进行托管就能有效的解决服务器宽带不足的问题。

项目三　域名注册与主机选择

此外，随着个人创业及小型公司企业的增多，使用服务器提供相关咨询、下载、邮件等服务已经变得非常普遍。近年来网络创业的个人用户也非常多，在网上众多的提供娱乐影音下载、论坛 BBS 等主机实际上相当一部分就是个人提供的。很多原来在家中架设服务器提供服务的用户已经感到环境的压力，特别是对于一些已经有收费服务的服务器更是需要有良好的环境，如全天候的空调环境、稳定的电力供应以及专业的网络管理人员维护服务器的运作等，这些对于个人用户和小型企业来说都是不菲的开销。而选择服务器托管，和其他的用户分担这些费用是非常经济的选择。

一般如网通、电信、铁通、联通、移动等网络服务商均可提供服务器托管业务。选择服务器托管商可参考以下意见。

（1）不要考虑没有互联网服务提供商（ISP）许可证的"小公司"，要选择资质好、规模大、名气大、信誉度高的大型 ISP 公司，这是基本原则。

（2）尽量跨过不必要的中间商，少绕弯子，节省费用。更重要的是，由于中间商越多，将来的不稳定因素就越多，可能互相推诿，因此要尽量委托那些直接从机房租用机柜的托管服务器商托管。

（3）考察服务商。在考察机房之前，先要去服务商的公司考察其规模、技术、历史等因素。考察机房应将重点放在它的规模、历史和口碑。

三、虚拟主机

虚拟主机技术主要用于解决在一台物理服务器上架设多个服务器的问题。使用特殊的软硬件技术，把一台计算机主机分成一台台"虚拟"的主机，每一台虚拟主机都具有独立的域名和 IP 地址（共享的 IP 地址），有完整的互联网服务器（WWW、FTP、E-mail 等）功能。在同一台硬件、同一个操作系统上运行着为多个用户打开的不同服务器程序，互不干扰；而每个用户拥有自己的一部分系统资源（IP 地址、文件存储空间、内存、CPU 时间等）。虚拟主机之间完全独立，并可由用户自行管理，在外界看来，每一台虚拟主机和一台独立主机的表现完全一样。虚拟主机的优点有以下几个方面。

（1）无需购置机器。

运用虚拟主机技术，每一台虚拟主机和一台独立的主机完全一样，每一台虚拟主机都具有独立的域名，具有完整的互联网服务器功能。

（2）费用低廉。

可以节省购置服务器或其他硬件设备的投资、安排专业系统管理人员等多方面的费用。"虚拟主机"的低廉成本将是一项低风险的投资决策。

（3）快捷方便。

能使不同的部门拥有自己的域名及专属网站。

（4）无需租用专线。

通过 FTP 方式，可随时更新主页内容。

（5）有专业的技术支持，无须操心维护。

现在提供主机托管的服务商很多，选择服务器托管商可参考以下意见。

（1）不要考虑没有互联网服务提供商（ISP）许可证的"小公司"，要是选择资质好、规模大、名气大、信誉高的大型 ISP 公司，这是基本原则。

（2）尽量跨过不必要的中间商，少绕弯子，节省费用。更重要的是，由于中间商越多，将来的不稳定因素就越多，可能互相推诿，因此要尽量委托那些直接从机房租用机柜的托管服务器商托管。

（3）考察服务商。在考察机房之前，先要去服务商的公司考察其规模、技术、历史等因素。考察机房应将重点放在它的规模和历史，要多看看历史悠久的老牌子机房。

四、服务器选型

网站服务器设备是网站的硬件基础，设备的选型应根据网站的用途、功能、规模和用户访问量等因素来考虑。采购网络服务器时，一般可按下列原则进行选择。

（1）性能要稳定。

为了保证站点能正常运转，选择的服务器首先要确保稳定。因为一个性能不稳定的服务器，即使配置再高、技术再先进，也不能保证站点正常工作。如果企业在服务器中存放了许多重要的数据，一旦服务器性能不好，就有可能出现服务器中的数据信息随时丢失或者整个系统瘫痪的危险，严重话可能给企业造成难以估计的损失。另外一方面，性能稳定的服务器还可以为企业节省一大笔维修和维护的费用，避免企业在经济上的损失。

（2）以够用为准则。

对于企业而言，最重要的就是根据实际情况并参考以后的发展规划，有针对性地选择满足目前信息化建设的需要而又不投入太多资源的解决方法。如果片面追求高、新、全的服务器，这些拥有先进功能、顶尖技术的服务器不但在价格上要远远高于市场上的普通服务器，更重要的是，这些先进的功能一般来说可能很少用到或者根本就用不着，如有很多高性能的服务器提供了阵列功能，由于用户不了解或是使用不当，只采用单硬盘配置，况且小型企业的信息容量并不是很多，根本不需要带有磁盘陈列功能的服务器，这样就可能会白白花费不少金钱。

（3）应考虑扩展性。

由于企业处于不断发展之中，而且发展的速度越来越快，快速增长的业务不断对服务器的性能提出新的要求。为了减少更新服务器带来的额外开销和对业务的影响，服务器应当具有较高的可扩展性，可以及时调整配置来适应企业的发展。服务器的可扩展性主要表现为在机架上要有为硬盘和电源的增加留有充分余地，另外在主机板上的插槽不但种类齐全，而且有一定的数量，以便让企业用户自由地更新配件。

（4）要便于操作管理。

购买的服务器产品必须具有非常好的易操作性和可管理性，当出现故障时无需专业人员也能排除。所谓便于操作和管理，主要是指用相应的技术来提高系统的可靠性能，简化管理因素，降低维护费用成本。它通过硬件技术与软件技术两方面来实现。硬盘上，一般服务器主板机箱、控制面板以及电源等零件上都有相应的智能芯片来监测。这些芯片控制着其他硬件的运行状态并做出日志文件，发生故障时还能采取相应的处理。而软件则是通过与硬件管理芯片的协作将之人性化地提供给管理人员。如通过网络管理软件，用户可以在自己的电脑上监视控制服务器并在发生故障时及时处理。对于那些没有网络管理人员的企业，尤其要注意选择一台使用非常简单方便的服务器。

（5）满足特殊要求。

各企业对待服务器中的信息资源的态度和要求是不同的，有的企业在服务器中存放了许多重要的信息，这些信息需要面向国外或者整个世界发布，这就要求存放信息的服务器能够 24 小时不间断工作。这时企业就必须选择可用性高的服务器，也就是说选择的服务器在一段时间内可供用户正常使用的时间越长越好。如果服务器中存放的信息属于单位的绝密资料，这就要求选择的服务器有较高的安全性。要保证服务器有较高的安全性，主要是看服务器中是否装载了先进的杀毒软件、产品在硬件设计上是否采取了保护措施等。如检查购买的服务器是否采用了安全冗余技术，因为服务器的安全冗余技术是消除系统错误、保证系统安全和维护系统稳定的有效方法，某些服务器在电源、网卡、SCSI 卡、硬盘、PCI 通道方面都实现设备完全冗余，同时还支持 PCI 网卡的自动切换功能，大大优化了服务器的安全性能。当然，如果要使服务器能满足企业的特殊需求，企业可能需要多花点钱。

（6）内部配件的性能要搭配合理。

为了能使服务器更高效地运转，必须确保购买的服务器的内部配件能合理搭配。如购买了高性能的服务器，但是服务器内部的某些配件没有采用原装的，而是使用了低价的兼容组件，由于兼容组件的质量与原装配件的质量无法相比，这样就会出现有的配件处于瓶颈状态，有的配件处于闲置状态，最后的结果会导致整个服务器系统的性能下降。高性能的服务器不是一件或几件设备的性能优异，它是整体性能的合理搭配，任何一个产生系统瓶颈的配件都有可能导致系统的整体性能受到严重影响。

（7）合理看待价格。

高档服务器的价格比低档服务器的价格高是无可厚非的事情，因为高档服务器属于一种高技术的电子产品，只有先进的技术才能使得高档产品获得功能、质量上的完美表现。这样服务器厂商和专业销售商就必须花费比生产普通服务器更多的人力、物力来培养一支拥有许多高层次技术人才的队伍和科研力量来提供软硬件技术上的创新，因为高档服务器的生产成本肯定也比普通服务器的高。完全没有必要去购买那些价格太高的服务器，因为价格高的服务器尽管功能很多，但是这些功能往往使用率不高，会白白浪费金钱。当然，也不能选择价格太低的产品，因为其在性能上肯定不是太稳定，这样就违背了选购的服务器性能要更稳定的原则。因此，性能稳定、价格适中应该是理想的选择方向。

（8）售后服务要好。

由于服务器的使用和维护包含一定的技术含量，这就要求操作和管理服务器的人员必须掌握一定的使用知识。但小型企业肯定不会派专门的工作人员来维护服务器，这样操作服务器的人员的技术肯定有限，于是选择售后服务好的销售商应该成为小型企业明智的决定。

任务实施

本次任务的目标是根据公司及网站需求，选择适合的主机方案，主要有以下问题需要解决：

1. 分析网站的空间需求；
2. 选择适合的主机方案；
3. 免费空间申请。

步骤1：分析网站的空间需求

得乐办公用品有限公司的网站算是一个标准的中型企业网站，网站的基本网页文件和网页图片需要 20M 左右的空间，加上产品的图片和几个汇总介绍性页面，一般在 100M 左右。除此之外，企业可能还需要存放反馈信息和备用文件的空间，这样，总共需要 300M 的网站空间。可考虑到今后可能会提供和升级服务和功能，可能有大量的内容需要存放在网站空间中，这样就需要多申请 500M 空间。在线路选择上，我们考虑到用户采用的网络接入商不同，因此尽量采用双线接入的主机。

步骤2：选择适合的主机方案

经过前面的网站规划，小王了解了公司的需求，因此在主机方案选择上选择了既可以满足网站运营需要又相对经济的虚拟主机方案。

由于是属于企业网站，企业用户和个人用户最大的区别在于，企业用户需要找一些服务相对稳定可靠的运营商来保证网络的稳定运行，而不像个人用户那样找一些免费的虚拟主机提供商。图 3-5 为中资源网站提供的网站套餐。

套餐类别	服务内容	价格	备注	马上申请
个人用户实用型	1 个.cn 或国际英文域名	100 元/年	现在同时申请只需：350 元/年 600 元/2 年 查看配置>>	马上申请>>
	200M 单线虚拟主机空间	350 元/年		
	5 个各 10M 企业邮箱	150 元/年		
企业用户基本型	1 个.cn 或国际英文域名	100 元/年	现在同时申请只需：500 元/年 800 元/2 年 查看配置>>	马上申请>>
	200M 双线虚拟主机空间	500 元/年		
	5 个各 100M 企业邮箱	250 元/年		
企业用户实用型	1 个.cn 或国际英文域名	100 元/年	现在同时申请只需：750 元/年 1200 元/2 年 查看配置>>	马上申请>>
	200M 双线虚拟主机空间	500 元/年		
	5 用户 G 级企业邮局	750 元/年		

图 3-5　中资源网站提供的套餐

在图 3-5 提供的套餐中，注意因域名、虚拟主机的空间大小和接入的线路不同（单线还是双线接入）而价格差别较大。

企业申请空间时需要和出租空间的公司签署合同，表明双方的权利和义务。在确认合同生效后，使用网络空间的公司需要向出租网络空间的公司交纳费用。如果是在网站上直接申请，可以通过邮局汇款或者银行转账的形式向对方付款。

出租网络空间的公司收到用户所缴纳的费用后，会在公司的服务器上为用户划分一块指定大小的空间，同时会将用户空间的 FTP 账号和密码发送给用户，这样用户就可以使用这个账号和密码上传文件了。将所申请的空间 IP 地址通知给申请空间的企业，绑定域名和 IP 地址，这样用户只要输入域名就可以直接访问网站了。

步骤 3：免费空间申请

提供免费空间的网站可从百度进行搜索。我们以"高高兴兴免费空间"（http://www1.ggxx.com/）为例。登录高高兴兴免费空间 http://www1.ggxx.com/，注册为网站用户（参见图 3-6）。

图 3-6 注册为网站用户

注册成功页面出现 FTP 服务器地址、账号密码等信息（参见图 3-7）。

点击系统页面的系统自动分配的域名 http://5623.800z.net/。我们在浏览器即可看到网站的测试页（参见图 3-8）。

图 3-7 注册成功页面信息

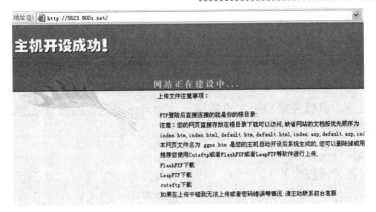

图 3-8　主机开设成功页面

任务三　网站的发布与维护

 **相关知识**

一、网站的发布

设计制作完成的网站内容上传到互联网上的 Web 服务器中的过程称为网站发布，由于提供网站空间服务的方式不同，网页发布有多种方式。其中最常用的网页发布方式有 FTP、网页制作软件发布工具、直接目录和专用发布程序发布等。

（1）使用 FTP 的方式发布。

对于使用匿名 FTP 发布网页的用户，一般在远程主机上专门设有目录接受上传文档，上传后远程服务器管理员将网页文档放置到相应的 Web 网站目录位置。目前，用于 FTP 上传服务的软件很多。如在 Windows 操作系统环境下 CuteFTP、WinFTP，在 Linux 操作系统环境下 Midnight Commander（MC）、NetFTP 等。

（2）用网页制作工具发布。

如果远程主机为 WindowsNT/2000 系统，使用微软的 IIS 或其他 Web 服务器，它们都带有 FrontPage Service Extension。对于 Internet Explorer5.0 及以上版本的浏览器用户，可以使用 Microsoft Web 发布向导向 Web 服务器发布网页，也可以向拥有账户的 UNIX 系统 Web 服务器以 FTP 方式发布网页。

一般的网页制作工具软件都具有网页发布功能，如 FrontPage XP、Dreamweaver MX 等。

(3) 直接目录方式发布。

对于拥有专线接入的自己管理的网站，Web 服务器相当于本地设备，网页发布可以由网站管理员直接在 Web 服务器上操作，此时只需要将待发布的网页直接复制或移动到服务器相应的目录中，即完成网页发布操作过程。

对于拥有远程主机服务器专用账户的用户，也可以使用该账号登录到远程服务器，将网页直接发布到服务器的指定目录。

（4）专用发布程序发布。

对于具有直接管理权限的大型网站，由于网页发布数量较多，为了便于网页的维护和网站的管理，往往使用专门的网页发布程序。这种程序一般由软件开发商根据用户的需求进行专门开发设计。不同的网页发布程序在功能上虽然有所差别，但常用的功能一般有网站栏目管理、网页模板管理、网页编辑排版、超文本文件生成、网页上传发布、网站维护管理等。

二、网站的测试

网站的内容形式多样，网页制作技术不断变化，网站的测试方法应根据制作技术的不同而采用相应的测试方法才能保障测试的可靠性。网站的测试项目比较常用的包括网站的功能测试、性能测试、可用性测试、客户端兼容性测试。目前，常见的网站的测试方法有人工测试、程序测试和专业网站测试。

任务实施

本次任务的目标是企业的网站制作完成之后的上传发布和日常维护工作的完成，主要有以下问题需要解决：

1. 网站的发布；
2. 网站的测试。

步骤 1：网站的发布

我们在本地建立一个 index.htm 的简单网页，使用 FTP 软件进行上传，如使用 FlashFXP 软件。FlashFXP 软件的具体操作说明在此不再详述，界面参见图 3-9。在框中写入 FTP 服务器地址为：76.73.27.146 或者是 5623.800z.net；账号密码参见图 3-7。

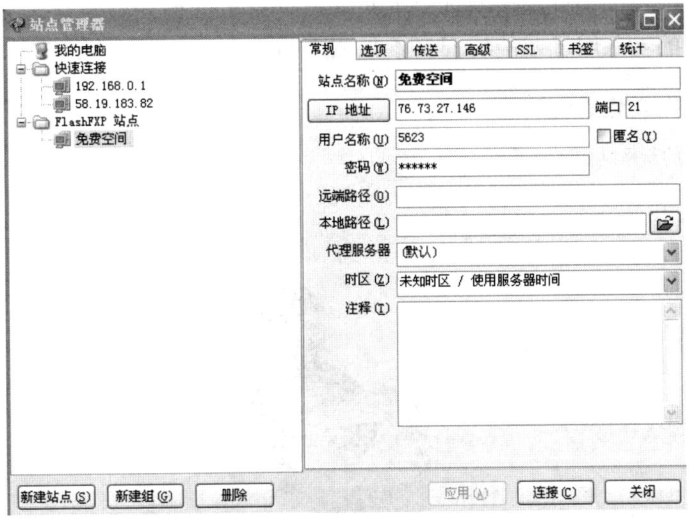

项目三 域名注册与主机选择

图 3-9 利用 FlashFXP 连接远程主机

在图 3-10 中，远程主机栏目中删除原有的 ggxx.htm 文件，将自己制作的 index.htm 及相关文件进行传送，直到传输结束。

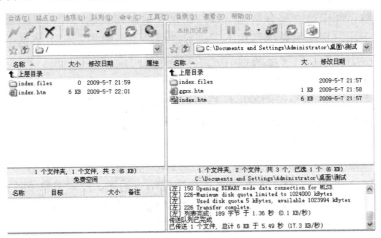

图 3-10 利用 FlashFXP 进行发布

步骤 2：网站的测试
（1）测试网站网页链接。
首先，测试所有连接是否确实连接到了该链接的页面。第二，需要测试所连接的页面是否存在。第三，保证网站上没有孤立的页面，这里说的孤立页面是指没有连接指向该页面，只有靠正确的输入网址才能访问（参见图3-11）。

我的新网站测试页……

图3-11 网站的测试页

（2）数据库测试。

检查网站数据库中是否具有数据一致性错误和输出错误这两种常见错误。数据一致性错误主要是由于用户提交的表单信息不正确而造成的，而输出错误主要是由于网络速度或程序设计问题等引起的，针对这两种情况，可分别进行测试。

（3）连接速度测试。

用户连接到Web应用系统的速度根据上网方式的变化而变化，网络用户的上网条件各不相同，因此如果网站响应时间太长（如超过5秒），用户就会因没有耐心等待而离开。

（4）导航测试。

导航主要描述了用户在一个页面内的操作方式。通过考虑下面问题，判断一个网站是否易于导航，如导航是否直观，Web系统是否需要站点地图、搜索引擎或其他的导航帮助。

导航的另一个重要方面是网站的页面结构、导航、菜单、链接的风格是否一致。确保用户凭直觉就知道Web应用系统里面是否还有内容，内容在什么地方。

测试用户导航功能，让公司的内部员工和部分客户参与这种测试，效果将更加明显。

（5）内容测试。

检验网站提供信息的正确性、准确性和相关性。信息的正确性是指信息是可靠的还是错误的。如在商品价格列表中，是否出现标价错误、商品型号与内容描述不符等情况。这种测试可以使用一些文辞处理软件来进行，如使用Microsoft Word的"拼音与语法检查"

功能。

（6）客户端兼容性测试。

目前除了常见的 Windows 操作系统外，市场上有很多不同的操作系统类型如 UNIX、Linux 等。这样可能会发生兼容性问题。同一个应用可能在某些操作系统下能正常运行，但在另外的操作系统下就可能会运行失败。因此，在 Web 系统发布之前，需要在各种操作系统下对 Web 进行兼容性测试。

浏览器是 Web 客户端最核心的构建，来自不同厂商的浏览器对 Java、JavaScript、ActiveX、Plug-ins 或不同的 HTML 规格有不同的支持。如 ActiveX 是 Microsoft 的产品，是为 Internet Explorer 设计的，JavaScript 是 Netscape 的产品，Java 是 Sun 的产品等。另外，框架和层次结构风格在不同的浏览器中也有不同的显示，甚至根本不显示。不同的浏览器对安全性和 Java 的设置也不一样。

网站发布的一般步骤包括：域名注册、虚拟主机、网站上传、网站检测和网站维护。网站的设计和编程全部做完之后，我们要对网站进行测试和上传。首先我们应该将网站上传到网站空间，然后对网站进行测试，同时也是对网站空间进行测试。一般来说，网站测试需要进行的就是网站页面的完整程度、网站编程代码的繁简程度和完整性、网站空间的链接速度和网站空间的加压测试承受度。

网站制作完毕了，网站测试也完毕了，就是对网站进行数据库填充。用自己原创的文章，或者从网上和书上摘录的文章把数据库填充一下，至少要让浏览者感觉你的网站不是今天才刚刚上线才行。同时，数据库填充的内容越多，在搜索引擎上被收录的页面也就越多，对下一步的推广也是大有好处的。

对于建设完成的网站其日后的维护、管理和更新才是最重要的。网络的最大优势就是信息的实时性，只有不断地推陈出新，才能有效地发挥网站的作用。对于企业网站的维护不仅仅只局限于简单的更换文字稿，应该是将企业的商业动态和发展方向充分的考虑进去，再结合现有的网站规划结构，迅速做出相应的改进。企业每一个新项目的推广和价格的浮动，内部结构调整，除了在报纸、电视等传统媒体做宣传外，需要同步的在网站上更新。

1. 如何注册一个域名,设计一个域名并查看它的注册信息。
2. 测试一个网站主要有哪些内容。
3. 申请一个免费空间,制作一个简单的网页并上传,并对该网站进行测试。

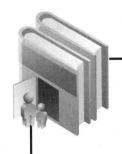

项目四
网 站 设 置

项目引入

　　小王和他的团队在完成网站建设的初期规划后，按照计划他们寻找到了 B2C 网店系统服务提供商乐度。他了解到在乐度网店系统中具备完整的网店功能，能够轻松快速地创建个性化网上商店。精美多变的模板、多维的商品展示技术、安全的在线支付、智能化的销售分析、领先的搜索引擎优化（SEO）技术、多层保护技术、集群众力量的"推广体系"、采用乐度独有的傻瓜式管理模块，让网上商店更快、更安全、更稳定、更易于使用。

　　小王感到非常高兴，他很想体验一下利用乐度网店系统轻松地建立一个完全属于自己（独立域名、独立空间、独立数据库、独立管理）的专业网上商城，他结合本公司在运营管理中的已有做法和经验编撰了相关信息，在上传的网站后台进行了基本设置管理。

项目分析

　　网站建立初期进行一些基本的设置是最基础的内容，基础设置完成后基本不会发生太多的变化。

电子商务网站运营与管理

网站设置内容主要包括：网店名称、网站所有者信息、上传网站标志Logo、功能开关设置、网站邮件设置等。

基本设置包括商站名称，网站标志Logo，地址栏图标，小图、大图暂无的替代图片设置，发货人信息，网站首页优化，网站描述，统计选项封面开关，图片设置。

系统设置模块中主要为各功能模块的开关设置，在线留言开关、审核、过滤设置；商品评论开关、审核、过滤设置，图片水印管理，站内图片尺寸设置，商品提成设置，商品初始参数设置。

邮件管理模块主要包括：发送邮件服务器Smtp设置，站内客户注册确认、订单确认、密码找回、商品推荐、汇款确认邮件的模板设置，会员分组设置，网站会刊资料发送。与邮件模块相类似的是手机信息管理模块，不过实现需要申请企业短信ID号码。

支付管理模块设置主要包括：在线支付、银行支付、本站内的预支付、购物券支付、设置货到付款和邮局汇款协议等。

配送管理模块主要设置配送范围、配送方式的添加和管理。

在网站其他管理部分主要有图片管理、用户注册地址设置、网站即时通讯管理、网站底部信息、售后服务条款、纠错页面、网站开关等。

在了解设置内容后，小王需要根据公司的有关规定和业务流程进行改进和编撰相关信息，如协同财务部门制定客户预付款支付管理规定、网站客户邮政汇款转账、采购规定、客户服务规定、配送管理范围和配送方式的确定。如果开通网上在线支付还需要在网银管理机构、第三方支付平台（如支付宝）完成注册。在完成基本信息以后才能进行后续上传操作。

为完成以上工作，可以把本项工作分解成以下七个工作任务：

任务一：登录乐度网店系统；
任务二：网站基本设置；
任务三：系统设置；
任务四：邮件管理设置；
任务五：支付管理设置；
任务六：配送管理设置；
任务七：其他基本设置。

任务一 登录乐度网店系统

乐度网店系统提供的系统中主要有以下功能。

1. 商品管理

轻松实现对商品的添加、修改、删除等操作,一种商品同时所属多个类。自定义库存报警,自定义不同等级会员价格,自定义商品水印等。

2. 商品分类

商品类别支持用户自定义,支持属性拷贝,支持无限级分类。

3. 品牌管理

轻松添加、删除和修改品牌信息。

4. 优惠方案

实现礼品管理、赠送礼品、满额打折、免运费、送购物券等促销活动。

5. 关键字库

采用网页标签编辑功能,轻松优化商品页面。

6. 订单管理

订单的管理清晰、简单,系统将订单状态分为八种状态(未处理、已收款、已发货、已完成、已取消、游客订单、游客订单、会员订单)。下订单后系统会自动向客户发送邮件确认,店主可以在后台管理中按订单状态进行订单查询。

7. 销售分析

使用六种分析排行(商品销售分析、会员销售排行、商品访问排行、商品类型分析、会员登录排行、支付方式分析),方便用户的整合管理。

8. 广告管理

系统内置十类广告宣传(伸缩广告、漂浮广告、弹出广告、变换广告、上部广告、下部广告、右下角广告、分类广告、扩展广告、推广广告),其中扩展广告用户可以自定义到网站的各个页面。

9. 支付管理

系统集成多种在线支付接口,用户可根据自己的喜好进行选择,分配和使用多种支付方式。

10. 模板管理

系统内置默认模板,用户根据商品类型到官方网站选择合适的外观下载导入系统,页面与数据实现了分离,高级用户可使用模板编辑器自定义界面。

11. 邮件发送

系统可以在会员注册、密码修改、用户密码找回、留言回复、商品推广提成通知、前台订单生成、后台订单收款、后台订单发货时自动发送邮件,并且邮件内容用户可以自定义。

12. 留言管理

后台管理中不仅可以查看访客留言内容,还可以看到访客的真实 IP、留言时间,可以控制留言是否显示或删除,规避网店被捣乱的风险。

13. 访问统计

内置详细的站点访问记录,随时掌握访问动态。

14. 投票调查

可以根据需要建立各种投票调查,收集访问者的需要,为网店运营提供一些参考。

15. 权限管理

支持对每个用户进行权限分配,满足多人管理网店的需要。

任务实施

本次任务的目标是根据公司及网站内容,确定自己的域名,然后选择适合的域名注册商注册域名,主要有以下问题需要解决:

1. 了解乐度网店系统功能;
2. 登录乐度网店系统熟悉操作界面和基本通用操作。

步骤1:乐度网店系统登录

(1)解压缩乐度网店系统源码文件,并将简易IIS服务器.exe(可从网站下载)文件放

项目四　网站设置

到网页根目录下，然后双击简易 IIS 服务器.exe 即可启动网站。

（2）进入管理后台，在浏览器地址栏输入 http://localhost/admin 即可进入网店后台。为了方便用户的使用，对后台采用统一的布局和统一的操作步骤，让用户更加方便地使用。后台登录页面如图 4-1 所示，初始账号密码均为 lodoeshop。

图 4-1　乐度网店系统登录界面

步骤 3：登录乐度网店系统管理主界面

乐度网店系统管理后台登录的首页显示主要分为六部分：顶部菜单、快捷工具栏、重要信息提示栏、未处理事务提示栏、最近一个月前 10 名销售商品提示栏、底部快捷工具栏（参见图 4-2）。

（1）顶部菜单。

首页顶部菜单使用下拉式菜单，包括首页、网站设置、会员管理、商品管理、订单管理、文章管理、广告管理、系统维护、帮助共 9 个菜单。

（2）快捷工具栏。

页面的右上角放置 6 个常用功能模块的快捷按钮，管理员登录后台后即可通过快捷按钮对这些功能进行操作。

（3）重要信息提示栏。

重要信息提示栏是指后台首页的左侧。在上方提示网站名称、日期、时间等。依次是今日统计情况、提示信息、官方信息。"今日统计情况"显示网店访问量、销售金额、销售数量、结算金额、畅销商品等数据，让管理员清晰地掌握网店的动态。

（4）未处理事务提示栏。

未处理事务提示栏是指后台首页的右侧。页面右侧上方，快捷栏下面提示当前用户的相关信息，左上角放置两个快捷按钮，即返回前台首页和帮助。通过"返回前台"按钮，管理员可以实时返回前台，浏览网店外观。通过"帮助"按钮，管理员可以查询问题。未处理事务提示管理员有信息、订单、提成、库存、缺货等未处理的重要消息，提醒管理员尽快处理。

图 4-2　乐度网店系统管理主界面

（5）最近一个月前 10 名销售商品提示栏。

该栏位于页面右侧下方，列指最近一个月的销售前 10 名商品的排序、名称、价格、销售数量等数据。

（6）底部快捷工具栏。

通过底部工具栏，管理员可以快捷地到达评论、留言、公告、短信的功能模块。通过底部工具栏，管理员可以实时返回前台或后面的首页，通过退出管理按钮，退出后台管理。底部包含版本信息。

项目四 网站设置

任务二 网站基本设置

相关知识

一、网站基本设置

网站的基本设置通常包括网站的名称、网站的描述、Logo 设计、频道设置、功能设置、广告设置、图片设置等。基本设置是网站运营的前提基础之一。

网站设置的内容也根据网站系统提供的功能丰富程度不同而不同。

二、如何做好网站 Logo 设计

作为独特的传媒符号，标识（Logo）一直成为传播特殊信息的视觉文化语言。浓缩了文化、背景、对象、理念及各种设计原理的基调上，实现对象最冲动的视觉体现。作为具有传媒特性的 Logo，为了在最有效的空间内实现所有的视觉识别功能，一般是通过特示图案及特示文字的组合，达到对被标识体的出示、说明、沟通、交流从而引导受众的兴趣，达到增强美誉、记忆等目的。表现形式的组合方式一般分为特示图案、特示字体、合成字体。

现代人对简洁、明快、流畅、瞬间印象的诉求影响到标识的设计越来越追求一种独特的、高度的洗练，一些已在用户群中产生了一定印象的公司、团体为了强化受众的区别性记忆及持续的品牌忠诚，通过设计更独特、更易被理解的图案来强化对既有理念的认同。一些老牌公司就在积极更新标识，如可口可乐的标识就曾几易其稿。

而一些追求受众快速认知的群体，就会强化对文字表达直接性的需求，通过采用文字特征明显的合成文字来表现，并通过现代媒体的大量反复来强化、保持易被模糊的记忆。部分大型网站 Logo 参见图 4-3。

图 4-3 部分大型网站 Logo 示例

以新浪为例，其 Logo 的底色是白色，文字"sina"和"新浪网"是黑色，其中字母"i"

61

上的点用了表象性手法处理成一只眼睛,而这又使整个字母"i"像一个小火炬,这样,即向人们传达了"世界在你眼中"的理念,激发人们对网络世界的好奇,又使人们容易记住新浪网的域名。

三、网站描述案例

网站描述是吸引用户访问网站、搜索引擎分类收录网站的基础,因此做好一个网站描述非常重要。下面以实例说明如何进行描述。网站 http://www.baorent.com/ 中的原标题、关键字标签和描述标签的内容如下:

<title>包租网租赁行业门户网站(汽车,房产,办公设备,家电,建筑机械,机电工具,会议展览,演出服装,儿童玩具,运动装备,花卉租摆等租赁信息发布平台)
</title>

<metaname="keyword"content="包租网租赁行业门户网站(汽车,房产,办公设备,家电,建筑机械,机电工具,会议展览,演出服装,儿童玩具,运动装备,花卉租摆等租赁信息发布平台)"/>

<metaname="description"content="包租网租赁行业门户网站(汽车,房产,办公设备,家电,建筑机械,机电工具,会议展览,演出服装,儿童玩具,运动装备,花卉租摆等租赁信息发布平台)"/>

上面这个网页的标题、关键字标签和描述标签,犯了很多错误:

(1)标题、关键字标签、描述标签内容一样;
(2)标题内容太多;
(3)关键字标签中关键字太多;
(4)关键字标签中内容不是短语,而是一段话;
(5)语法错误:将"keywords"写成"keyword";
(6)描述标签中内容是短语,不是一段话。

改过的标签内容:

<title>包租网租赁行业门户网站</title>

<metaname="keywords"content="租赁网站,租房,租车,花卉租摆"/>

<metaname="description"content="汽车,房产,办公设备,家电,建筑机械,机电工具,会议展览,演出服装,儿童玩具,运动装备,花卉租摆等租赁信息发布平台"/>

前后两种网站描述的主要区别是没有重复,还是那些信息,但所有的信息都清楚地标记和分开。

项目四　网站设置

任务实施

本次任务主要有以下问题需要解决：

1．进行基本信息录入；

2．搜索优化信息录入；

3．网站统计问题；

4．网站封面开关。

步骤1：基本信息录入

点击一级菜单中的网站设置，进入基本信息录入界面。在输入框中输入如图4-4所示内容。

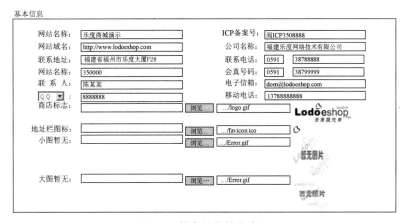

图4-4　基本信息输入窗口

基本信息录入界面的主要功能包括：网站名称、网站标志、地址栏图标、暂无图片。

（1）网站名称：如输入得乐办公用品网，所输入的网站名称将在前台网页浏览器中以标题形式出现。可在此加入一些商品关键字，对提高网店在搜索引擎的排名很有帮助。

（2）网站标志：前台网站标志Logo。

（3）地址栏图标：显示在浏览器地址栏，一个漂亮的小图标会让访问者感到新奇。

（4）暂无图片：商品列表中的商品图片不存在时，显示小图、大图暂无图片（参见图4-5）。

图4-5　暂无图片的替代图片

步骤 2：网站关键字和网站描述

网站关键字是用来描述网页的属性，有利于搜索引擎收录本网站。网站描述则是对网页概况的介绍，搜索引擎对此比较感兴趣，有可能出现在搜索引擎的搜索结果中。根据网页的实际情况来设计，尽量避免与网页内容不相关的描述，不要堆砌过多的关键词，否则可能被搜索引擎排斥。对办公用品网站可加入如图 4-6 所示网站关键字和描述。

步骤 3：统计设置

设置第三方统计工具的连接代码（参见图 4-7），如何申请第三方统计将在后续项目中详述。

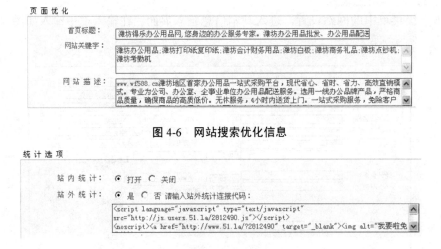

图 4-6　网站搜索优化信息

图 4-7　站外统计代码输入

步骤 4：封面设计

封面就是在进入商店首页之前再增加一个页面，这个页面可以是最新促销信息的通知，也可以是商店形象的展示，这个页面我们通常就称为网站的封面。封面由两部分组成：一部分是封面的页面文件；另外一部分就是这个封面中的附件文件，如图片、Flash 等（参见图 4-8）。

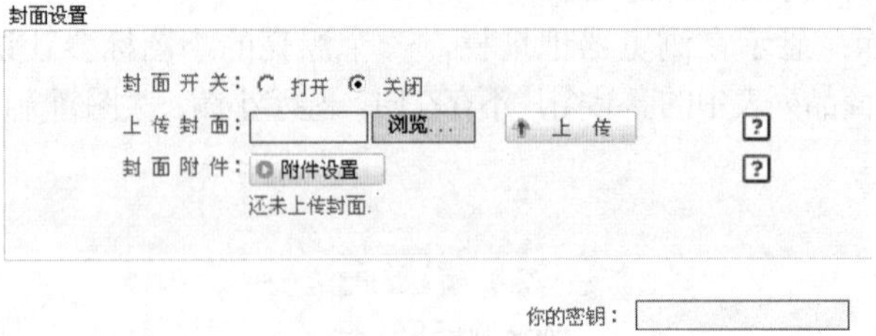

图 4-8　网站封面开关

封面设计的主要功能包括：封面开关、封面上传、封面附件。
（1）封面开关：设置是否启用，选择关闭。
（2）封面上传：上传页面文件，如 index.html、index.asp 等。
（3）封面附件：上传封面的附件文件，如图片、Flash 等。

任务三 系统设置

相关知识

系统设置主要涉及网站提供的各类功能的开关，如在线留言功能、商品评论功能的开关、审核、过滤设置，网站商品图片的小图、大图、细节图的尺寸和水印效果设置等；乐度网店系统还提供了商品提成设置和商品添加信息的默认设置。

在设置过程中系统已经提供了部分常用的默认设置，如需要调整则根据需要进行调整，如商品提成比例设置。

本次任务主要有以下问题需要解决：
1. 对网店系统功能模块进行开关设置；
2. 对在线留言开关、审核、过滤设置；
3. 对商品评论开关、审核、过滤设置；
4. 站内图片水印管理；
5. 站内图片尺寸设置；
6. 商品提成设置；
7. 商品初始参数设置。

步骤1：系统功能选项设置
点击二级菜单系统设置，主要设置项参见图4-9。
（1）注册默认：用户注册后，系统赋予用户默认为普通会员等级、积分和存款。
（2）推荐积分：是推荐别人进驻网站的奖励积分，现设定100分。
（3）推广积分：推广赠送的积分设置。
（4）会员升级：由初级会员到高级会员的累积升级。
（5）强制注册：只有注册后的会员才能购买商品。

(6) 注册审核：注册会员需等管理员审核通过后才能使用注册账号。
(7) 商城快讯：此功能关闭后，主导航条中的"商城快讯"将消失。
(8) 杂志订阅：此功能关闭后，首页网站会员杂志订阅功能将不可用。
(9) 投票系统：此功能关闭后，首页投票功能模块消失。

图 4-9　系统功能选项设置

后续功能开关有发票功能、收货时间、优惠券/卡、用户升级、积分转换存款、存款积分转换、用户续费、时间用户续费、登录出错限制、友情连接开关、友情连接类型、前台右键开关。如果前台右键开关功能开启后，前台页面点击右键出现如图 4-10 所示的内容。

图 4-10　前台页面右键菜单

项目四 网站设置

步骤 2：页面选项设置

在页面选项设置中我们可以设置几天内生日的会员将在后台首页出现提示。最多收货人地址数设置（参见图 4-11）。此处设置将改变系统登录首页中的显示数量。

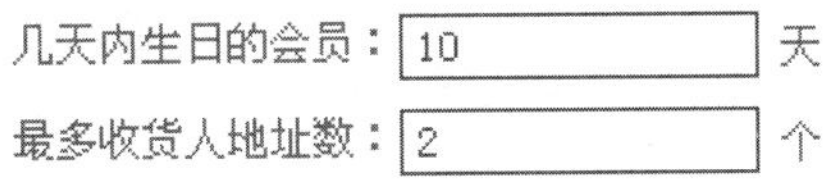

几天内生日的会员：10 天
最多收货人地址数：2 个

图 4-11　前台页面右键菜单

步骤 3：在线留言功能设置

设置在线留言为开启状态、所有留言经管理员审核后方可显示前台留言列表中。在此表单中也可限制会员发表留言权限，如所有人（包括非会员和会员）、所有会员（包括所有会员），对发表的留言内容字数限制，两次留言之间的时间间隔设置。留言过滤，限定留言内容中不能存在要过滤的文字（参见图 4-12）。

图 4-12　在线留言功能设置

步骤 4：商品评论管理

商品评论模块与在线留言功能设置基本相同，我们可以设置商品评论开启、是否审核、评论限制、评论过滤（参见图 4-13）。

图 4-13　商品评论管理

步骤 5：图片水印管理

图片水印效果可以采用图片水印和文字水印两种形式，基本设置参见图 4-14。

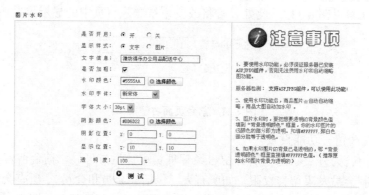

图 4-14　图片水印管理

（1）是否开启：设置添加水印功能，在添加商品时，可以选择应用水印，现设置为开启。

（2）显示样式：设置水印类型可以为文字或图片，现设置为图片样式。

（3）图片大小：要应用的水印的长和宽，现采取默认。

（4）背景透明颜色：要把想要透明的背景颜色值填到"背景透明颜色"框里，水印图片的该颜色的部分即为透明，可根据需要进行调节。

（5）显示位置：水印在商品图片中的坐标位置，可根据需要进行调节。

（6）透明度：设置水印的透明度。图片水印可在图中加入小图显示，如新华网中的图片是在图片的右下角加入 XINHUA 等字样；文字水印需要加入"水印文字"（参见图 4-15 和图 4-16）。

图 4-15　图片水印透明度

项目四 网站设置

图 4-16　文字水印设置

步骤 6：图片尺寸设置

图片尺寸可以按照首页布局要求进行设定，如果采用标准模板也可不设定。若在上传图片后再设定图片大小，系统将会自动调节。图片包括商品列表中商品小图片、详细页中的大图、放大图页面的大图、品牌图片、友情连接图片（参见图 4-17）。

图 4-17　尺寸设置

步骤 7：商品提成设置

我们选择开启会员提成功能。提成方式可选择提成以百分比或具体的数值提成，如图 4-18 设置，分别设置普通会员、高级会员等。我们设置批发商提成为 10 元。

步骤 8：默认数据设置

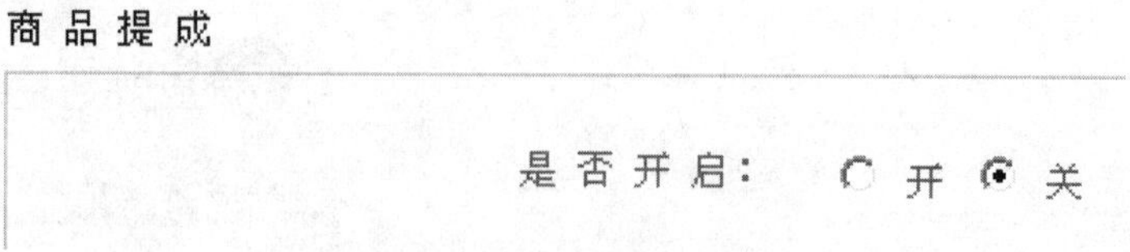

图 4-18　商品提成

初始参数设置主要针对商品页面中的初始数据，购买次数、点击次数、赠送积分、扣除积分、库存提示、市场价格比例、商品数量、商品重量、商品体积进行设置。设定后在商品添加时即会出现默认值（参见图 4-19）。

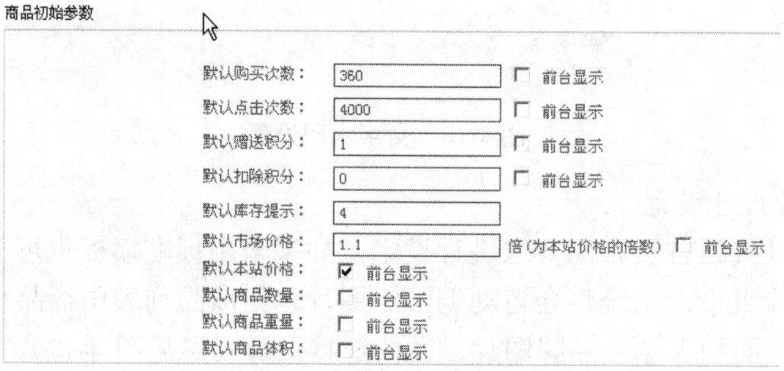

图 4-19　初始参数设置

任务四　邮件管理设置

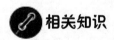

邮件服务器是遵循 SMTP（Simple Mail Transfer Protocol）简单邮件传输协议的发送邮件服务器的名称，用来发送或中转用户发出的电子邮件。如使用 126 的免费邮箱，那么这里就应该设置为"smtp.126.com"。

网站会刊是发放给注册会员的销售手册、促销信息、新产品或新服务的电子刊物。一般由网站主办者提供，有着内容和信誉的充分保障，由专业人士精心编辑制作，具有很强的专业性、时效性、可读性和交互性，无论用户在任何地方，网站会刊可以带给用户最新最全的信息。由于网站会刊是由网站客户根据兴趣与需要主动订阅的，所以此类广告更能准确有效地面向潜在客户。此外电子邮件杂志的形式非常适合目前中国的网络状况，它可

项目四 网站设置

以让用户不必花费很多的时间和费用即可获取大量的信息,据调查网站会刊是页面浏览功效的 10~60 倍。

任务实施

本次任务的目标是根据公司及网站内容,设置邮件并进行管理,主要有以下问题需要解决:
1. 完成网站系统邮件设置;
2. 为客户确认信息邮件模板设置;
3. 添加会员邮件,并设置分组;
4. 制作一封网站会刊资料并发送给会员。

步骤 1:邮件设置

网站邮件功能需要网站服务器支持相关的邮件发送组件(若无 JMail、CDONTS 邮件组件,将无法发送电子邮件)。在图 4-20 中填入相应 SMTP 服务器地址、邮件账号、邮件密码和发信人姓名,与 Outlook 设置基本类似(参见图 4-20)。

图 4-20 初始化邮件设置

步骤 2:发信模板设置及信息发送

在乐度网店系统中我们可以设置系统邮件模板,模板主要有注册确认、订单确认、密码找回、汇款确认、商品推荐、杂志订阅、杂志退订、到货通知。我们以"订单确认"为例进行模板设置(参见图 4-21)。

使用模板编辑器编辑文本。在模板设置中可以利用变量如用户的名称、密码等。使用了里面的变量之后系统在发送邮件中会调用数据库中对应数据并显示出来。我们可以直接拖动右侧变量名到左侧的编辑窗口如图4-21中的订单日期等。

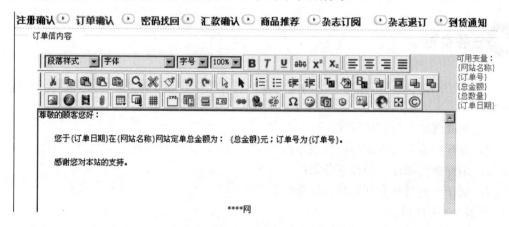

图4-21 发信模板设置

客户在前台注册会员后会收到类似如下的注册确认信息（参见图4-22）。

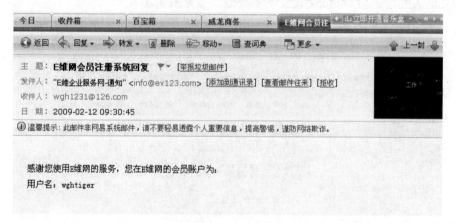

图4-22 客户端邮件确认

步骤3：网站会刊管理

（1）网站会刊订阅查询。

会员订阅可以按电子邮件地址和加入时间查询（参见图4-23）。显示具体内容，需要对某条内容进行修改操作时，点击内容后面的修改即可进入修改页面对邮箱地址和备注说明进行修改。需要对某条内容进行其他操作则需要选中本信息，再点击功能操作栏的具体功能按钮即可。

项目四　网站设置

图 4-23　网站会刊订阅查询

（2）添加邮件地址。

添加邮件地址分三种方式加入邮件地址，即单个邮件地址、文本导入和站内会员（参见图 4-24）。

图 4-24　添加订阅邮件地址

对于少量的邮件地址输入，可采用这种直接输入的方式一个一个地添加，好处是可以分别编辑每个邮件地址的备注说明，以区分各个不同用途的邮件地址。对于多个地址可以采取文本导入。通过浏览按钮打开本地文件夹，选择一个文本文件（*.txt），填写备注说明，以区分各类不同的邮件地址。第三种方式为从站内会员中添加所有会员邮件地址加入。也可以先选择不同等级的会员，以等级分类加入。

（3）添加邮件地址组。

我们输入邮件地址组名如乐度贵宾群组。选择部分会员加入邮件组，点击组内会员后面的选择按钮，跳出选择会员页面，通过查询栏、内容栏和功能操作栏进行查询，全选或复选加入所选。

（4）邮件地址组管理。

邮件地址组管理内容显示邮件地址组名及邮件地址组内成员 ID。通过点击邮件地址组名或修改或删除操作进行群组会员的添加或删除维护工作。

（5）会刊发送。

新建会刊，在新建中我们可以编写网站会刊，网站会刊可以 Html 网页形式、图片等设置邮件内容，并将邮件（网店会刊）发给相关的用户邮件群组。

（6）会刊退订设置。

在退订管理中可以设置退订页面的退订原因（参见图 4-25），方便管理员掌握会员对网站内容的评价，以便修改相应的杂志内容，也可以看到退订人数以及相应原因。

图 4-25　会刊退订调查设置

任务五　支付管理设置

一、B2C 网站支付方式

对于 B2C 网站支付一般支持多种支付方式，如网上银行在线支付、第三方支付平台支付、银行转账、邮政汇款、货到付款等。由于一般的 B2C 电子商务网站受人才、资质和资金等条件限制，直接与多家银行的网银支付网关门槛较高，实现对接几乎是不肯能的。B2C 领域商户规模庞大，商品质量及用户售后服务等都还是商家及用户非常关注的问题，同期网关型网上支付还没有提供信用担保的相关功能。在诚信体系不健全的情况下，用户必须承担付款后厂商的产品及服务质量出现问题的风险，第三方支付平台恰恰解决了这个问题，并提供了网络支付的安全解决方案。采用第三方支付平台完成在线支付是网站运营初期最合适的选择。

银行转账方式是较为传统的方式，但存在诚信问题，如客户转账完成但迟迟不能收到货物或出现卖方不发货等问题，存在一定的交易安全问题。邮政汇款方式效率最慢，但适合较不发达地区的买家或不熟悉网上银行使用的买家使用。

货到付款方式一般是为了适应在诚信体系不健全的情况下而采取的一项方案，从物流配送体系来看，有实力的 B2C 企业基本都倾向于建立自己的物流配送体系，货到付款不仅降低了企业的部分成本，满足了用户既有的支付习惯，更重要的是还充当了企业深入了解核心用户的信息渠道。简单的货到付款背后满足了企业和用户多方面的信息和服务需求，是企业和客户之间相互加深了解促进进一步合作的有效渠道。从发展现状来看，货到付款仍是当前国内 B2C 电子商务的主流支付模式。以老牌的 B2C 企业当当网、卓越网为例，货到付款目前占到其交易的近八成。

因此网站支付方式应当考虑不同客户的方便性需求支持多种支付方式。

二、国内 B2C 在线支付网站

支付宝（http://www.alipay.com/）：阿里巴巴旗下产品。目前除淘宝和阿里巴巴外，支持使用支付宝交易服务的商家已经超过 46 万家。

贝宝（http://www.paypal.com/cn/）：全球知名的第三方支付平台，而且支付多种货币，Paypal 的中文版，为中国用户而设计的。

财付通（https://www.tenpay.com/）：腾讯公司于 2005 年 9 月正式推出专业在线支付平台。财付通业务覆盖 B2B、B2C 和 C2C 各领域，提供卓越的网上支付及清算服务。

快钱（https://www.99bill.com/）：快钱是国内领先的独立第三方支付企业，旨在为各类企业及个人提供安全、便捷和保密的综合电子支付服务。

云网支付（http://www.cncard.net）：云网支付是北京云网公司与招商银行、建设银行、工商银行等合作开通的支持全国范围内网上实时支付系统。

首信易支付（http://www.beijing.com.cn/）：北京市政府主导的在线支付平台。

网汇通（https://www.udpay.com.cn/）：与中国邮政合作的支付平台。

环迅 IPS（http://www.ips.com.cn/）：是由上海环迅电子商务有限公司创建。

YeePay 易宝（http://www.yeepay.com/）：易宝支付作为第三方金融服务提供商，为个人客户提供在线支付、电话支付、虚拟账户理财服务，为企业商户提供银行网关支付、代收代付、委托支付等。

网银在线（http://www.chinabank.com.cn/）：2003 年由网银在线（北京）科技有限公司开发的在线支付平台。

易付通（http://www.xpay.cn/）：是由杭州易富科技有限公司开发的基于互联网和传统销售渠道的安全在线支付平台。

任务实施

本次任务的目标是根据公司及网站内容,设置网站在线支付,主要有以下问题需要解决:

1. 了解网站系统支付模式;
2. 设置在线支付、银行支付;
3. 了解预支付和购物券支付;
4. 设置货到付款。

步骤1:支付开关

网站系统一般支持在线支付、银行支付、站内支付、购物券、货到付款。我们可以在支付管理二级菜单内设置(参见图4-26)。

图4-26 支付模块开关

步骤2:在线支付管理

系统内置了当前网上常用的支付网关,用户可以直接使用(参见图4-27)。用户也可以自己添加支付类型。

图4-27 在线支付管理

点击在线支付图标可以直接进入相关支付方式的官方网站。通过点击网银名称和操作修改直接进入详细信息页面，进行修改。通过修改网银状态可以设置网银在前台中是否显示。用户可以通过功能操作栏的删除所选按钮，可以删除所选的网银内容。

步骤 3：支付类型添加

此处设置下订单的第二步中支付方式的网上银行选项。图 4-28 中系统内置了当前网上常用的网上银行，用户可以修改账号后直接使用。用户也可以自己添加账号。

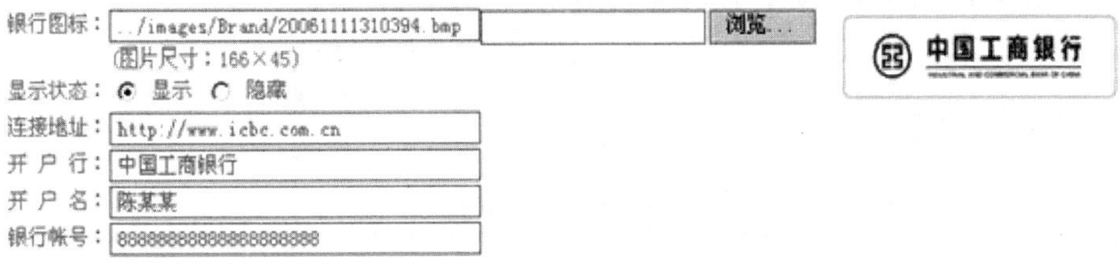

图 4-28　支付账号添加

我们可以添加工行 Logo 并设置为前台显示，添加银行的官方网站网址、开户行名称、用户名、银行账号信息（需要事先申请）。

步骤 4：银行账号管理

点击左侧银行图标可以直接进入银行的官方网站。通过点击开户行名称和操作修改直接进入详细信息页面，进行修改。通过修改网银状态可以设置网上银行在前台中是否显示。如果在 V 图标上点击即会出现 X 标记，表示不显示。用户可以通过功能操作栏的删除所选按钮，可以删除所选的银行支付内容（参见图 4-29）。

图 4-29　银行账号管理

步骤 5：购物券

此处设置下订单的第二步中支付方式的购物券支付选项。用户可以通过填写购物券的账号和密码来支付所购商品。

图 4-30 中购物券的生成包括卡号、卡号长度、生成个数、密码、金额、期限等信息加入。购物券管理主要有查看、删除等操作。我们通过三种方式搜索购物券，即金额、加入时间和离过期天数。可以按照系统将银行账号归类：有效账号、无效账号、未使用和已使用状态查找。

图 4-30　购物券生成

图 4-31 所示管理员通过购物券的相关属性，可以了解购物券的相关内容、使用情况及状态等。通过列表底部的功能操作栏，用户可以有 3 个按钮管理购物券，即删除所选、全部删除和删除无效卡。

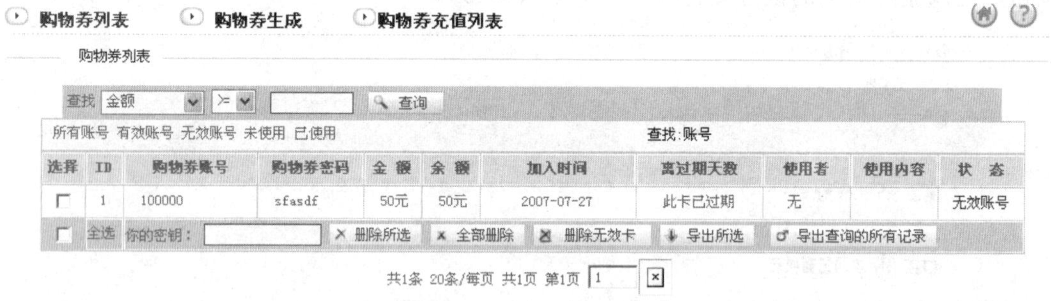

图 4-31　购物券内容查阅

步骤 6：其他支付方式设置

如果网站支持其他支付方式如货到付款、邮政汇款等，可通过网页中相关条款说明，即使用网页编辑器进行编辑发布。

任务六 配送管理设置

相关知识

货物配送是 B2C 电子商务实现的最终环节。目前,大多数的 B2C 网站的配送模式主要有邮局配送、送货上门等方式,其中最多的还是借助于第三方物流服务公司支持的送货上门的方式,即虚拟企业、虚拟商店或生产企业用契约的方式同一家或几家专业的从事配送的企业结成配送同盟,前者的配送业务由后者负责运作。如当当网的货到付款方式在不同的地区选择了不同的物流配送公司来支持。当当网目前在全国 66 个城市与 100 多家民营快递公司结盟,已经形成了自己完整的全国物流配送体系,可为买家、卖家提供全程安全的物流服务,这一点深受用户喜爱。基于目前的现实情况考虑,这不失为一种较好的解决方案。中国地域辽阔,没有一个企业可以真正做到自己建立配送体系。B2C 网站自行建立完整的配送体系,不仅成本巨大,而且若只为自己服务将意味着巨大的亏损。而采用上述解决方案,网站可以利用专业配送企业的配送网络,不必自己投资建立配送网络,从而降低运营成本;同时网站也可以集中力量发展自己的核心专长,强化主业,有利于企业的柔性化和降低物流成本。

任务实施

本次任务的目标是根据公司及网站内容,设置网站配送管理,主要有以下问题需要解决:

1. 配送范围设置;
2. 配送方式的选择;
3. 包装方式;
4. 免运费设置。

对于配送范围,管理员可在此设置各个地区、省、市、县等的配送范围。在前台下订单的第二步配送选择中配送方式的下拉列表中选择相应的设置范围。如果网站配送范围为全国,也可采用系统默认范围。

步骤 1:添加、查看配送范围

图 4-32 中点击添加配送范围即可详细添加范围,在主页面点击配送范围可进入修改页

面，通过修改显示状态，可在前台中显示或隐藏。修改页面与添加页面相同。

排序	配送范围	显示状态	创建日期	操作
1	潍坊	✓	2007-5-31 9:26:04	修改/删除
2	山东	✓	2007-5-31 9:26:10	修改/删除

图 4-32　配送范围查看

步骤 2：配送设置管理

图 4-33 中点击配送名称如"自有快递"可进入修改页面，通过修改显示状态，可在前台中显示或隐藏。管理员也可以删除所在行的配送设置。

ID	配送名称	排序	配送范围	运费计算方式	基本运费	免运费设置	显示状态	操作
1	自有快递	▲▼	潍坊	按订单	10元	100元	✓	修改/删除
4	上门自提	▲▼	潍坊	按订单	0元	未开启此功能	✓	修改/删除
7	物流货运	▲▼	潍坊|山东	按订单	10元	300元	✓	修改/删除

图 4-33　配送设置

步骤 3：配送方式设置

管理员可在此设置配送方式，设置哪些地区可使用此配送方式及运费金额。在前台下订单的第二步配送选择中显示（参见图 4-34）。

图 4-34　添加配送方式说明

配送方式设置中的选项包括：配送名称、显示状态、配送范围、计算方式等。

（1）配送名称。

配送名称指配送方式名称，如我们添加天一快送。我们还可以设置显示状态、配送范围、基本运费、免运费（如购买500元免运费）、所需时间设置。

（2）计算方式。

计算方式指配送费用计算方式。我们可以选择按订单、重量、数量、公式等多种配送费用的计算。如我们可以按照订单笔数进行配送费用计算，一笔订单收取10元配送费用；也可以按照所订购商品的件数进行计算（商品的重量设置在商品添加环节完成）。

步骤4：添加包装方式

包装方式可根据不同的商品而定，如普通包装、盒装、精品包装（礼物类）等。输入包装所需费用及免包装费的购物金额（参见图4-35）。

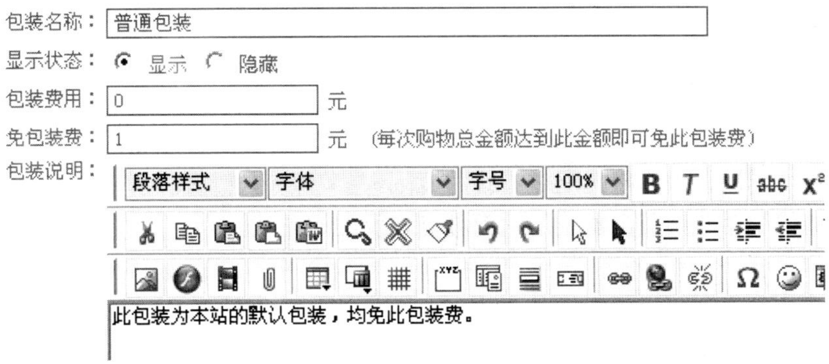

图4-35　添加包装方式

步骤5：包装方式管理

图4-36中点击包装名称可进入修改页面，通过修改显示状态，可在前台中显示或隐藏。管理员可以通过操作删除，删除所在行的包装方式。

包装费列表

ID	包装名称	排序	包装费用	达到多少元免包装费	显示状态	操作
1	普通包装	▲ ▼	0元	1元	✔	修改/删除
2	礼品包装	▲ ▼	10元	500元	✔	修改/删除
3	精装	▲ ▼	30元	1000元	✔	修改/删除

图4-36　包装方式列表

在基本设置中还有比如网站底部信息、图片管理、网站通讯设置、网站售后服务协议等在此不再详述。

网站的基本设置主要是网店名称、网站所有者信息、上传网站 Logo、功能开关设置、网站邮件设置等。设置项目根据网站系统会有一定的区别，但基本项目是不会有太大的变化。

1. 在自己的网店系统中添加、设置本节任务。
2. 下载一个免费网店系统进入后台进行设置。
3. 调查卓越网、当当网的配送方式和范围。
4. 调查传统企业国美电器的网上商城支付及配送方式。

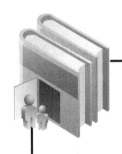

项目五
系统维护与更新

 项目引入

小王在按照前述方法完成网站架设和基本设置后，很想进行后续网站管理工作，如简单的数据库备份、垃圾数据清理、数据库在线更名、数据库目录设置、管理员添加权限设置维护、查看服务器相关信息等。

他首先测试了网站前台会员注册功能。按照公司安排将设有网络管理维护员（小王）、商品管理维护员（小李）、广告设计员（小洁）、商品销售员（小吴）。本项目我们就帮助他使用乐度网店系统添加工作人员，并为人员设置相应权限、在线备份网站数据、后台目录以增强安全性等基本操作。

 项目分析

网站系统维护与更新是紧密结合在一起的，常见的维护与更新归纳有应用软件维护、数据维护、系统运行维护、安全维护等。

（1）应用软件维护。

应用软件维护主要有软件的纠错性维护、适应性维护和完善性维护。

（2）数据维护。

数据维护是指对系统的文件、网页以及支持企业与客户之间数据信息往来的文件传输系统和电子邮件系统的维护。

（3）系统运行维护。

当系统运行一段时间后，有必要对运行环境和平台进行维护，以保证稳定高效的运行环境。

（4）安全维护。

安全维护是电子商务系统可靠运行并有效开展电子商务活动的基础和保证。

在本项目中我们侧重对系统数据维护、系统运行维护、安全维护等内容展开。因为大部分网站系统是放在主机空间中，平台、软件维护都是由虚拟主机服务商提供，因此平台软件、系统安全维护我们可以较少涉及。

该项目中我们需要了解简单的系统维护工作即可。如网站数据安全、数据库备份、网站压缩备份、更改数据库目录提高安全性、数据库在线更名、备份恢复等。网站系统管理人员分工及权限设置、主机信息管理和简单维护也是本项目需要完成的工作。

项目分解

为完成以上工作，可以把本项工作分解成以下六个工作任务：

任务一：人员权限设置；
任务二：数据安全维护；
任务三：管理日志维护；
任务四：锁定 IP 管理；
任务五：数据清理管理；
任务六：主机信息查看。

任务一　人员权限设置

相关知识

一、电子商务网站管理人员规定

电子商务系统要能安全运行除了有软硬件安全保证外，还要有一定的规章制度来规范电子商务网站管理人员。如规定加强网站内容收集整理、监控网站的安全运营、及时发现网站内容异常情况等。电子商务网站严格遵守国家有关法律、行政法规，严格执行国家安全保密制度。

1. 网站内容管理

网站所有内容必须遵守国家有关法律、行政法规，严格执行国家安全保密制度，网站不得含有及链接、网站管理人员不得制作、复制、查阅和传播下列信息：

（1）煽动抗拒、破坏宪法和法律、行政法规实施的；
（2）煽动颠覆国家政权，推翻社会主义制度的；
（3）煽动分裂国家、破坏国家统一的；
（4）煽动民族仇恨、民族歧视，破坏民族团结的；
（5）捏造或者歪曲事实，散布谣言，扰乱社会秩序的；
（6）宣扬封建迷信、淫秽、色情、赌博、暴力、凶杀、恐怖，教唆犯罪的；
（7）公然侮辱他人或者捏造事实诽谤他人的；
（8）损害国家机关和组织信誉的；
（9）其他违反宪法和法律、行政法规的。

2. 信息发布管理规定

网站管理人员对发布的信息和个人进行登记，并对所提供的信息内容进行审核。建立信息发布日志，做好信息发布审批和原始资料的归档工作。建立计算机信息网络电子公告系统的用户登记和信息网络管理制度。

3. 安全保护责任

网站管理人员必须保护本网络的管理工作，建立健全安全保护制度，落实安全保护技术措施，保障网络的运行安全和信息安全，负责对本网络用户的安全教育和培训。网站管理人员不得从事下列危害计算机信息网络安全的活动：

（1）未经允许，进入计算机信息网络或者使用计算机信息网络资源的；
（2）未经允许，对计算机信息网络功能进行删除、修改或者增加的；
（3）未经允许，对计算机信息网络中存储、处理或者传输的数据和应用程序进行删除、修改或者增加的；
（4）故意制作、传播计算机病毒等破坏性程序的；
（5）其他危害计算机信息网络安全的。

二、B2C 网站管理分工

B2C 网站管理分工根据网站规模大小区分，以当当网、卓越网为例，采用 B2C 模式进行网上零售的企业一般需要以下的团队成员分担不同的工作。

（1）商业策划团队：负责市场调查、商业计划书撰写、网络营销策划、电子商务策划。

（2）网络营销团队：负责搜索引擎优化（SEO）、竞价排名指导（SEM）、网站联盟广告（PPC）。

（3）网站开发团队：负责网站开发、软件开发、各种应用系统的开发、电子支付接口开发。

（4）网站运营团队：负责网上交易接洽、24小时在线客服、网上支付处理、信用卡防欺诈管控。

（5）物流管理团队：负责商品供应管理、库存管理、发货管理。

而作为公司，在企业的B2C网站建立初期人员分工可适当兼任，以减少人员和资金的投入。

任务实施

本次任务主要有以下问题需要解决：
1. 修改管理员密码密钥；
2. 添加管理员；
3. 管理员权限设置。

步骤1：修改管理员密码密钥

修改当前管理员密码密钥，将当前管理员密码修改为123456，密钥修改为654321。管理员密码修改,管理员登录后台所用。密钥是管理员后台修改网站内容时填写(参见图5-1)。在实际设置中密码密钥均要采用数字字母组合设置，设置是大小写符号混合设置，以提高密码被破解的难度，提高安全性。

图5-1 管理员密码密钥修改

步骤2：添加管理员

管理员添加最高可添加和自己相同的权限。我们添加管理员xiaoli，设定管理密码和管理密钥，级别设定为商品管理员。管理员岗位可分为系统管理员、采购员、仓储保管员、销售员、客户服务员、财务管理员、配送管理员、发货管理员、策划专员等岗位（参见图5-2）。

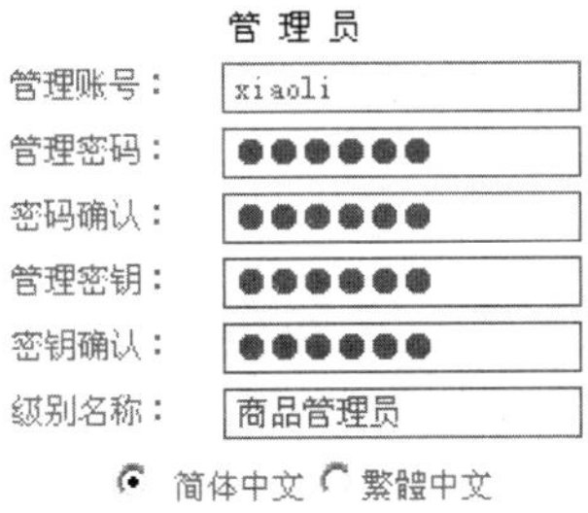

图 5-2　添加管理员

步骤 3：管理员权限设置

通过单选按钮组为管理员选择配置后台更改、查看和关闭的权限。权限根据员工岗位分工不同而定。在权限设置上都有修改（改）、只读（看）、关闭（关）的设置。

我们可以分析作为商品管理员应有的权限：商品管理、分类管理、品牌管理、优惠券管理、商品关键字管理等修改权限，部分为只读权限，其余可以设定为关闭状态。

我们设定 xiaoli 的权限参见图 5-3。未在图中表示的均设置为关闭状态。

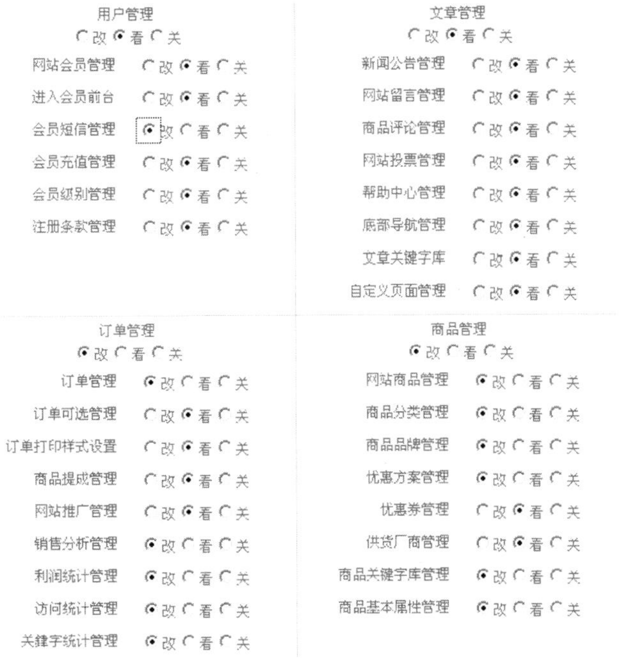

图 5-3　权限设置开关

步骤4：管理员权限查看和修改

点击管理员名称或点击权限查看，进入权限查看页面。通过列表级别名称了解所分配管理员名称在网店所管辖的范围等。通过图 5-4 右边的修改链接可以修改当前登录的管理员账号的后台管理权限。

图 5-4　管理员列表及维护

任务二　数据安全维护

相关知识

一、网站目录安全

对站点而言，目录安全性是十分重要的。因为主机中的目录其实就代表了站点，所以目录安全性也就是站点的安全性。常用的方法是隐蔽后台目录来防止黑客攻击。

二、网站数据维护

作为网站管理人员，无论其管理的网络的规模是大还是小，在日常的管理中除了维护网络平稳运行、及时排除网络故障、保护网络安全等工作以外，备份网络中关键数据也是其中的一个非常重要的工作环节。

网络中的各种故障分为软件故障和硬件故障两种。对于"硬件故障"，可以通过维修或更换硬件设备得到及时解决；对于"软件故障"，则可以通过重新安装或升级软件、重做网络或应用软件系统等方法及时解决，而且用此方法来解决网络故障大多需要一些基础的、关键的数据支持才能得以恢复正常。但是，网络中诸如此类的关键数据（特别是"应用软件系统"中的关键数据）的损坏或丢失，绝大部分是无法恢复和弥补的。即使可以恢复部分数据，弥补它们所花费的代价（如时间、人力、财力、物力等）都可能远远超出了公司的承受能力。

所以说，注重数据的备份工作是网站管理人员日常管理工作中的必须时刻关注的一项

项目五 系统维护与更新

任务,也是必须周期性重复操作的一项工作。数据维护通常包括网站信息管理、网站数据库的备份、数据库恢复、数据冗余清理等。在本项目中通常使用的是数据备份和恢复操作。

顾名思义,数据备份就是将数据以某种方式加以保留,以便在系统遭受破坏或其他特定情况下,重新加以利用的一个过程。如在日常生活中,我们经常需要为自己家的房门多配几把钥匙,为自己的爱车准备一个备胎,这些都是备份思想的体现。系统数据备份与恢复是保护系统数据完整,挽回因误操作或其他原因破坏而导致损失的最主要手段。

数据备份的方法有很多,如全站备份、部分数据备份等。网站数据库备份后通常是压缩后使用 FTP 客户端软件下载或上传到相应目录。但上传下载备份数据时数据传输量很大,费时较长。本项目中介绍数据维护是较为简单的更改数据库名称和数据库维护。在线数据恢复是指通过备份在本地的压缩文件对网站进行恢复,在进行恢复前,系统会提示自动列出在该压缩文件在网站上的原始存放目录。数据恢复方法很简单,通过在网站的数据恢复系统按钮,点击即可。

任务实施

本次任务的目标是隐蔽后台目录防止黑客攻击和增强系统安全性,主要有以下问题需要解决:

1. 更改后台目录;
2. 设置后台密钥;
3. 更改数据库名称;
4. 数据库维护

步骤 1:更改后台目录

为更好地隐蔽网站管理后台目录,我们可以更改后台目录,管理员再次访问后台时,需更改链接目录地址,我们更改后台目录为 manage(参见图 5-5)。

如系统默认登录地址为 http://www.lodoeshop.com/admin/login.asp ;更改后登录地址为 http://www.lodoeshop.com/manage/login.asp。

图 5-5 数据库后台目录修改

步骤2：系统特性码变更

防止他人更改小甜饼（Cookie）内容，防止Cookie欺骗，增加系统的安全性，系统可以在系统特性码变更输入框随意输入字母或数字。输入修改密钥，完成更改。密钥即为管理员进入后台后进行操作的通行码。

步骤3：更改数据库名称

在数据维护——在线维护页面显示上次备份时期、时间及文件大小、当前数据库文件的大小。我们输入数据库的新名称 wf588cn，点击在线更改。更改数据库名称有利于数据库安全维护（参见图5-6）。

图5-6　数据库维护

步骤4：数据库维护

在线备份数据库，恢复数据库。删除已备份数据库。点击删除数据库的备份文档，腾出空间；可以通过上传下载恢复功能实现数据库的更新等。

任务三　管理日志维护

相关知识

系统管理日志是当网站管理人员对系统中的数据进行新增、修改、删除等操作时，能够记录下相应的操作员、操作时间、操作员所用机器的IP、操作类型、操作对象等信息，从而为系统的故障诊断、分析和性能优化提供依据。我们可以通过系统管理日志来检查错误发生的原因，或者受到攻击时攻击者留下的痕迹。日志主要的功能有审计和监测。系统管理日志还可以实时地监测系统状态，监测和追踪侵入者等。

项目五 系统维护与更新

任务实施

本次任务的目标是根据公司及网站内容，对网站管理日志进行管理，主要有以下问题需要解决：

1．查看操作者、操作内容、操作IP和操作时间；
2．对管理日志进行操作。

步骤1：在管理日志模块查阅操作者、操作内容、操作IP和操作时间（参见图5-7）

我们通过操作者、操作内容和操作时间三种方式可以查找管理日记内容（参见图5-8）。通过操作时间查找日记可以选择一段时间范围。管理日志分为所有记录和我的记录。通过"我的记录"可查看自己的所有操作记录。

图5-7 管理日志

图5-8 三种查询方式

步骤2：对管理日志进行操作

通过管理日志我们可以对操作记录进行管理。如在图5-7的页面右侧我们可以输入密钥和2，即可删除两天前的所有操作记录。

任务四 锁定 IP 功能

相关知识

我们通常根据系统提供的管理日志可以看到网站的登录和访问情况，如发现可疑计算机登录并篡改某些数据的踪迹，我们可以将此 IP 进行屏蔽。

任务实施

步骤 1：锁定 IP 功能维护系统的安全性，通过日记或其他方式了解非法访问或登录的 IP，可在此锁定 IP，使之无法访问。如我们添加锁定的 IP：202.101.32.12（输入的 IP 地址必须是"."分隔成 4 段的数字）、锁定原因是非法请求（参见图 5-9）。

图 5-9 添加锁定 IP

步骤 2：我们可以在首页查看到锁定的地址并管理。管理操作主要是从黑名单中删除锁定的 IP（解除锁定），如图 5-10 所示。

ID	已锁定IP	锁定日期	锁定原因	操作
3	202.101.32.12	2009-7-14 14:01:38	非法请求	删除
4	119.168.22.46	2009-7-14 14:01:56	非法请求	删除

图 5-10 锁定 IP 列表

任务五 数据清理

相关知识

网站系统在运行一段时间后会出现一些垃圾文件，如图 5-11 中出现的游客访问商品记录、来源 IP、管理日志、网站中无关联的图片等都会占用大量的空间，需要定期清理。

任务实施

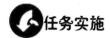

步骤 1：在数据清理页面记录全部的游客名称、购买的商品名称及购买时间（参见图 5-11）

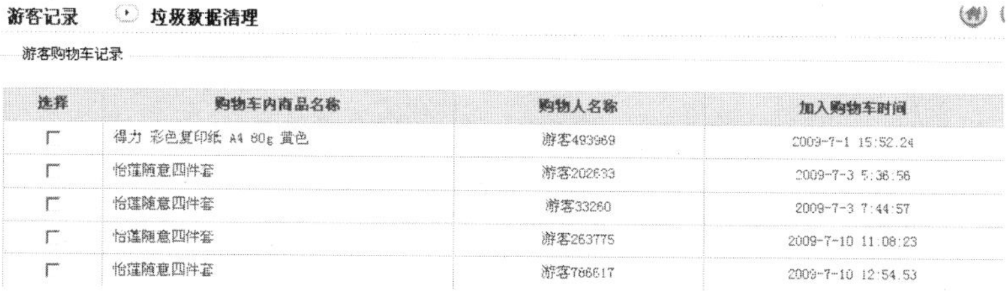

选择	购物车内商品名称	购物人名称	加入购物车时间
┌	得力 彩色复印纸 A4 80g 黄色	游客493969	2009-7-1 15:52.24
┌	怡莲随意四件套	游客202633	2009-7-3 5:36:56
┌	怡莲随意四件套	游客33260	2009-7-3 7:44:57
┌	怡莲随意四件套	游客263775	2009-7-10 11:08:23
┌	怡莲随意四件套	游客786617	2009-7-10 12:54.53

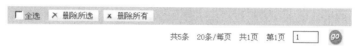

图 5-11　数据清理

图 5-12　数据清理页面管理按钮

任务六　主机信息查看

相关知识

我们在登录系统后台即可实时查看服务器的状态信息，包括硬件状态、系统状态、磁盘状态、运算能力、带宽/流量状态等，并可配置监控实现对于磁盘空间、服务进程变化的预警，预警信息将记录日志并可自动发送到用户指定邮箱。

任务实施

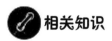

在该系统中主机服务器信息统计结果分为五块显示，即服务器参数、服务器组件、服务器运算能力、服务器磁盘信息、服务器连接速度。我们可以点击图 5-13 中各选项进行单项查看，也可从网页中顺序查看主机信息。

步骤1：服务器运算能力测试

点击页面中的重新测试按钮，我们会得出运算时间 15.63 毫秒（会根据服务器不同而不同）以与其他服务器对比（参见图 5-13）。

步骤2：服务器连接速度测试

点击页面右下角的开始测试按钮即可开始测试当前主机与服务器之间的连接速度。速度值越大表面连接越快，如图 5-14 中数据分析。

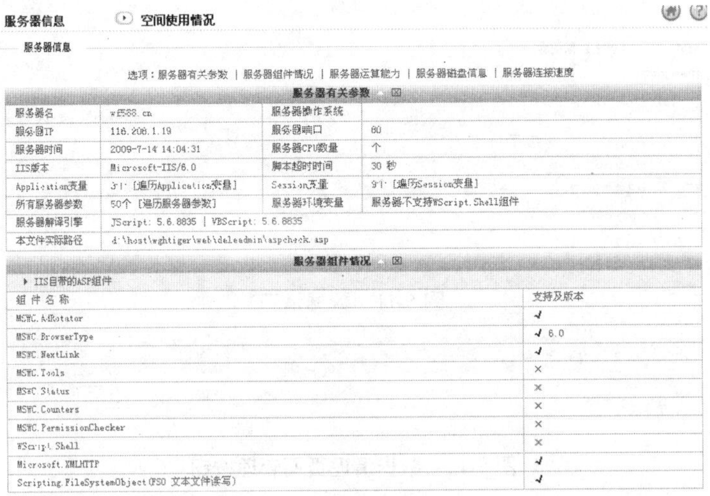

图 5-13　服务器信息列表 1

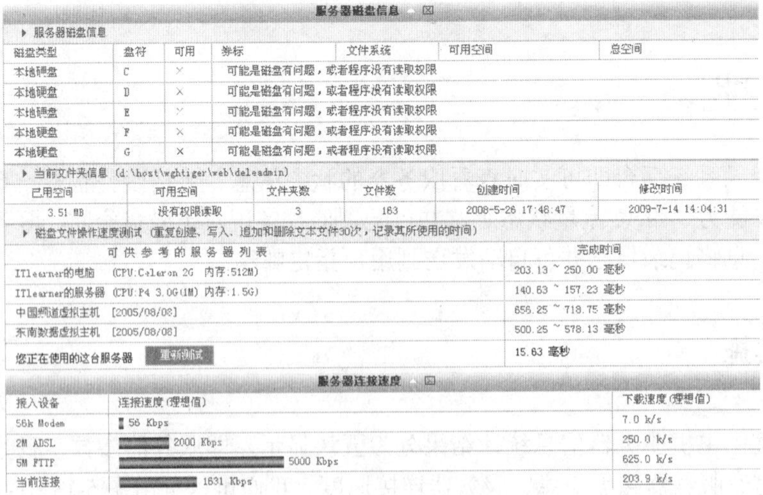

图 5-14　服务器信息列表 2

步骤 3：服务器空间利用情况统计

点击空间使用情况，即可获得相关内容占用空间情况，如合计空间占用和可利用空间情况（参见图 5-15）。

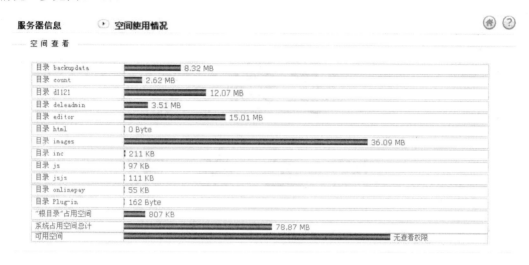

图 5-15 服务器空间使用情况

网站系统维护是一项长期、复杂、细致的工作，需要每天随时进行清理和维护。本项目中主要介绍了人员权限设置、数据安全维护、空间信息查看、实现数据库备份等。

1. 登录乐度网店系统管理后台添加商品销售管理员和发货员，并设置相应权限。
2. 在线更改数据库名称和目录，并备份数据库，下载，然后恢复已备份的数据库。
3. 登录乐度网店系统管理后台查看远程服务器相关信息。

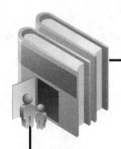

项目六

网站备案

小王在完成了网站的基本设置后非常高兴。他听说作为互联网信息服务的网站必须要在规定期限内完成网站备案工作。于是他认真研读了《互联网信息服务管理办法》等文件。

《互联网信息服务管理办法》中规定了国家对经营性互联网信息服务实行许可制度；对非经营性互联网信息服务实行备案制度。小王要按照该管理办法进行网站备案。经过认真学习后他想自己登录工业和信息化部(简称工信部)ICP/IP 地址/域名信息备案管理系统(以下简称备案管理系统)进行自主备案。在备案中遇到了很多问题，如如何验证，如何获取电子证书，如何实现电子证书的导入。在小王的认真研究下这些问题一一解决。

对于网站备案我们首先需要分清我们的网站属于哪类性质，既然《互联网信息服务管理办法》中规定了经营性和非经营性两类网站，国家对经营性互联网信息服务实行许可制

度，这个许可证书需要提供 100 万的注册资金要求。而非经营性互联网信息服务实行备案制度。未取得许可或者未履行备案手续的，不得从事互联网信息服务。相对来说非经营性互联网信息服务备案简单得多。

非经营性互联网信息服务备案的流程分为两种，即网站主办者自主备案和网站接入提供商协助备案。如果是自主备案则需要登录工信部备案管理系统网站注册用户，完成身份验证。填入备案信息，输入服务提供商信息等。在备案信息填入时注意身份的区别、虚拟主机的 IP 地址、默认页、域名与 IP 的绑定等。

在网站备案中需要注意研读管理文件，及时查询备案进度和反馈结果等。如果备案成功则及时下载电子证书，填写代码到网站底部导航栏完成整个任务过程。

为完成以上工作，我们首先需要了解到哪里备案、如何备案、如何操作的问题。基本流程可以分为登录备案管理系统进行用户注册、填写相应备案内容、查询备案信息和进度；如果 ICP 备案审核顺利通过，我们还要下载电子证书，完成电子证书放置。

对于网站备案我们要分清自己的网站属于哪类性质，既然《互联网信息服务管理办法》中规定了经营性和非经营性两类网站，国家对经营性互联网信息服务实行许可制度，这个许可证书需要提供 100 万的注册资金要求。而非经营性互联网信息服务实行备案制度。未取得许可或者未履行备案手续的，不得从事互联网信息服务。相对来说非经营性互联网信息服务备案简单得多。

非经营性互联网信息服务备案的流程分为两种，即网站主办者自主备案和网站接入提供商协助备案。如果是自主备案则需要登录工信部备案管理系统网站注册用户，完成身份验证。填入备案信息，输入服务提供商信息等。在备案信息填入时注意身份的区别、虚拟主机的 IP 地址、默认页、域名与 IP 的绑定等。

在网站备案中需要注意研读管理文件，及时查询备案进度和反馈结果等。如果备案成功则及时下载电子证书，填写代码到网站底部导航栏，放置电子证书完成整个任务过程。

相关知识

一、网站备案相关规定

网站备案主要有两种方式：一种是登录工信部备案管理系统（http://www.miibeian.gov.cn/）自行办理备案手续；另一种是可委托其他接入服务单位帮助备案。具体流程参见后续内容。

二、网站主办者自行备案流程

网站主办者自行备案流程参见图 6-1。

三、接入服务商代为备案流程

接入服务商代为备案流程参见图 6-2。

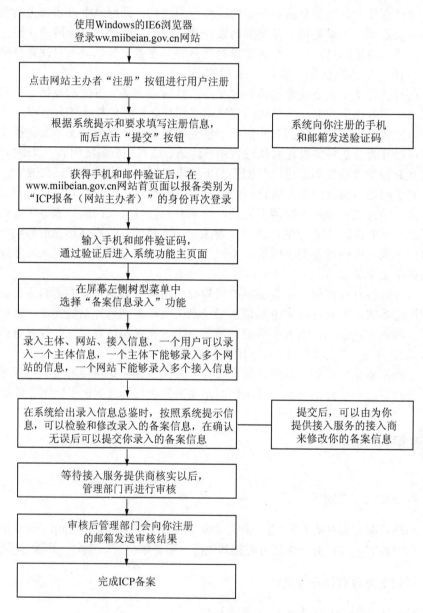

图 6-1 网站主办者自主备案流程

项目六 网站备案

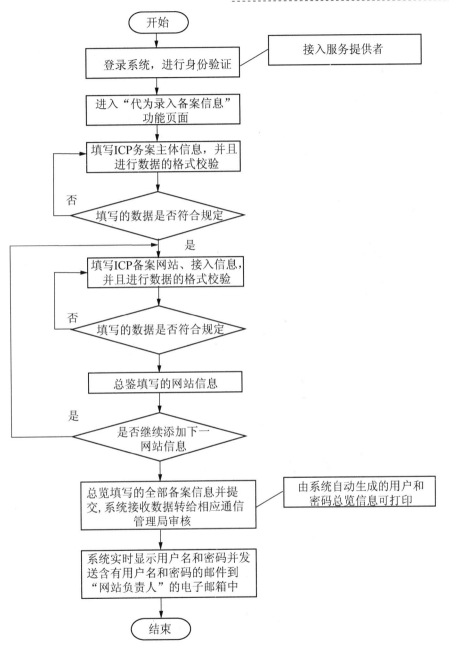

图 6-2 接入服务商代为备案流程

四、互联网信息服务

用户可以通过独立的域名（www.miibeian.gov.cn）或独立的 IP 浏览公司在互联网上发布信息。经营性互联网信息服务是指通过互联网向上网用户有偿提供信息或网页制作等服务的活动。从事经营性互联网信息服务的经营单位应向信息产业部或各省通信管理局申请办理增值电信业务经营许可证。非经营性互联网信息服务是指通过互联网向上网用户无偿提供具有公开性、共享性信息的服务活动。从事非经营性互联网信息服务的单位应在 www.miibeian.gov.cn 网站上办理报备手续。

任务实施

本次任务是根据网站主办者自行备案流程完成网站的备案。本次任务主要有以下问题需要解决：

1. 备案用户注册；
2. 网站自主备案登录；
3. 填写相应备案内容；
4. 查询备案信息和进度；
5. 电子证书的放置。

步骤1：备案用户注册

（1）登录工信部备案管理系统（http://www.miibeian.gov.cn/）（参见图6-3）。

图6-3　工业和信息化部备案管理系统网站

项目六 网站备案

（2）在备案信息报备用户模块点击"注册"，接受用户注册"使用说明"，在新页面点击接受"ICP信息备案流程图"。

（3）在注册页（参见图6-4）填入用户名、密码、姓名、联系方式、邮件地址等信息，点击注册。注册成功会出现系统提示（参见图6-5）。

步骤2：网站自主备案登录

（1）在首页备案信息报备用户中选择"网站主办者"，输入用户名、密码、验证码信息登录（参见图6-6）。

（2）首次登录后需要填入手机验证码和邮件验证码（参见图6-7）。

图6-4 注册网站用户

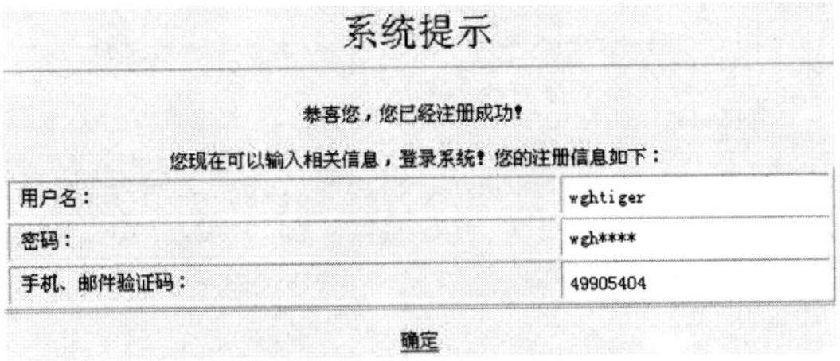

图6-5 注册成功提示

电子商务网站运营与管理

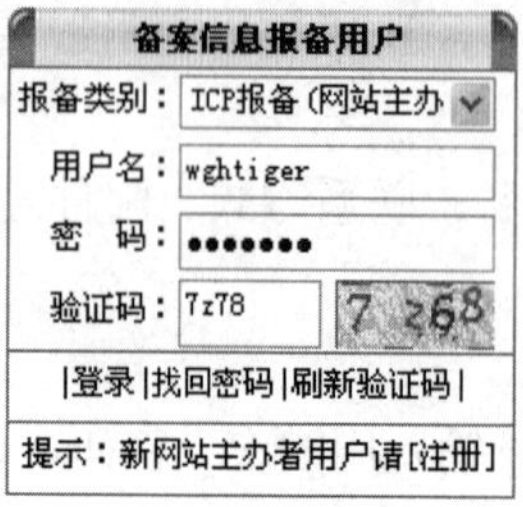

图 6-6 选择用户登录 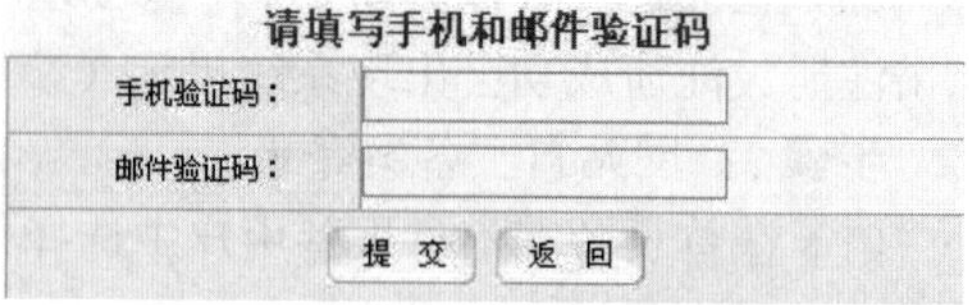　　　　　　　图 6-7 输入验证码

（3）手机和邮件验证码的获取是由备案管理系统发送验证信息到手机短信或邮件中，一般为 8 位码，需要使用手机和邮件接收（参见图 6-8）。

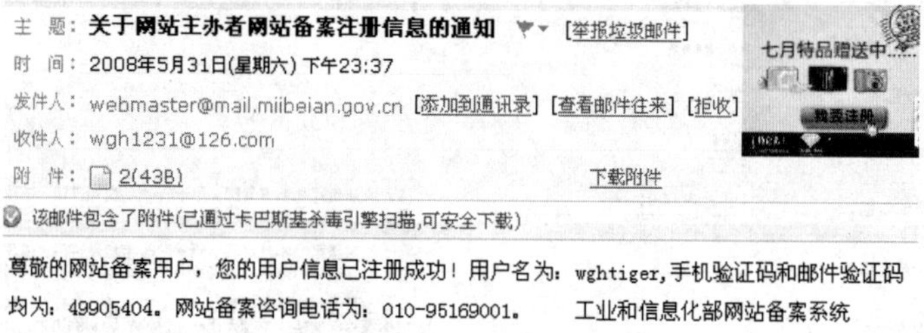

图 6-8 验证码查收

步骤 3：填写相应备案内容

（1）进入系统后在左侧点击备案信息录入，在二级菜单中点击备案信息录入（参见图 6-9）。

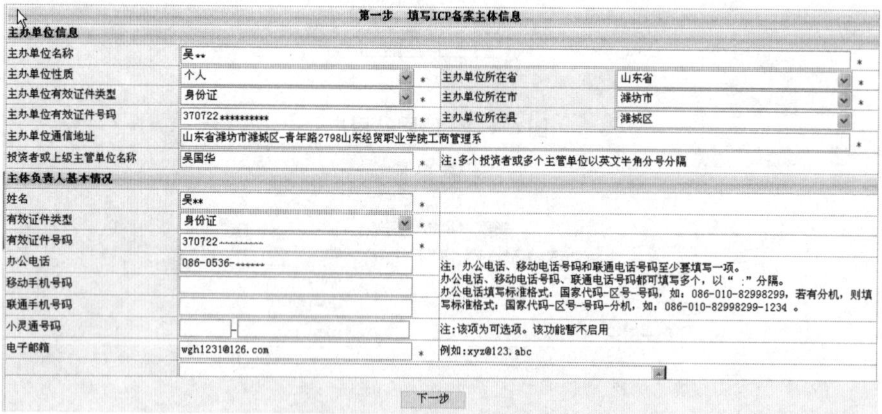

图 6-9 ICP 备案主体信息录入

项目六 网站备案

（2）填写完毕后，点击"下一步"，进入图 6-10。点击"添加网站"在图 6-10 所示的弹出窗口中进行网站信息的填写。

（3）请仔细阅读图中的提示，然后依次填写网站信息，填写完毕后，点击"提交"按钮进行保存。然后系统会返回到图 6-11 所示的窗口中。

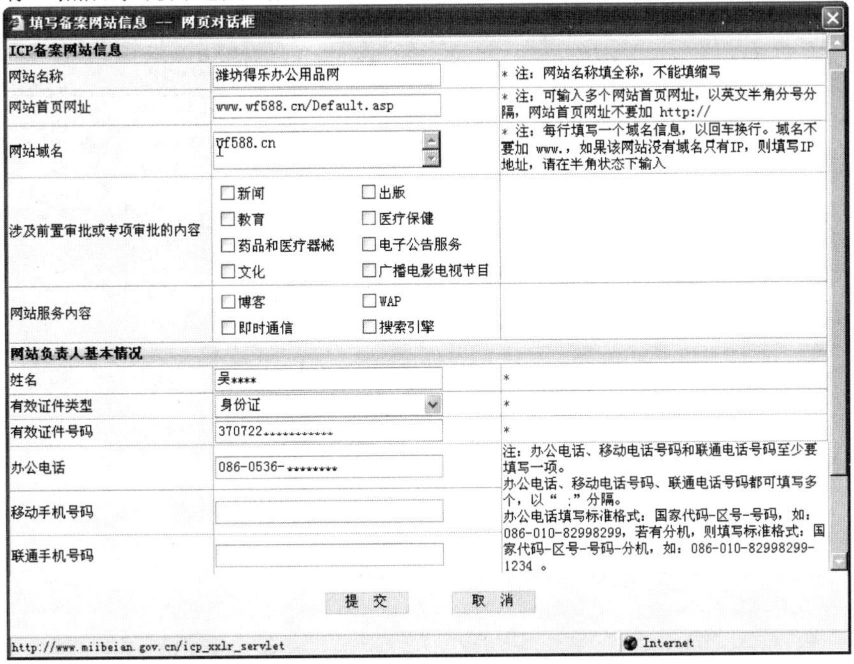

图 6-10 添加网站

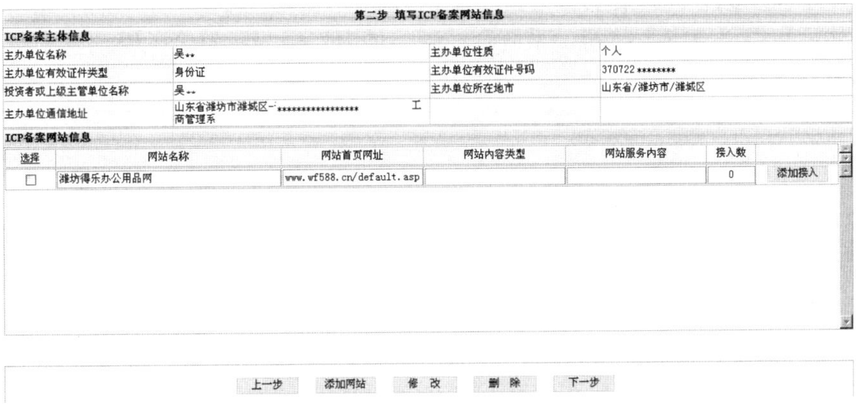

图 6-11 网站信息

(4）若还有其他的网站信息需要添加，请再次点击"添加网站"按钮进行网站信息的添加。全部网站信息填写完毕后，可以通过点击"添加接入"按钮，进入图 6-12，为相应网站添加接入信息。

如图 6-12 所示，点击弹出窗口中的"添加接入"按钮，进入图 6-12 填写接入信息。

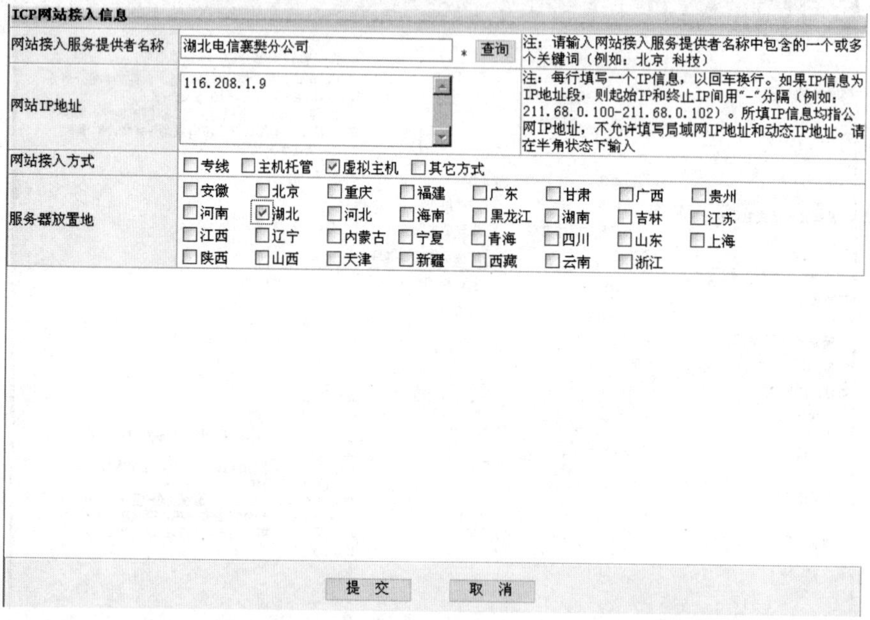

图 6-12 接入信息输入

在"网站接入服务提供者名称"一栏中，可以输入 1 个或者 2 个（用"空格"分割）关键词，然后点击"查询"按钮，系统会在弹出的窗口中显示符合关键词查询条件的网站接入服务提供者名单。

> **提示**：如果还有其他的接入信息需要添加的话，可以点击窗口中的"添加接入"按钮重复以上步骤进行添加；如果没有其他的接入信息需要添加的话，可以点击窗口中的"继续"按钮。

（5）图 6-13 中，选择一个接入服务商（点击其左侧的单选按钮），然后点击窗口的"确定"按钮。系统会将用户选择的接入服务商名称填写到"网站接入服务提供者名称"一栏中。

项目六 网站备案

图 6-13 接入商选择

图 6-14 接入商选择

（6）点击"提交"按钮完成此接入商的添加操作。网站及其接入信息全部填写完毕后，用户可以点击窗口中的"下一步"按钮（参见图 6-14）。

（7）图6-15所示是"ICP备案信息总结"，用户可以浏览刚才输入的信息，如有错误可以点击"上一步"按钮返回上一步骤进行修改。如果确认无误后，点击"完成"按钮，完成备案信息的报备工作（一旦在此处点击"完成"按钮，用户就再也不能对备案信息进行自主修改了，如要修改的话，必须到相应的接入服务商处，请其进行代为修改工作），进入到图6-16所示的成功界面中。

图6-15 ICP备案信息总结

图6-16 信息录入成功界面

步骤4：查询备案信息和进度

（1）用户的备案信息提交以后，可以通过点击左侧树型菜单内的"信息浏览"项，对录入的信息进行浏览（参见图6-17）。

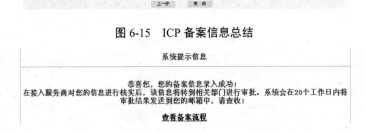

图6-17 信息浏览

（2）用户的备案信息提交后，可以点击左侧树型菜单中"查询统计服务-〉备案进度查询"，查看自己的备案信息当前所处的阶段（参见图6-18）。

图6-18　备案进度查询

（3）左侧树型菜单的"备案业务管理"中，提供了"电子证书下载"、"注销主体申请"、"注销网站申请"三项功能。如果您的备案信息已经通过相关部门的审核，则会出现图6-19的画面，点击电子证书下载。

图6-19　备案通过

备案信息被所属省通信管理局拒绝，怎么办？
（1）请使用用户名和密码登录，查看被拒绝的理由；
（2）联系接入商修改不符合要求的信息；
（3）修改后的备案信息会直接转到相应的省通信管理局进行再次审核。
备案信息被拒绝后，用户请勿为相同网站再次备案（因系统具有冲突检测功能，若再次提交，再次提交信息也将因系统提示信息重复等冲突检测问题而无法成功）。

电子商务网站运营与管理

步骤5：电子证书放置

备案成功通过审核后会有一个电子证书和备案编号。电子证书和备案编号的放置要注意以下几个方面。

（1）请将备案证书文件bazx.cert放到网站的cert/目录下，该文件必须可以通过地址http://网站域名/cert/bazs.cert访问，其中网站域名指的是网站的互联网域名。

（2）将备案号/经营许可证号显示在网站首页底部的中间位置，如果当地电信管理局另有要求的则以当地电信管理局要求为准。此处操作可以在网站后台的基本设置中的底部信息进行设置。

（3）在网站的页面下方已放好的经营许可证号的位置做一个超级链接，链接到工信部备案管理系统网站上。

知识回顾

网站备案是一个相对较简单的过程，只要我们了解《互联网信息服务管理办法》等国家法律法规，按照备案流程指导即可完成备案任务。主要工作流程包括：学习了解自主备案流程；登录网站备案系统注册会员，填入网站信息，选择接入服务商；查询备案进度；备案完成。

拓展训练

1. 登录工信部备案管理系统（http://www.miibeian.gov.cn/）注册用户。
2. 查询网站备案需要提交的资料。
3. 将自己的网站备案信息添加到网站底部导航栏。

项目七
商品管理

网站进行基本设置后,小王将要把公司的产品放到网站上。他认真分析了竞争者网站的商品管理方法、商品分类、商品品牌、商品促销、新品推荐、促销信息、优惠管理。根据分析他了解到商品信息编辑、商品信息维护非常重要,是做好网络销售的重要基础,他打算自己学会商品管理模块后,将来设定一个商品管理员岗位专门负责商品信息编辑、发布和维护。

商品信息是电子商务网站中必不可少的部分。随着外在条件的变化,商品信息也在不断地变化。电子商务网站要派专人专门负责商品信息的维护。其中包括删除过时的商品信息、编辑现有的商品信息、添加新的商品信息等。充分利用网站管理后台,会使商品管理事半功倍。

对于负责维护商品信息的小王来说,要完成他的工作任务,具体涉及以下几项内容。

1. 商品分类

商品分类就是根据一定的目的，为满足某种需要，选择适当的分类标志或特征，将所有的商品划分成大类、中类、小类或其他类目的不同类别的过程。

2. 品牌管理

品牌对于企业和消费者都具有很重要的意义。品牌可以帮助企业存储商誉、形象，品牌是企业的一种无形资产，可以通过与顾客建立品牌偏好，有效降低宣传和新产品开发的成本；品牌可以帮助消费者辨认出品牌的制造商、产地等基本要素，从而区别于同类产品；品牌可以帮助消费者迅速地找到所需要的产品，从而减少消费者在搜寻过程中花费的时间和精力。选择信誉好的品牌可以帮助消费者降低精神风险和金钱风险，为消费者提供稳定优质的产品和服务等。

所以，品牌是网店索引商品另一个重要的属性，可以把同一品牌下的不同类型的商品索引在一起，对消费者和卖家都具有重大的意义。

3. 商品基本信息的设置和发布

网上商品展示时应该从消费者的角度出发，提供各种不同类型的商品资料。具体包括商品基本文字信息，如商品名称、品牌、产地（生产商）、市场价、会员价和商品详细介绍等；商品的图片展示，分为缩略图和详细图；优惠信息；配送信息；售后服务和可以让消费者与卖家交互的商品点评。

4. 商品页面关键词与描述

搜索引擎可以根据用户输入的关键词和描述找出相关的网站，企业可以向搜索网站购买关键词、描述或者购买相应的排名，当用户输入该关键词或描述进行搜索时，搜索网页上就会优先出现企业的信息。

5. 优惠券管理

网站管理员可以在后台随时批量地生成不同折扣或不同面值的优惠券账号，借此优惠券账号商家就可实施大规模的促销活动，如可以大量地向消费群体发放优惠券账号或与其他的合作伙伴施行联盟促销活动（如当顾客在合作伙伴那里消费时，可以免费获得此优惠券等）。当收到优惠券的顾客在网店上购物时只要输入正确的优惠券账号，就可以打折或抵现金消费。通过此类促销活动，可以为网站或网店带来大量的顾客，可以提高网店的曝光度，从而迅速提高网店的知名度、网站流量及销售额。

为了做好商品管理工作，小王认为必须首先要分析竞争者网站，还要认真地研究学习竞争者，做到知己知彼、取长补短。如分析竞争者网站的目标市场选择、产品档次、价格、

项目七　商品管理

服务策略等。再者实现商品的正确分类管理、管理品牌。在发布商品信息环节做好商品信息编辑和发布。对于商品信息要不断地进行维护和更新，定期推出商品、商品促销活动、组织特卖活动、发放优惠券等。为此小王按照步骤逐一实现。

为完成以上工作，可以把操作工作分解成以下六个工作任务：
任务一：商品分类管理；
任务二：商品品牌管理；
任务三：供货厂商管理；
任务四：商品信息编辑与发布；
任务五：商品关键词；
任务六：优惠券管理。

任务一　商品分类管理

一、商品分类

随着科学技术的进步与商品经济的不断发展，商品的品种及数量不断增加，商品分类的作用也日趋明显。商品的科学分类是实现管理现代化的基础。商品的科学分类有利于更好地开展营销工作，最主要的是商品的科学分类便于消费者或用户选购商品。

在网上商店中，要合理建立商品的目录结构，提供网站导航和搜索功能，使得用户可以快速、便利地寻找到需要的商品和相关信息。如提供多种商品分类方式，可供客户采用多种方式查询商品信息。除了提供网站后台设置的产品类型分类、品牌分类外，可设最新商品分类、最新特价商品分类、最新热卖产品分类、推荐商品分类、抢购商品分类等。客户可以就不同的商品发表评论，或查看其他的客户对商品的评论信息并以此作为购买依据。

二、商品类别的确定

同类商品都有共同的属性，如用途、颜色、产地、价格、生产日期等。为了便于消费者或用户选购商品，网站或网店的商品分类可以以商品的不同属性为依据。如日用品可以按照商品的用途来分，如包、鞋子、女装、男装；化妆品按品牌来分，如资生堂、薇姿、香奈儿；衣服可按尺寸来分，如大号、中号、小号；也可按照商品的更新时间来分，如10月新品、限时抢购等。

任务实施

本次任务的目标是根据公司或网店商品或服务的内容，确定商品或服务的分类，然后在后台添加分类或进行修改、删除等分类管理，主要有以下问题需要解决：

1. 添加商品分类；
2. 进行分类管理。

步骤1：商品分类的添加

小王打开网店管理后台，进入商品管理界面。

在商品分类页面点击"添加分类"（参见图7-1）。添加一个主分类"文件管理用品"，在主分类下添加二级分类"文件夹"（添加时上级分类选定为文件管理用品），我们可以拷贝类别商品的属性设置等，也可添加自定属性名，如"页面大小"。

图7-1 添加商品分类

> 为网店或网站添加商品分类的时候可以不分类直接发布在顶级类别下，也可以一级或多级分类（支持无限级分类）。乐度网店系统可以无限级别添加商品分类，并可对分类的顺序随时调整，并且系统默认每个分类有多个商品属性，在增添商品的时候就不用再重复增加属性，只要选择相应的分类就显示出商品属性。

项目七　商品管理

步骤 2：管理商品分类

对商品分类的管理有是否发布、调整序列、修改和删除。在乐度网店系统管理后台点击"商品分类"，可以打开商品分类列表，商品分类列表展现出对商品分类的管理项，如修改分类、选择分类、添加商品、删除分类等（参见图 7-2）。此图中显示了三级类目（纸簿/本/电脑打印纸/241-1 等三级目录；分类级别在图 7-2 中有数字显示 0、1、2）。

图 7-2　乐度网店系统管理后台商品分类管理页面

（1）我们对"静电打印纸"进行"修改操作"，修改操作与添加商品分类界面一致。

（2）对"静电打印纸"分类下添加"青岛阳光复印纸"分类（有子类的类型不能再添加商品，"添加商品"灰色显示，无法点击）。

（3）在商品分类管理页面还可进行排序管理，如我们调整 241-2 上升为电脑打印纸下的第一类，则点击上下"三角"来进行上升和下降排序调整。排序调整按照分类所在的级别进行。

（4）如果我们对"电脑打印纸"分类进行调整，暂停出现在网站首页的分类目录中，则在"电脑打印纸"行点击是否发布列的小"V"标记，则出现图中"X"标记；这样在网站首页将不会出现此目录。分类广告（在本级页面上部分类广告）显示状态操作也是如此。

（5）删除分类目录。

如图 7-3 所示，在左侧选中需要删除的类别，输入密钥（默认 lodoeshop）点击"删除所选"即可。

图 7-3　删除已有分类页面

任务二　商品品牌管理

 相关知识

一、品牌

品牌是一种名称、术语、标记、符号或设计，或是它们的组合应用，其目的是借以辨认某个销售者或某群销售者的产品或服务，并使之同竞争对手的产品或服务区别开来。品牌是企业塑造形象、知名度和美誉度的基石，在产品同质化的今天，为企业和产品赋予个性、文化等许多特殊的意义。

二、品牌管理的注意事项

品牌不仅仅是一种符号结构、一种产品的象征，更是企业、产品、社会的文化形态的综合反映和体现。品牌意味着高质量、高信誉。

在对网店或网站的商品进行品牌管理的时候应重点注意品牌的识别功能和导购对消费者的影响。品牌可以帮助消费者辨认出品牌的制造商、产地等基本要素，从而区别于同类产品，也可以帮助消费者迅速找到所需要的产品，从而减少消费者在搜寻过程中花费的时间和精力。

同时也要重视名牌效应，如果产品具有良好的品牌形象，那么产品的价格将会产生很大的品牌增值效应。在品牌管理过程中要做到同类商品中将品牌好的做重点推荐，同时要将能够直观表示品牌的图片、文字详细的列出。在商品分类中亦可以用品牌作为一个分类。

任务实施

本次任务的目标是根据公司或网店商品或服务的内容，确定商品或服务的品牌，然后在后台添加品牌或进行修改、删除等品牌管理。商家可以自行无限增加、删除、修改商品品牌，并可以随时调整是否推荐、显示方式（图片或文字）、排列顺序，并可以对其列表进行精确或模糊查询，主要有以下问题需要解决：

1. 添加品牌；
2. 品牌管理。

项目七　商品管理

步骤1：添加"联想"品牌

在乐度网店系统管理后台点击"添加品牌"，可以打开添加商品品牌页面（参见图7-4）。添加"联想电脑"品牌，主要包含品牌名称、品牌图标、是否推荐、显示方式（文字/图片两种方式）、品牌说明等。如果使用图片方式显示，则尽量采用商品品牌的Logo图。

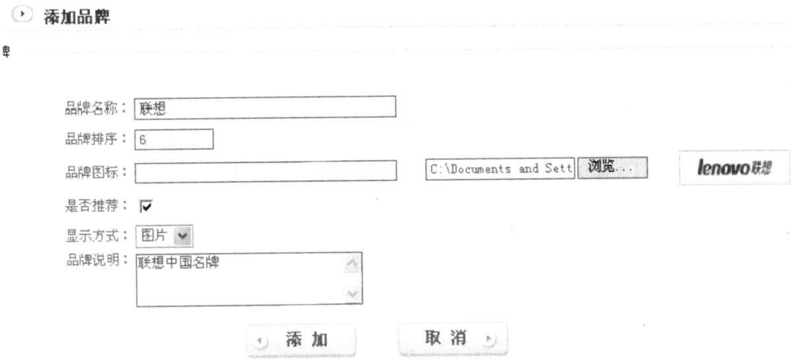

图7-4　乐度网店系统管理后台添加商品品牌页面

步骤2：管理商品品牌

对商品品牌的管理主要有查找、分类显示等显示方式，有推荐、排序、修改和删除等具体操作。在乐度网店系统管理后台点击"品牌列表"，可以打开商品品牌列表，品牌列表展现出对商品品牌的管理项，如修改品牌、选择品牌、删除品牌等，可以打开修改品牌页面进行修改，品牌排序和是否推荐也可以在品牌列表中直接修改。图7-5为品牌列表。

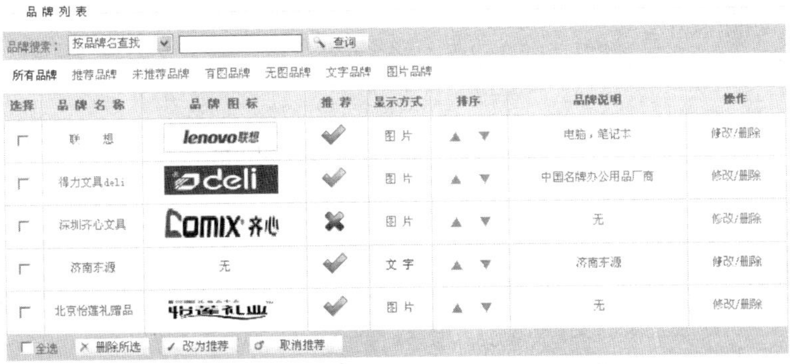

图7-5　乐度网店系统管理后台商品品牌管理页面

（1）商品品牌搜索操作。

商品品牌搜索操作分为按品牌名搜索和按品牌说明搜索，我们在输入框中输入"方正"，点击查询（参见图 7-6）。

图 7-6　乐度网店系统管理后台商品品牌搜索

（2）品牌归类显示操作。

品牌归类管理分六类显示，即推荐品牌、未推荐品牌、有图品牌、无图品牌、文字品牌、图片品牌，管理员可以显示所有的品牌，也可以按归类显示。

（3）推荐品牌操作。

我们对刚才的"方正电脑"进行推荐，点击推荐栏进行修改。也可选中后，点击底部推荐按钮（参见图 7-7）。

图 7-7　乐度网店系统管理后台商品品牌修改

（4）修改/删除操作。

在图 7-7 中，通过列表中右侧"修改/删除"商品品牌。

任务三　供货厂商管理

相关知识

网上商店的运营中对供货厂商管理显得非常重要。对供货厂商管理主要目标要降低采购物料成本，提高公司市场竞争力，选择合理采购数量与适当采购时机，避免停工待料，缩短交货期，降低库存，减少资金积压，提升采购周转率及资金使用效率，规范采购流程，收集市场情报，提供新物料代替旧物料，提高品质降低生产成本，提高企业赢利能力。因

项目七 商品管理

此供货厂商管理已经成为衡量分销商管理水平高低的一个重要标准。

任务实施

本次任务的目标是根据公司或网店商品或服务的内容,确定商品或服务的品牌,然后在后台添加品牌,或进行修改、删除等品牌管理。商家可以自行无限增加、删除、修改商品品牌,并可以随时调整是否推荐、显示方式(图片或文字)、排列顺序,并可以对其列表进行精确或模糊查询,主要有以下问题需要解决:

1. 添加供货厂商;
2. 供货厂商信息管理。

步骤1:添加供货厂商

在乐度网店系统管理后台点击"供货厂商",可以打开添加页面,编辑添加厂商基本信息(参见图7-8)。

图7-8 乐度网店系统管理后台添加供货厂商

步骤2:供货厂商信息管理

供货厂商信息管理非常简单,只有修改和删除两项简单操作,在厂商信息列表中即可完成。

任务四 商品信息编辑与发布

相关知识

一、商品的基本信息

商品的基本信息是对商品自身以及有关情况的客观表述，如商品编号、商品名称、商品分类、商品品牌、商品制造公司、原产地、商品数量、商品单位、商品价格、库存提示、商品运费、购买次数、点击次数、时间限制、重量、体积等。

商品信息的基本作用主要有两方面：一是作为商品分类的主要基础；二是可以帮助消费者了解商品的情况。

二、商品信息编辑

基于网络购物的虚拟性，消费者在决定购买前需要详细了解商品的有关信息，网店或网站提供的商品基本信息是否完备对于商品的销售来说是至关重要的，同时为了节省时间和提高浏览效率又必须筛选出那些对于消费者来说相对重要的信息重点表述。在编辑商品信息时要注意以下几个方面。

1. 录入的完整性

对于网店或网站系统后台生成的有关信息项目，在录入的时候尽量地要做到详细，有关商品信息应该在商品介绍中有完备的表述，不能因为商品数量大而简单录入简要信息，这样无法保证消费者得到其想要得到的商品信息。

2. 排列的科学性

消费者在进行网络购物的过程中会进行大量的商品浏览，并依照自己的选择标准对有关的重要信息进行对比，选择出自己认为值得购买的商品进行详细查询。这些重要信息主要是商品名称、商品品牌、商品价格、运费、商品购买次数，在商品信息中应科学地将重要信息进行处理。

3. 信息的真实性

消费者网络购物所决定购买的商品完全取决于网点或网站对商品进行的信息描述，如果在商品信息的描述上出现了错误，消费者因为错误信息而购买有关商品，这样会带来交易纠纷，对网点或网站的商业信誉势必造成不良影响，降低销售额。

三、图片处理技巧

网站中一张好的图片胜过千言万语。

1. 照片必须清晰、明亮

不清晰的照片给人一种没诚意的感觉，网上购物的买家本来就对货物心存疑虑，需要让人猜测质地和细节的图片已经失败一半。拍摄产品时光线要好，尽量不要用灯光以免偏色。开相机的微距功能或使用大光圈，有三脚架最好使用三脚架。

2. 主题明确的构图

要明确要卖的产品是主角，一切的背景、搭配物都是配角，如果喧宾夺主，再漂亮的图片也没有达到目的。所以拍摄时尽量不要选择太花哨或杂乱的背景。如果拍摄时不可避免拍到杂物，可以后期在 Photoshop 里裁剪构图。

3. 全面地体现产品的优点和细节

如一个产品的优点是"细节精致"，不妨再放张展示细节的大图。如果优点是"绝对正版"，不妨拍出标签。

4. 带着创意去作图

产品图片千篇一律会让顾客看厌。让自己的图片有一点创意，让买家浏览起来觉得轻松愉快，更感受到卖家的用心和诚意。

5. 合理的搭配，点睛的点缀

如一个包包，拍摄时我们可以把带子摆成心形，而加上两朵花还可以让图片更有立体感。

6. 实话实说，严禁过度美化产品

数码照片拍摄的图片都偏灰，适度地提高亮度是必须的，但不要过度美化，保持产品的真实感同时又漂亮的图片才是最好的。

7. 图片要丰富，全面

一张图不能说明问题，可以用几张图分别从正面、左侧、右侧把产品最特别的地方都展现出来。最好可以把图直接显示在产品详情中，以免顾客还要点击打开看大图。具体方法是找一个可以引用网址的相册，把图片上传后直接引用其网址。

任务实施

在完成商品分类、品牌、供应商设置后,即可在后台添加商品或进行修改、删除等商品基本信息的管理,主要有以下问题需要解决:

1. 添加并设置商品基本信息;
2. 对商品基本信息进行管理。

步骤1:添加商品信息

商品基本信息在完成编辑后即可上传到网站。基本信息包括无级别的自定义属性、赠送积分、扣除积分、库存提示、另加运费、购买次数、点击次数等。很多参数使用系统自动调用默认参数,不必手工输入,以提高商品输入速度(参见图7-9)。

图7-9 添加商品页面

(1)基本信息编辑。

商品的信息包括编号、商品名称、商品扩展分类、是否虚拟商品、商品品牌、商品制造公司、原产地、商品数量、商品单位、成本价、本站价、活动价、会员价、商品提成开关、商品各级别会员提成价格等信息。

图中输入的是一财务凭证装订机的信息,商品类别分属办公设备和财务用品类别下,分别输入会员价格,在活动价中如果输入,则会出现图7-10界面,输入活动价起止时间。

项目七　商品管理

图 7-10　商品限时促销设置

（2）商品图片上传。

商品图片上传主要有缩略图、详细图、放大图。商品图片尺寸大小的处理应按既定要求进行，尽量不要使用同一张图片上传至网站。在详细图中可采用多张多角度的细节图展示（参见图 7-11）。

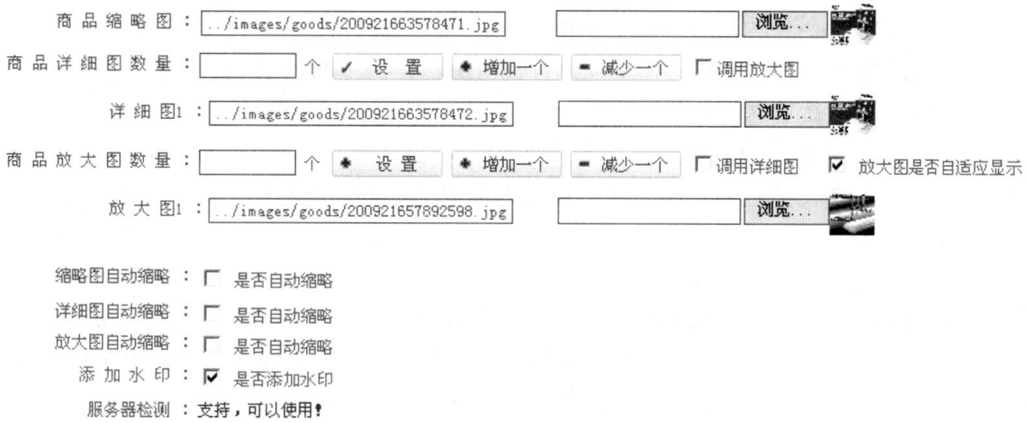

图 7-11　添加商品图片

（3）商品介绍编辑。

在后续商品信息中主要有商品文字简介和详细介绍。此部分主要有商品关键字、商品描述、商品简介、商品详细介绍、是否发布、是否最新、是否推荐、是否特价、是否热卖、是否活动商品、商品查看权限、供货厂商、后台备注等（参见图 7-12）。

图 7-12　商品介绍

（4）商品信息批量上传下载。

如图 7-13，系统中内置了批量上传和下载工具，存储格式为"*.csv"格式。csv 格式可用 Excel 文件打开，以方便用户在本地进行批量编辑，淘宝网的"*.csv"也可在此通用。

步骤 2：对商品基本信息进行管理

在乐度网店系统管理后台点击"商品列表"，可以打开商品列表，分页显示所有网店商品信息并以列表的形式显示出来，如商品的商品名称、商品缩略图、商品所属类别、是否虚拟产品、库存数量、成本价、本站价、购买次数、点击次数、是否发布、是否最新、是否推荐、是否特价、是否热卖、是否活动商品。商家还可以对每个商品参数进行快捷修改，并可以对商品列表进行精确或模糊查询、排序等操作。商家可以对库存数量、成本价、本站价、会员价、购买次数、点击次数、商品类别等参数进行批量修改（参见图 7-14）。在商品列表中，点击某一商品列后面的"修改"操作，可以打开新的页面对已有的商品进行全面的编辑。

图 7-13　商品信息批量上传下载

项目七　商品管理

图 7-14　乐度网店系统管理后台商品列表页面

（1）搜索查询。

可以根据商品名称、供货厂商、库存、成本价、本站价按关键字搜索商品信息。或按商品分类划分来查找各类商品信息。如搜索产品"档案盒"或按"文件夹"类别查询。

（2）分类显示。

分类显示是按系统对商品的归类显示（参见图 7-15），如查询热卖中的商品。

（3）内容查看。

内容查看可以查看到每一种商品相应的缩图、价格以及众多的属性。如果是虚拟商品，商品的虚拟属性会显示"查看"，可以查看虚拟商品列表。直接点击商品名称或点击后面的"修改"操作，即可查看或修改相应商品的详细信息。如果是虚拟商品，在商品的详细信息页面的顶部显示"查看虚拟物品"字样，点击可直接查看虚拟商品列表。在此处可以更改商品的各种属性，基本更改方式和内容和添加商品一样。

图 7-15　乐度网店系统管理后台商品分类显示

（4）批量管理操作。

我们在运营中如对"文件管理类"产品进行批量调价或者修改商品类别。在上部按类别查找"文件管理"所有商品，全选商品修改"本站价格"增加 5%，输入密钥点击修改即可（参见图 7-16）。

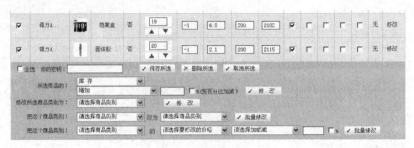

图 7-16 批量修改

(5) 其他管理。

在网站首页往往会有一些特殊的频道如最新、推荐、特价、热卖等。在商品管理页面可以方便地进行管理。在选定的商品右侧发布、最新、推荐、特价、热卖栏选中（可多选），在底部输入密钥进行修改即可。在此设定最新、推荐、特价信息（参见图 7-14）。在运营过程中可根据市场变化进行适当调整。

任务五　商品关键词

相关知识

一、商品关键词

关键词也叫关键字，就是产品、商品或服务的具体名称。更准确地讲，用户在网络上想通过搜索引擎寻找所需要的信息而在搜索框里输入的字符就是关键词。关键字的选用原则和技巧将在网站优化部分进行详述。

潜在客户在搜索企业的产品时将使用哪些关键词，这可以从众多资源中获得反馈，包括从企业的客户、供应商、品牌经理和销售人员那里获知的想法。另外，关键词不是仅限于单个的词，还应包括词组和短语。

1. 选择与网站内容相关的关键字

在绝大多数情况下，搜索引擎对用户搜索做出反应的前提条件是网站和网页中存在与搜索关键字匹配的内容，也就是说必须保证将事先确定的对应关键字用在网页文字中，同时还要注意关键字使用的技巧。不能孤立地看待关键字的重要性，必须将它与企业网站的内容紧密结合才能充分发挥关键字的作用。靠不相关的关键字吸引来的用户，对企业的产

品或服务的销售起不到任何作用。

2. 选择具体的关键字

意义越宽泛的关键字,其对应的信息需求种类也越多。有的用户以该关键字搜索的目的可能是要购买相关的产品,但更多的也许是其他方面的需求,而这些需求并不一定会导致消费行为。

如果是知名品牌企业应该在关键词中使用公司名。如果地理位置很关键,则把它加入关键词组。表7-1为北京办公用品网提供的办公用品行业关键词统计分析。

表7-1 北京办公用品网提供的办公用品行业关键词统计分析

关键词	用户关注度		媒体关注度		备注
北京办公家具	350	+4%	0	-100%	
点钞机	144	-31%	0	-100%	
打印机	997	-7%	32	-40%	
北京办公用品	645	-24%	3	-88%	
复印机维修	184	-8%	0	-100%	
Epson	917	-2%	1	-80%	
北京 一体机销售	324	-21%	9	-65%	
爱普生	881	-2%	7	+0%	
北京办公用品配送	319	-20%	2	-86%	

二、商品描述的重要性

我们有时候会遇到这样一些问题,如网站的一些关键词排名不错,但是点击访问的不多,甚至有时候排名靠前的商品访问量比靠后的商品点击率更低;有些网站的访问量很高,但是网站广告的点击率很低,产品销售型网站会同样遇到高访问量、低咨询、低成交量的问题。其实网页标题和网页描述是吸引产品或商品的潜在客户点击网站的直接原因。如我们在搜索引擎中搜索一个关键词,查看结果时,通常都是看结果中的标题以及标题下面的文字描述内容,通过这么简单的一个下意识操作,筛选搜索结果,并点击我们自己认为跟自己所寻找目标相符的网站,因此为了提高访问量的价值,即用户转化率。所以企业最好为每一个产品、商品或服务所涉及的关键词撰写最合适的标题和网页描述。以下是一些商品描述的撰写建议:

(1)用通俗易懂的语言围绕关键词的产品、商品和服务作介绍;

(2)产品、商品和服务先介绍,公司特点和优势可以紧跟其后,如果要放入联系方式的话,要放在句末;

（3）在前20个字内包含关键词，至少在整个描述内重复两次关键词；

（4）不要在描述中重复公司名称，不要在描述中出现URL地址、重复特殊标点符号，不要把联系方式放在句首，不要罗列无关的其他产品和服务。

一段好的描述不仅可以提高网站在搜索引擎中的排名，而且还可以吸引用户的点击欲，甚至购买欲。描述对于通过搜索引擎来访问的浏览者而言就是第一印象，如果能留给人良好的第一印象，就是迈出了成功的第一步，所以要好好把握，充分利用。

任务实施

本次任务的目标是根据公司或网店商品或服务的内容，确定商品或服务的关键词和描述，然后在后台添加关键字库（META_KEYWORDS）、描述库（META_DESCRIPTION），或进行关键词和描述的管理，主要有以下问题需要解决：

1. 添加商品或服务的关键词和描述；
2. 管理商品或服务的关键词和描述。

步骤1：添加商品或服务的关键词和描述

录入与商品相关的关键词对于搜索引擎对网站的索引有帮助，有助于提高网站的排名。网站管理员可以在后台录入大量商品相关关键词到关键字库备用，在商品添加时商品关键字参数可以调用此关键字库的关键词，免去重复输入的麻烦。

添加关键词要注意以下内容：使文字尽可能简练，多个关键词可以以逗号进行分隔，务必录入与商品相关的关键词。在"内容"后面的文本框里按照要求输入商品关键词。商品描述有助于搜索引擎对商品进行索引收录，对于提高网站在搜索引擎中的排名有一定作用。网站管理员可以在后台录入大量商品相关描述到描述库备用，在商品添加时商品描述参数可以调用此描述库的描述，免去重复输入的麻烦。务必录入与商品相关的描述，免去重复输入的麻烦。

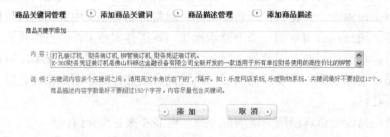

图7-17 乐度网店系统管理后台添加商品关键词页面

项目七 商品管理

例如，科银达 K-380 财务凭证装订机。关键字：打孔装订机、财务装订机、铆管装订机、财务凭证装订机。商品描述：K-380 财务凭证装订机是佛山科银达金融设备有限公司全新开发的一款适用于所有单位财务使用的高性价比的铆管装订机。该机设计新颖、造型美观、重量轻、简便省力，能快速将 38 毫米以下厚度的资料打孔并铆装成册，配套耗材为高分子尼龙铆管，经济实惠（参见图 7-17）。

步骤 2：管理商品或服务的关键词和描述

对商品或服务的关键词和描述的管理有修改和删除。在乐度网店系统管理后台点击"商品关键词管理"或"商品描述管理"，可以打开相应列表，列表展现出对商品关键词和描述的管理项，如修改、选择、删除等（参见图 7-18），在"选择"列下的复选框内可以选择修改的关键词或描述，单击"修改"操作或"删除"操作，可以对对应的关键词或描述进行相应的操作，或者也可以进行"全选"或"删除全选"。

图 7-18 乐度网店系统管理后台商品关键词管理页面

商品描述管理部分与商品关键词管理基本类似，只是分别倾向的对象不同。

任务六 优惠管理

一、优惠券的作用

优惠券是网店或网站商家在网上以电子文本和图片形式存在的一种打折优惠信息或优惠券，凭它可以在多种场所享受优惠折扣。按照使用分类，优惠券可以分为两类：一种是宣传型优惠券，消费者根据商家提供的优惠直接去消费；另一种是折扣型优惠券，消费者在消费时使用即可享受相应的优惠。

优惠券对于消费者的消费刺激作用是十分明显的，2008 年发布的美国网络零售市场相关调查数据显示，发放优惠券对网络购物用户购买引导作用最为显著，有 60%的用户表示他们是收到优惠券后才去网上购买相关商品的。

二、管理优惠券的注意事项

我们应该注意到,虽然优惠券能刺激消费,但现在人已经进入理性消费阶段,有优惠券也是需要才会买。所以应该重点根据市场需求和消费者的关注度做好商品的选择,及时对商品进行更新,跟上市场潮流,真正满足消费者需要,才能吸引更多的消费者进行消费。

另外,在管理消费券的过程中,我们要真正地理解消费券的作用,它是维系网站与顾客的重要手段,发放消费券要与会员制度结合起来,分别以赠送礼物和优惠价格的方式留住老顾客,才能真正做到既能维系老顾客,又能吸引新顾客。会员制度能让消费者得到更大的利益,消费者自然愿意多多消费。

任务实施

本次任务的目标是根据公司或网店商品或服务的内容,在后台添加优惠券或进行优惠券管理,主要有以下问题需要解决:

1. 添加优惠券;
2. 进行优惠券管理;
3. 优惠方案。

步骤1:为网店或网站添加优惠券

在这一步骤里,商家借助乐度网店系统独有的优惠券体系,可以在后台随时批量地生成不同折扣或不同面值的优惠券账号,可以对优惠券使用次数或有效期进行限制,如图7-19所示制作5张、折扣为9.5折、限制一次使用的优惠卡。

图7-19 乐度网店系统管理后台添加优惠券页面

步骤 2：为网店或网站进行优惠券管理

后台管理员可以对生成的优惠券进行查询、是否已使用、分类导出、删除等操作（参见图 7-20）。

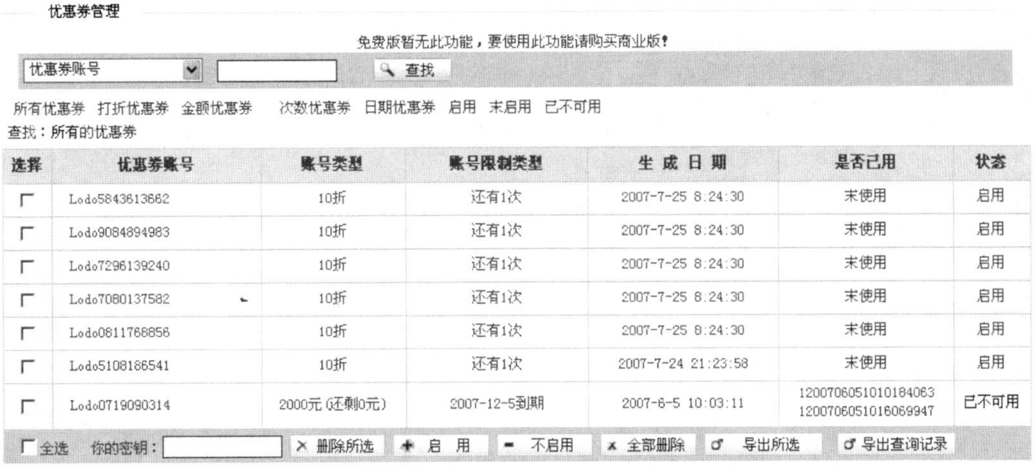
优惠券管理

免费版暂无此功能，要使用此功能请购买商业版！

优惠券账号 查找

所有优惠券 打折优惠券 金额优惠券 次数优惠券 日期优惠券 启用 未启用 已不可用

查找：所有的优惠券

选择	优惠券账号	账号类型	账号限制类型	生成日期	是否已用	状态
□	Lodo5843613662	10折	还有1次	2007-7-25 8:24:30	未使用	启用
□	Lodo9084894983	10折	还有1次	2007-7-25 8:24:30	未使用	启用
□	Lodo7296139240	10折	还有1次	2007-7-25 8:24:30	未使用	启用
□	Lodo7080137582	10折	还有1次	2007-7-25 8:24:30	未使用	启用
□	Lodo0811768856	10折	还有1次	2007-7-25 8:24:30	未使用	启用
□	Lodo5108186541	10折	还有1次	2007-7-24 21:23:58	未使用	启用
□	Lodo0719090314	2000元 (还剩0元)	2007-12-5到期	2007-6-5 10:03:11	1200706051010184063 1200706051016069947	已不可用

□全选 你的密钥： 删除所选 启 用 不启用 全部删除 导出所选 导出查询记录

图 7-20 乐度网店系统管理后台优惠券管理页面

步骤 3：优惠活动

优惠活动有赠送礼品、满额打折、免运费、赠送购物券形式（参见图 7-21）。

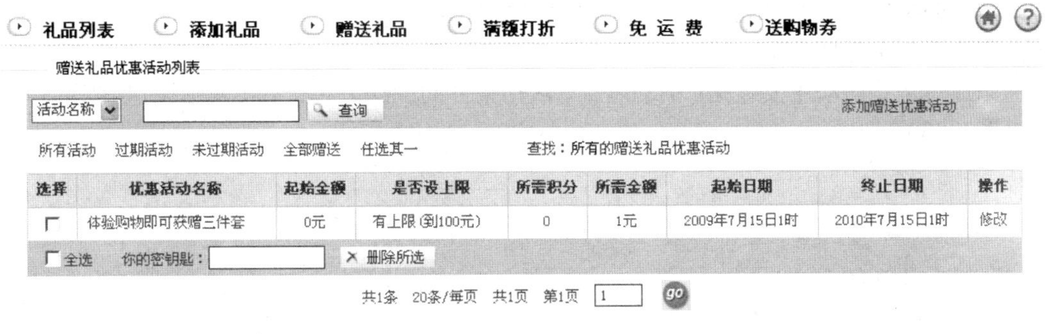
礼品列表 添加礼品 赠送礼品 满额打折 免 运 费 送购物券

赠送礼品优惠活动列表

活动名称 查询 添加赠送优惠活动

所有活动 过期活动 未过期活动 全部赠送 任选其一 查找：所有的赠送礼品优惠活动

选择	优惠活动名称	起始金额	是否设上限	所需积分	所需金额	起始日期	终止日期	操作
□	体验购物即可获赠三件套	0元	有上限 (到100元)	0	1元	2009年7月15日1时	2010年7月15日1时	修改

□全选 你的密钥匙： 删除所选

共1条 20条/每页 共1页 第1页 1 go

图 7-21 优惠方案一览

（1）添加送购物券优惠活动。

添加送购物券优惠活动主要包括：满三百送五十元优惠券、设定基本条件、购物券卡号等信息、活动商品范围、面向客户群等（参见图 7-22）。

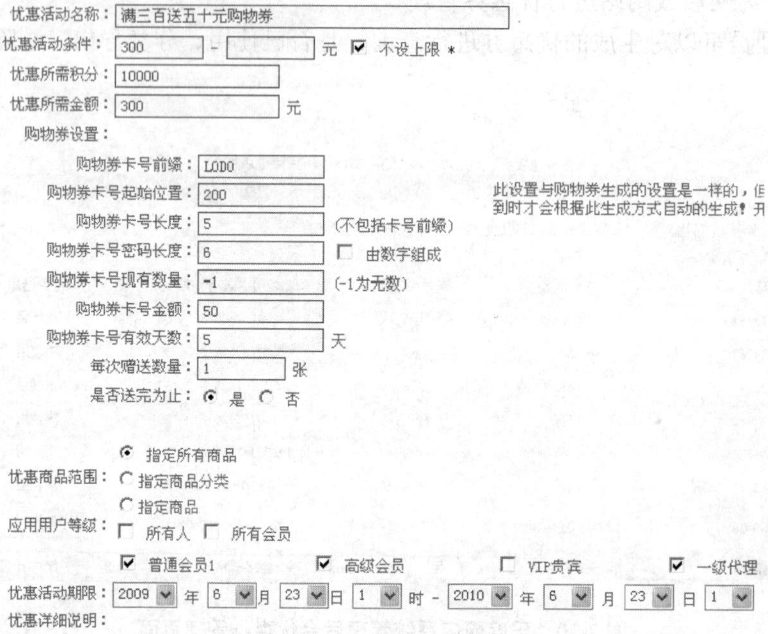

图 7-22　发放购物券

优惠活动设置与购物券生成的设置是一样的，此处只有当条件达到时才会根据此生成方式自动的生成，开始时间是从生成的时间开始计算。

（2）添加免运费活动。

添加免运费活动主要包括：活动名称、活动条件的配送方式选择（网站设置-配送管理，参见图 7-23）。

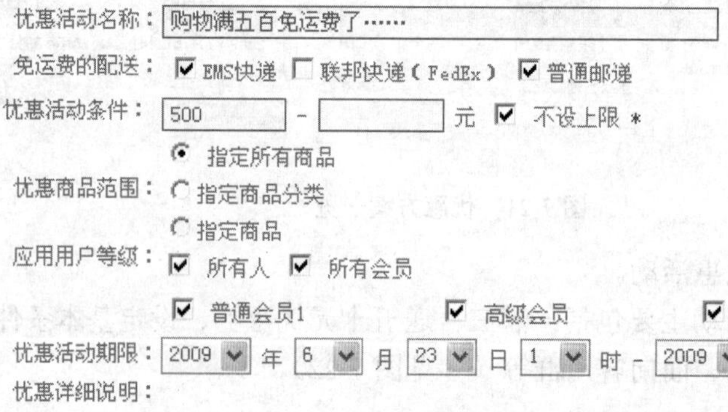

图 7-23　购物满 500 免运费设置

（3）满额打折活动设置基本类似（参见图7-24）。

（4）添加礼品活动。

在优惠方案页面点击添加礼品，填入礼品名称、上传图片即可完成赠送礼品的添加（参见图7-25）。

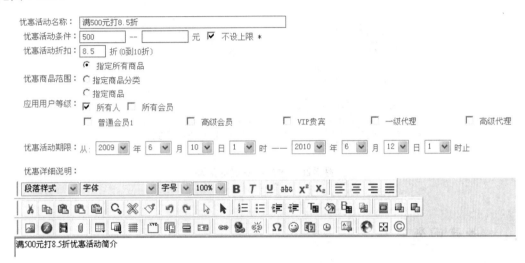

图 7-24 满额打折活动

图 7-25 添加礼品

（5）添加礼品赠送活动。

我们在赠送礼品页面，添加"体验购物即可获赠三件套"、设定获赠条件，面向所有用户、所有商品、购物0元加1元即可获得此项礼品（参见图7-26）。

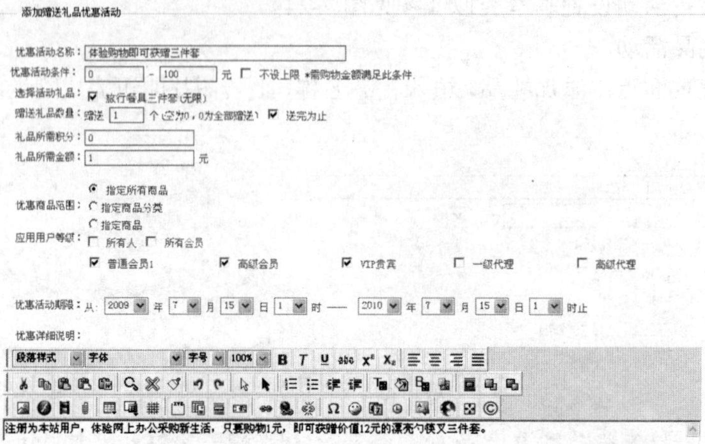

图 7-26 添加礼品赠送活动

电子商务网站提供的是商品、产品或服务，所以商品的管理是电子商务网站日常维护的重要内容。商品的管理主要包括商品分类的管理、商品信息的设置与管理、品牌的管理以及关键词管理等。本项目采用贴近网店实际工作情景的方式系统地介绍了电子商务网站或网店商品信息的维护。主要熟悉了商品分类管理、商品品牌管理、供货厂商管理商品信息编辑与发布、搜索引擎营销和商品关键词及描述、优惠方案管理的设置等操作。本项目的有效实施需要结合商品的营销策划才能取得更好的结果。

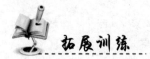

1. 进入自己的网店后台，对商品信息进行管理。
2. 乐度网店系统管理后台商品管理的主要功能有哪些？
3. 讨论如何做好商品信息描述。
4. 设计一个网站购物的优惠方案并实施。
5. 举例说明如何为商品选择正确的关键词和描述。

项目八
文章管理

周一刚上班,小王在楼道上遇到了经理,经理对小王前期的网站建设和运营工作表示满意,并提出了新的问题和要求,"将网站内容尽快地丰富起来,使网站成为公司的一个窗口!"。

小王受到经理的鼓励,感觉自己前期的付出没有白费。通过经理的言语小王又感觉到公司的网站在网站设计和信息发布方面肯定还存在一定的欠缺,于是打开网站仔细地研究起来,经过一上午的分析,小王发现公司网站确实在很多方面还有不足之处,主要是网站建设偏离了网络营销的导向,但是这些工作不是一朝一夕就能完成的,现阶段最关键的还是要先完善一下网站的目录导航、信息发布系统。理清了头绪,小王就着手工作的开展。

市场竞争的实质是争取顾客资源的竞争,企业网站建设应该以消费者为中心而不是以企业为中心。在企业网站建设过程中,要尊重用户,处处为用户着想,为用户提供有价值

的信息和服务，培养网站的人气是网站内容设计者时刻注意的第一宗旨。网站建成之后，真正意义上的网络营销就开始了，网站建设的专业化与否直接影响到网络营销的效果。一个具有完善的网络营销功能的企业网站应该具有八个方面的功能，即品牌形象、产品/服务展示、信息发布、顾客服务、顾客关系、网上调查、网上联盟、网上销售。

小王通过前面的分析发现，目前公司的网站虽然已初具规模，但是在这八个功能方面还是有所欠缺，特别是网站的导航设置、信息发布方面还有很多急需完善的地方。这涉及网站规划设计等多个方面，放在以前要想一次完成这么多的工作还真是非常头疼的事情，但好在公司使用了集成的乐度网店系统管理后台，在乐度网店系统管理后台文章管理模块中集合了诸多类似功能能够解决这些问题。乐度网店系统管理后台文章管理模块参见图 8-1。

图 8-1　文章管理

为完成以上工作，可以把本项工作分解成以下两个工作任务：

任务一：网站导航设置；

任务二：新闻管理。

任务一　网站导航设置

一、网站导航

网站导航并不像网站地图那样有一般的表现形式和比较统一的内容，网站导航实际上并不是一个非常确定的功能或者手段，而是一个通称，凡是有助于方便用户浏览网站信息、获取网站服务，并且在整个过程中不致迷失、在发现问题时可以及时找到在线帮助的所有形式都是网站导航系统的组成部分。

一个网站导航系统的基础是网站的栏目设置，在栏目之下还可以进一步设计其他辅助的导航手段，如一种常见的形式是通过在各个栏目的主菜单下面设置一个辅助菜单来说明用户目前所在网页在网站中的位置。其表现形式比较简单，一般形式为：首页>一级栏目>二级栏目>三级栏目>内容页面。网站地图也可以理解为网站导航系统的一部分。此外，还可以专门设置更为职能的导航系统，如果需要，可以随时告诉用户所在的栏目和位置。

网站导航的基本作用是为了让用户在浏览网站过程中不致迷失，并且可以方便地回到网站首页以及其他相关内容的页面。这主要是基于这样一个重要事实：绝大多数用户（大约 50%~90%）都不是通过一个网站的首页逐级浏览各个栏目和网页内容的，如果用户从某个网页来到一个网站，如果没有详细的导航引导，用户则很容易在网站中迷失。网站导航系统的专业与否也就影响着用户对网站的感受，也是网站信息是否可以有效地传递给用户的重要影响因素之一。因此，网站导航系统也成为评价网站是否专业、是否具有网络营销导向的基本指标之一。

一个网站导航设计对提供丰富友好的用户体验有至关重要的地位，简单直观的导航不仅能提高网站易用性，而且在方便用户找到所要的信息后，可有助提高用户转化率。

网站的导航，包括顶部、底部和侧面的导航都应该尽可能地对用户友好、易用，保证用户"想"看到的在尽可能的显眼位置，导航里的各要素应该反映出各个目录和子目录，以及各个主题之间的逻辑性、相关性，帮助用户找到主要相关内容。

二、导航易用性设计

导航的易用性在整个网站中至关重要，主要包括以下几个方面。

1. 辅助导航

为用户提供一个直观的指示，让用户知道现在所在网站的位置，每一级位置的名称都应有链接可返回，在每一个网页都必须包括辅助导航以及左上角的网站 Logo 标识。

2. 网站 Logo 链接

每一个出现的网站 Logo 都要加上回到网站首页的链接,用户已经习惯了点击网站 Logo 作为回到网站首页的方法。

3. 导航条的位置

主导航条的位置应该在接近顶部或网页左侧的位置，如果因为内容过多需要子导航时，要让用户容易地分辨出哪个是主导航条，哪个是某主题的子导航条。

4. 联系信息

进入"联系我们"网页的链接或者直接呈现详细的联系方式都必须在网站的任何一个网页中可以找到。

5. 导航使用的简单性

导航的使用必须尽可能的简单，避免使用下拉或弹出式菜单导航，如果没办法一定得用，那么菜单的层次不要超过两层。

6. 网页指示

应该让用户知道现在所看的网页是什么和与现在所看网页的相关网页是什么，如通过辅助导航"首页>新闻频道>新闻全名"里的对所在网页位置的文字说明，同时配合导航的颜色高亮，可以达到视觉直观指示的效果。

7. 已浏览网页的指示

最简单地可以通过改变已点击超链接后的变色，提示用户该超链接的内容已浏览过。

8. 登录退出口

登录入口和退出登录出口要在全网站的每一个网页都可以找到，让用户进入任一网页都可以登录和退出。

三、导航设计功能

导航的功能设计可以提高或降低整个网站的表现，功能完善的导航可以让用户快速地找到他们想要的东西，否则就会"赶走"用户。

1. 导航内容明显的区别

导航的目录或主题种类必须要清晰，不要让用户困惑，而且如果有需要突出主要网页的区域，则应该与一般网页在视觉上有所区别。

2. 导航的链接必须全是有效链接

无论是一般导航还是有下拉菜单的导航，里面的所有文字都应该是有效的链接。

3. 准确的导航文字描述

用户在点击导航链接前对他们所找的东西有一个大概的了解，链接上的文字必须能准确描述链接所到达的网页内容。

项目八　文章管理

4. 搜索导航结果

搜索的结果一定不要出现"无法找到"的结果，这会让用户失望的，如果无法精确地找出结果，搜索功能应该实现对错字、类似产品或相关产品给出一个相近的模糊结果。

任务实施

本次任务的目标是根据公司及网站内容，设计网站底部导航，主要有以下问题需要解决：
1．网站底部导航名称确定；
2．导航位置的选择；
3．底部导航的添加设置。

因为小王所在公司的网站采用乐度的后台管理模式，网站系统提供了顶部导航、左侧导航以及品牌导航，而这些基本上都能满足要求，本任务主要希望通过后台文章管理模块中的底部导航来丰富完善网站功能。通过底部导航，商家可以在网站的底部显示相关的底部导航链接，如购物指南、汇款须知、关于我们等。小王研究明白后台参数的功能后，着手开始导航的设计与管理。

步骤1：确定底部导航名称

底部导航的功能主要是对网站功能的进一步进行丰富，提供一些辅助性的信息，因此，导航不应太多，尽量不要超过 8 个。小王根据公司网站的情况初步设计了安全交易、相关网站、常见问题、关于我们、订购方式、配送方式、积分制度 7 个导航。

步骤2：添加设计底部导航

乐度底部导航添加窗口参见图 8-2。

图 8-2　底部导航

导航名称确定下来了，小王着手逐个添加。

（1）"安全交易"导航的添加（参见图8-3）。

① 在导航名称中输入"安全交易"；

② 选定使用连接地址（http://www.lodo.cn/）；

③ 设定查看权限为无限制；

④ 点击添加按钮完成"安全交易"导航的添加。

（2）参照"安全交易"导航的添加步骤小王依次完成相关网站、常见问题、关于我们、订购方式、配送方式、积分制度导航的添加。

（3）添加完成后小王通过前台对底部导航效果进行了查看。底部导航前台展示参见图8-4。

图8-3　添加导航

图8-4　底部导航前台展示

导航设计的测试

　　一个测试你导航的方法就是去你的竞争对手或者其他的网站，记录下你在使用这些网站的导航记录时哪些是你喜欢的，哪些是不喜欢的，并对任何的异常现象进行简单记录。做完这些工作后再回到你自己的网站走同样的流程对比一下，这样你就会找到一些提高网站导航的方法。

项目八 文章管理

任务二 新闻管理

 **相关知识**

一、网络营销导向企业网站

企业网站是一个综合性网络营销工具,是为企业经营提供支持的,因此,所谓网络营销导向企业网站,主要指有下列特征的网站。

首先,在网站基本指导思想上表现为具有明确的目的性。

其次,在网站功能方面,不仅要保证在技术上实现网站的基本功能,同时还要具备网站的网络营销功能,网站的网络营销功能才是最终发挥网络营销效果的保证。

最后,在网站优化设计方面,不仅要适合搜索引擎的检索,更要适合用户通过网站获取信息和服务,并且网站维护比较方便。具备这样特征的网站才能为网络营销发挥最大的效果,因此称之为网络营销导向的企业网站。

二、网站信息发布功能

网站是一个信息载体,在法律许可的范围内,可以发布一切有利于企业形象、顾客服务以及促进销售的企业新闻、产品信息、促销信息、招标信息、合作信息、人员招聘信息等。因此,拥有一个网站就相当于拥有一个强有力的宣传工具,这就是企业网站具有自主性的体现。当网站建成之后,合理组织对用户有价值的信息是网络营销的首要任务,当企业有新产品上市、开展阶段性促销活动时,也应充分发挥网站的信息发布功能,将有关信息首先发布在自己的网站上。

三、网站新闻管理系统

网站新闻管理系统,又称为内容发布系统,是将网页上的某些需要经常变动的信息,类似新闻和业界动态等更新信息集中管理,并通过信息的某些共性进行分类,最后系统化、标准化发布到网站上的一种网站应用程序。网站信息通过一个操作简单的界面加入数据库,然后通过已有的网页模板格式与审核流程发布到网站上。它的出现大大减轻了网站更新维护的工作量,通过网络数据库的引用,将网站的更新维护工作简化到只需录入文字和上传图片,从而使网站的更新速度大大缩短,加快了信息的传播速度,也吸引了更多的长期用户群,时时保持网站的活动力和影响力。

网站新闻管理主要是信息的发布和管理,涉及前台用户对新闻信息的浏览和后台新闻的管理。主要是分前台浏览和后台管理两个大的模块,前台页面一般不需要用户登录注册,也就是对所有的用户均开放。后台管理部分一般是通过隐藏页面进入，并做权限验证，只有使用了正确的账号和密码才能进入后台管理和发布新闻。

网站新闻管理系统广泛应用于大型网站、政府网站、企业网站等几乎所有的网站上，是将新闻、信息栏目和业界动态等信息集中起来发布、管理、查询等的一种网站应用程序。网站信息通过一个操作简单的界面加入数据库，然后通过已有的网页模板格式发布到网站上，无需设计每个页面，大大减轻了工作量，效率非常高。

四、网站新闻管理系统的主要功能

1. 信息发布

输入标题、内容、栏目、作者、转载来源等系统即可自动生成新闻，并可立即发布到网站上。

2. 信息管理

信息管理实现网站内容的更新与维护，提供在后台输入、查询、修改、删除、暂停各新闻类别和专题中的具体信息的功能，每条信息还可选择是否出现在栏目的首页、网站的首页等一系列完善的信息管理功能。

3. 信息检索

信息检索可按关键字、标题、全文、作者、来源、发布时间、发布时间段等检索信息。

五、企业在电子商务网站发布信息时所需要注意的问题

1. 标题要有吸引力

信息发布后，最先让浏览者看到的就是信息标题，所以标题要清晰地传达出重要的、丰富的信息，而且在我们发布信息的时候，可以考虑一下时间跨越度，尽量让发布的信息具有较长的时间跨越度。

2. 信息内容

当有了好的信息标题后，我们就可以吸引到很多人来浏览信息内容。如果信息内容不怎么好，没有什么吸引力，照样不能给目标顾客带来价值，他们就不会认真看。信息内容是非常重要的一个环节，因为信息内容介绍的是产品信息的基本要素，我们要考虑信息的长度是否合适，还需要考虑信息的层次感，重点需要突出，主题明确，不能太长，不能太啰嗦，在有限的空间里，发挥无限的创意。在信息内容里，我们要考虑是否把价格公布出来，就像写产品软文那样，很严格的一个字一个字地斟酌。

项目八 文章管理

3. 图片

当信息标题和信息内容进行了一定的优化，我们还要考虑相关的图片。如果图片清晰并且美观，目标顾客就更容易喜欢，因为图片是最直接最形象的，所以在图片拍摄、制作以及处理上要进行充分的加工。

4. 栏目发布

需要巧妙地借用网站的信息分类栏目进行多栏目的发布，尽量找那些有关联的分类进行发布，这样信息发布后，被曝光的概率才高。

5. 信息发布频率和更新频率

当信息发布后，要对信息进行管理，需要控制好信息的发布频率和更新频率，不要年初发了一条销售信息，到年尾还没有进行更新，也不进行管理，这样很难使目标顾客找到自己所需的信息。同时要及时地与目标顾客进行沟通，不要消极地等着目标顾客上门咨询。发布信息后，需要我们积极地给目标顾客发宣传信息和咨询信笺，让他们在我们的引导下看到我们的信息。最后我们要每个星期、每个月的进行信息更新和发布新信息，让我们的信息永远处于积极发展状态，而不是休眠状态。多发信息才能找到更多的发展机会。

6. 积极参与网站建设和发展

企业要想从电子商务中得到利益，就必须付出，必须积极地配合电子商务网站的活动，积极地参与网站的各项活动，如在论坛积极地发帖子，积极地发布信息，积极地更新和完善企业信息等，只有当企业积极地参与网站的建设和发展，反过来，网站才会给企业更大的机会，也会积极地推荐企业的信息，更好地给企业做宣传。

任务实施

本次任务的目标是根据公司经营需要，实时发布信息，丰富网站栏目，通过提供对顾客有用的信息满足顾客需要，主要解决网站信息及时准确地发布问题。

只有给客户提供有效而又有价值的信息，并提供尽可能好的服务，才能更好地吸引顾客产生实际购买行为。小王所在公司采用的乐度网店系统内置实用的公告查看功能（商店可以发布不同公告类信息供客户查看、了解商店动态信息、了解最新产品信息）、商城快讯功能（商店可以发布不同类型的网店相关商城资讯，供客户查看、了解商店动态信息、了解最新产品信息)。

小王登录后台,先进入商城快讯模块,仔细研究了一下商城快讯相关参数并开始了工作。

步骤1:添加分类

新闻类名是快讯分类名称,在前台商城快讯中独立一块显示,是必填的。小王根据实际情况先设计了网站新闻、办公采购心得、办公流行时尚等6个大类并添加。添加分类参见图8-5。

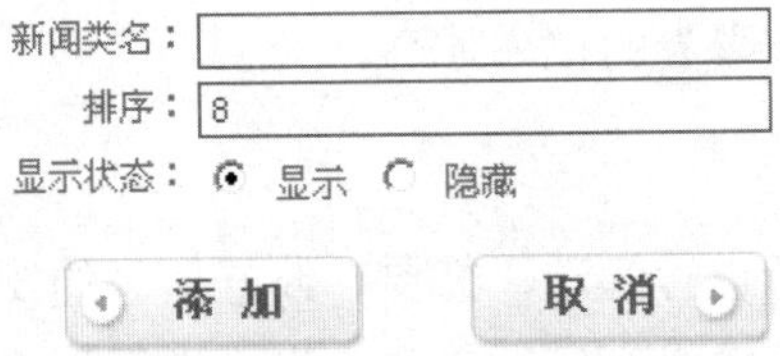

图8-5 添加分类

步骤2:添加快讯

为了丰富网站信息,小王依次向各类别中添加快讯信息。首先打开添加快讯栏目,然后添加新闻标题(32位世界中的64位编程),选择该新闻所属类别,设置哪种用户具有查看权限,填写新闻来源,然后编辑新闻主体内容,最后设置生效日期、失效日期等其他参数,最后点击确定发布。添加快讯"32位世界中的64位编程"参见图8-6。

添加快讯时要用到的一些参数如下。

(1) 新闻标题:必填项目,需简明扼要,注意内容和关键字。
(2) 新闻类别:按快讯分类在前台商城快讯中分块显示。
(3) 查看权限:限制浏览快讯的权限。
(4) 新闻来源:快讯转载自哪个网站。
(5) 新闻内容:使用在线编辑器,强大的功能可自由编辑快讯内容。
(6) 生效日期:可设定此快讯何时在前台中显示。
(7) 失效日期:可设定此快讯何时不在前台显示。
(8) 是否显示:指是否在前台中可浏览查看。
(9) 是否置顶:是否显示在快讯列表中的前列。
(10) 关键字:可选择已在文章关键字库添加完的关键字。
(11) 新闻描述:可选择已在文章描述中添加完的描述内容。
(12) 浏览人数:可设定此快讯已被浏览的次数。

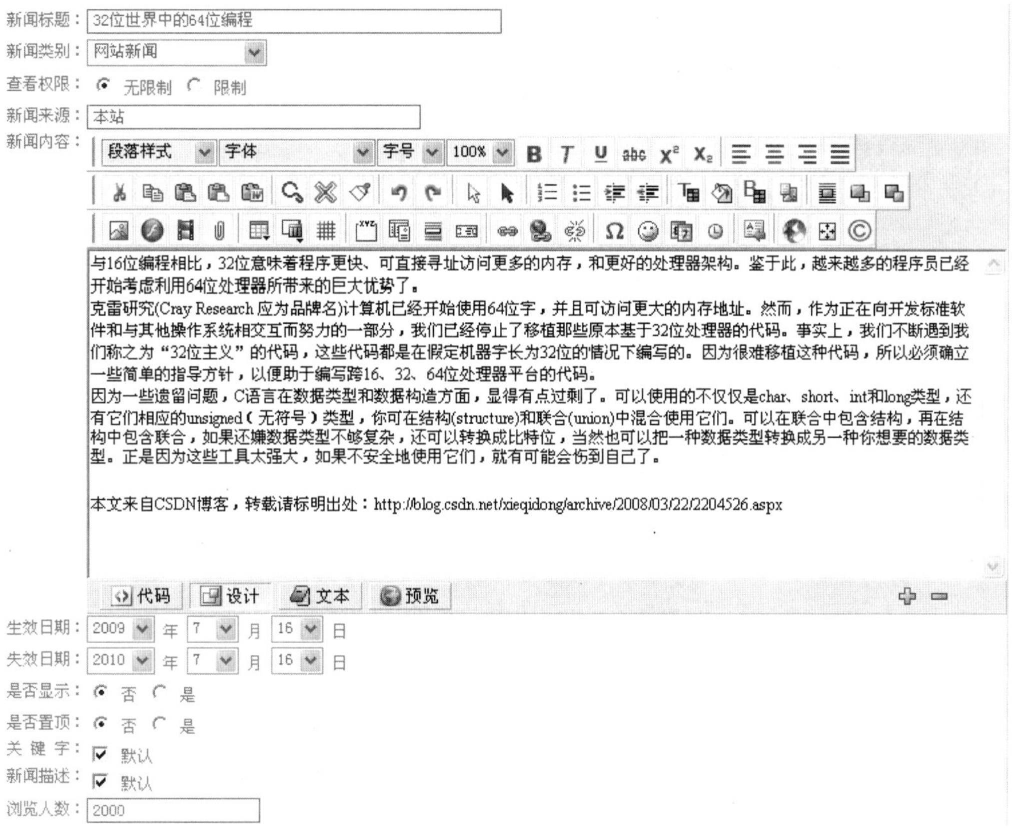

图 8-6 添加快讯

步骤 3：查看快讯列表

新闻快讯发布完成之后，小王按快讯的属性，通过五种方式（新闻名称、新闻来源、发表时间、生效时间和失效时间）对目前的快讯列表进行了搜索。快讯搜索参见图 8-7。

然后又根据新闻类别对目前新闻进行了分类显示。分类显示参见图 8-8。

图 8-7　快讯搜索 　　　　　　　　　图 8-8　分类显示

同时将新闻按照状态隐藏、状态显示、置顶、未置顶、有效新闻和无效新闻等进行了归类。这时从前台查看快讯参见图 8-9。

网站新闻		more
新闻主题	发表时间	浏览人数
办公文化用品市场发展趋势,...	2008-07-25	2022
用户看提防"免费送机"猫腻多	2008-07-25	2010
嘉兴查获假冒中华牌绘图铅笔	2008-07-25	2020
节能印印厂商爱普生55款入选	2008-07-25	2009
办公零售巨头史泰博登陆深圳	2008-07-25	2011

办公采购心得		more
新闻主题	发表时间	浏览人数
买耗材送机器 到底谁受益?	2008-07-25	2014
买打印机JS陷阱揭露	2008-07-25	2010
激光打印选购指南	2008-07-25	2013
打印机都有哪四种类型	2008-07-25	2011
考勤机的选择	2008-07-25	2013

办公文档		more
新闻主题	发表时间	浏览人数
成功简历11招	2008-07-25	2012
实用写作方法论	2008-07-25	2009
房地产抵押合同	2008-07-25	2013
保证合同	2008-07-25	2009
什么是行政管理?行政管理是...	2008-07-25	2096

办公流行时尚		more
新闻主题	发表时间	浏览人数
商务信函常用语	2008-07-25	2014
五种水果吃出健康自然美发	2008-06-03	2017
男人最爱女人穿哪种泳装	2008-06-03	2010
互联网兴	2008-06-03	2005

办公帮帮		more
新闻主题	发表时间	浏览人数
装订机的参数规格是多少?	2008-07-25	2015
装订机有哪些种类?	2008-07-25	2008
打字机维护注意事项	2008-07-25	2014
指纹考勤机使用注意事项	2008-07-25	2008
指纹考勤机常见问题	2008-07-25	2014

潍坊高效办公大家谈		more
新闻主题	发表时间	浏览人数
2007扫描仪趋向专业化转型	2008-07-25	2012
我国办公文具市场发展四大趋势	2008-07-25	2008
我国办公文具产业现状分析	2008-07-25	2013
打印机用纸标准亟待统一	2008-07-25	2009
年终盘点07年打印机市场概况	2008-07-25	2014

图 8-9　查看前台快讯

步骤 4：添加公告

完成了快讯的添加发布，小王马上着手公告的添加使用，根据需要添加一条"银章会员重要通知"的公告，然后设置公告的查看权限，设置该公告显示状态、是否固定、点击次数，最后点击添加发布。添加公告参见图 8-10。

```
添加公告

公告标题: 银章会员重要通知
查看权限: □所有人 ☑所有会员 ☑普通会员1 ☑高级会员 ☑VIP贵宾 ☑一级代理 ☑高级代理
显示状态: ◉显示 ○隐藏
是否固顶: ◉是 ○否
点击次数: 2000
```

图 8-10　添加公告

添加公告时要用到的一些参数如下。

（1）公告标题：必填项目。

（2）查看权限：浏览公告所需的用户等级限制。

（3）显示状态：是否在前台的公告列表中显示。

（4）是否置顶：前台公告列表中靠前显示。

（5）点击次数：点击浏览此公告的次数。

（6）公告内容可通过在线编辑器在线编辑。编辑区的大小可通过编辑器下方的“+”、“-”号调节，或直接全屏显示。公告编辑参见图 8-11。

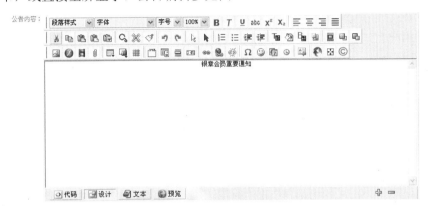

图 8-11　公告编辑

完成了首条公告发布后，小王操作得更加熟练，又连续发布了多条网站公告。

步骤 5：查看前台公告

返回前台首页对发布的公告进行查看。前台公告参见图 8-12。

首页 >>> 本站公告

公告标题	发布时间	浏览人数
网站改版，请试用	2009-05-17	1001
为了方便您以后能更方便的得到产品的资讯和搜索产品，...	2008-07-25	2101
愿有识之士前来洽谈！！！	2008-07-25	224
得乐办公用品网继续招商中	2008-07-22	2096
潍坊得乐办公用品网简介	2008-07-20	2116
爱上办公采购，爱上得乐办公用品网	2008-07-20	2088
热烈祝贺潍坊办公用品网开通了	2008-07-20	2070
潍坊地区大量供应A4静电复印纸	2008-10-25	2014
大儒时代的信任	2008-10-25	2006

PREV　1　1/1　共有9条　每页20条　NEXT

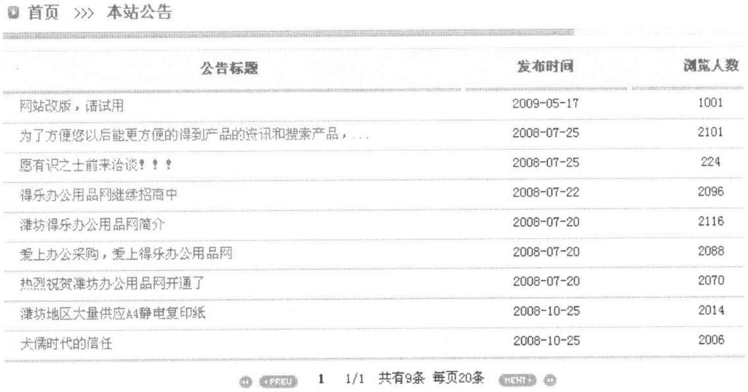

图 8-12　公告前台查看

步骤 6：使用公告列表

公告发布完成之后，还要使用公告列表进行管理。在前台的首页中显示了公告中的最新几条信息。在前台可通过首页进入更多公告页面。公告列表参见图 8-13。

点击公告标题或操作修改进入修改页面查看公告详细内容。

公告列表

选择	公告标题	点击次数	查看权限	创建日期	生效日期	失效日期	显示状态	是否固项	操作
□	网站改版，请试用	1001	所有人	2009-5-17 18:30:23	2009-05-17	2010-05-31	✔	✔	修改
□	为了方便您以后能更方便的得到产品的资...	2101	所有人	2008-7-25 10:06:48	2008-07-25	2009-07-25	✔	✔	修改
□	愿有识之士前来洽谈！！！	224	所有人	2008-7-25 9:55:43	2008-07-25	2009-07-25	✔	✔	修改
□	得乐办公用品网继续招商中	2096	所有人	2008-7-22 10:09:41	2008-07-22	2009-07-22	✔	✔	修改
□	潍坊得乐办公用品网简介	2116	所有人	2008-7-20 16:54:02	2008-07-20	2010-07-20	✔	✔	修改
□	爱上办公采购，爱上得乐办公用品网	2088	所有人	2008-7-20 16:52:33	2008-07-20	2009-07-20	✔	✔	修改
□	热烈祝贺潍坊办公用品网开通了	2070	所有人	2008-7-20 16:50:35	2008-07-20	2009-07-20	✔	✔	修改
□	本商城现已改版，使用功能超强的乐度网...	2063	所有人	2007-6-13	2007-06-13	2009-06-13	✔	✔	修改
□	热烈庆祝本商城改用乐度网店系统成功	2069	所有人	2007-6-13	2007-06-13	2009-06-13	✔	✔	修改
□	本商城正式隆重开业	2064	所有人	2007-6-13	2007-06-13	2009-06-13	✔	✔	修改
□	潍坊地区大量供应A4静电复印纸	2014	所有人	2008-10-25 18:29:21	2008-10-25	2009-10-25	✔	✖	修改
□	犬儒时代的信任	2006	所有人	2008-10-25 18:19:12	2008-10-25	2009-10-25	✔	✖	修改

□全选　你的密钥：　× 删除所选

共12条　20条/每页　共1页　第1页　1　go

图 8-13　公告列表使用

设置查看权限可限制浏览公告的相应用户等级才能查看。显示状态可设定是否在前台公告列表中显示。设置是否置顶，使公告在公告列表中靠前显示。

可通过底部功能操作栏删除公告。

电子商务信息发布的种类分为以下几种：

1. 产品的发布（此项很多网站是收费的）；2. 供求信息的发布；3. 论坛信息的发布；4. 招聘信息的发布；5. 企业动态的发布。

项目八　文章管理

网站是一个交互性极强、反应迅速的媒体，通过网站发布并收集消费者的信息及反馈，有助于加强客户服务的质量，从而为企业赢得更多的客户，创造更多的效益。

本项目采用贴近企业实际工作情景的方式系统地介绍了基于营销思想的网站导航设计和基于商务网站的信息发布。

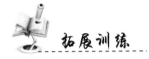

1．结合本项目所介绍的内容利用乐度网店系统完成自己的网上商城底部导航设置。

2．结合本项目所介绍的内容利用乐度网店系统完成自己的网上商城快讯和公告的发布与管理。

3．编撰一篇办公用品采购心得的文章，发布在合适的栏目中。

项目九
广告管理

 项目引入

经过前面的努力,公司的网站基本上步入了正轨,通过对商品管理系统及文章管理系统的运作,慢慢有消费者来到网站查阅相关商品信息并下订单,但是从消费者的留言、商品评论及在线调查反馈回来的信息,小王发现多数消费者感觉网站信息内容基本上全是文字性质的描述,浏览起来感觉乏味空洞。虽然有商品实物图片,但是必须多层次点击打开相关商品才能看到,多数消费者没有耐心依次查看。而且从市场效果来看,公司网站的访问量非常有限,这些都限制了公司业务的拓展。

小王想起了在大学学习《网络营销》的时候,老师讲到的网络广告的相关内容,网络广告能够以较低的成本和创意的形式使自己的产品(服务)能引起消费者的注意和兴趣,产生好感进而激发购买欲望;而其有助于树立品牌效应,增强企业知名度。于是小王决定结合公司网站和商品特点采用网络广告这种形式来改善现状。

 **项目分析**

网络广告是中小企业进行网络推广中一个重要组成部分,网络广告效果的好坏直接影响着企业的网络营销的效果,网络广告投放需要选择投放平台、广告创意、了解目标受众

的心理从而使得网络广告的效果更好。

小王所在的企业是一家典型的中小企业,因为拥有自己的网站,而且考虑到广告投放在门户网站等其他平台需要占用一部分资金,现在创业初期,公司资金有限,所以网络广告投放平台主要选择自己的网站进行,而且在自己的网站上发布广告可以在广告创意、广告形式和广告内容上充分地发挥自己的想象,较少地受到他人的限制。要完成这个任务,具体来说涉及以下几项内容。

1. 网络广告发布与管理

建立自己的网站或主页并在上面发布广告,这是企业发布网络广告最简单、最常用的方式,也是企业网络营销发展的必然趋势。对于企业网络营销的整体策略来说,企业网站或企业主页本身就是树立企业形象和信誉、增进产品宣传的一种最直接和有效的广告。现在公司有了自己的网站和主页,可以方便地利用其他的广告发布形式,如站内广告、企业名录、新闻组等进行与公司主页的链接,加强广告宣传的力度,直接促进销售。

2. 友情链接

友情链接在吸引更多的用户访问的同时起到搜索引擎优化(SEO)的作用。友情链接是一项常用的网站推广手段,被其他网站链接的机会越多,越有利于推广自己的网站。尤其对于大多数中小网站来说,这种免费的推广手段是一种常用的而且是有一定效果的方法。为了推广公司网站,小王收集了一些相关网站,着手与之进行友情链接,推广公司的网站。

为完成以上工作,可以把本项工作分解成以下两个工作任务:
任务一:网络广告发布与管理;
任务二:友情链接。

任务一 网络广告发布与管理

一、网络广告的概念

网络广告是基于网络媒体的一种电子广告形式,英文称之为 Net AD(Network

advertisement 或 Internet advertising）。我们一般把网络广告又称作在线广告、互联网广告等，它主要是指利用电子计算机联结而形成的信息通讯网络作为广告媒体，采用相关的电子多媒体技术设计制作，并通过电脑网络传播的广告形式。

追本溯源，网络广告发源于美国。1994 年 10 月 14 日，美国著名的《连线》杂志推出了网络版 Hotwired，其主页上开始有 AT&T 等 14 个客户的广告 Banner。这是互联网广告里程碑式的一个标志。中国的第一个商业性的网络广告出现在 1997 年 3 月，传播网站是比特网，广告表现形式为 468×60 像素的动画旗帜广告。Intel 和 IBM 是国内最早在互联网上投放广告的广告主。我国的网络广告一直到 1999 年年初才稍有规模。历经多年的发展，网络广告行业经过数次洗礼已经慢慢走向成熟。

二、网络广告的要素

从传播学角度研究广告，需要引入拉斯韦尔的传播五要素的概念，即"5W"模式——传播者是谁（Who）、传播内容为何（What）、传播渠道是什么（Which channel）、传播对象是谁（to Whom）、传播效果如何（What effect）。由此，我们通常把广告的五大要素归纳为广告主、广告信息、广告媒介、广告受众、广告效果。网络广告同样具备了这五个要素（参见图 9-11）。

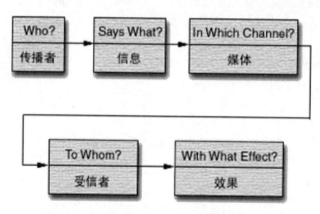

图 9-1 拉斯韦尔的"5W"

三、网络广告的特点

1. 互动性和纵深性

在网络广告这种形式当中，信息是互动传播的，用户可以主动获取他们认为有用的信息，广告主也可以随时得到宝贵的用户反馈信息，从而缩短了用户和广告客户之间的距离。

而与此同时，用户可以通过链接获取更深入、更详细的广告信息。

2. 实时性和快速性

互联网本身反应就很迅速，依托互联网为媒体的网络广告更是迅速。在互联网上做广告，可以及时按照需要更改广告内容，经营决策的变化也能及时实施和推广。另外，网络广告制作周期比起传统广告而言更短，这也是它的一大优势。

3. 准确跟踪和衡量广告效果

在网络当中，网络广告商通过监视广告的浏览量、点击率等指标能够精确地统计出广告的大致效果。因此较之其他的广告形式，网络广告能够使广告主更好地跟踪广告受众的反应，及时了解用户和潜在用户的情况。

4. 传播范围广，受时空限制较少

网络广告的传播是不受时间和空间的限制的，它可以 24 小时不间断地挂在网站上面。任何人在任何时间和任何地点都可以浏览广告。

5. 可重复性和可检索性

网络广告可以供用户主动检索，而传统广告则是定时定点定期发布的。受众无法检索。

6. 很强的针对性

由于网络广告都是在特定的网站发布的，而这些网站一般都有特定的用户群，因此，广告主在投放这些广告的时候往往能够做到有的放矢，根据广告目标受众的特点，针对每个用户的不同兴趣和品味投放广告。

7. 灵活多样的投放形式

多媒体性也是广告的一大特点，它能将文字、图像、声音、三维空间、虚拟视觉等有机地组合在一起，而广告受众也能够对广告产品有更详细的了解。

四、网络广告的类型

最初的网络广告就是网页本身。当越来越多的商业网站出现后，怎么让消费者知道自己的网站就成了一个问题，广告主急需要一种可以吸引浏览者到自己网站上来的方法，而网络媒体也需要依靠它来赢利。经过将近十年的发展，网络广告已经衍生出多种类型。第一种网络广告形式就是横幅广告，它和传统的印刷广告有点类似。但是有限的空间限制了横幅广告的表现。面对这种情况，网络广告界发展出了多种更能吸引浏览者的网络广告形式，大致包括以下几种。

1. 横幅广告（Banner）

横幅广告是以 GIF、JPG 等格式建立的图像文件，定位在网页中，大多用来表现广告内容，同时还可具有交互性。横幅广告是最早的网络广告形式。IAB（Internet Architecture Board，因特网结构委员会）在 1997 年的大规模网络广告综合调查中广泛向广告主、广告代理商和用户征求了关于横幅广告的尺寸意见。目前，绝大多数站点应用的横幅广告尺寸一般反映了客户和用户的双方需求和技术特征。横幅广告参见图 9-2。

图 9-2 51job 主页上的 Banner 广告

2. 文本链接广告

文本链接广告是一种对浏览者干扰最少，但却最有效果的网络广告形式。整个网络广告界都在寻找新的宽带广告形式，而有时候需要最小带宽、最简单的广告形式效果却最好。图 9-3 为搜狐网首页，其中用笔勾出来的地方就是文本链接广告。我们可以看到，文本链接广告位置的安排非常灵活，可以出现在页面的任何位置，可以竖排也可以横排，每一行就是一个广告，点击每一行都可以进入相应的广告页面（参见图 9-3）。

项目九　广告管理

图9-3　搜狐文本链接广告

3. 电子邮件广告

调查表明，电子邮件是网民最经常使用的互联网工具。只有不到30％的网民每天上网浏览信息，但却有超过70％的网民每天使用电子邮件。对企业管理人员尤其如此。电子邮件广告具有针对性强、费用低廉的特点，且广告内容不受限制。电子邮件广告参见图9-4。

图9-4　电子邮件广告

4. 赞助式广告（Sponsorship Ads）

赞助式广告的形式多种多样，在传统的网幅广告之外，赞助式广告给予广告主更多的选择。赞助式广告的定义至今仍未有明确划分，但可以这样认为：凡是所有非旗帜形式的网络广告，都可算作是赞助式广告。这种概念下的赞助式广告其实可分为广告置放点的媒体企划创意，及广告内容与频道信息的结合形式。图 9-5 为新浪"竞技风暴"首页，"NIKE"赞助了该频道，名字也相应改成"NIKE 竞技风暴"，并配上不同栏目。

图 9-5　新浪赞助式广告

5. 插播式广告（Interstitial Ads）和弹出式广告（Pop-up Ads）

插播式广告的英文名称叫"Interstitial"，不同的机构对此的定义可能有一定的差别。全球网路经济资讯网对"Interstitial"的定义为"插入式广告"：在等待网页下载的空档期间出现，以另开一个浏览视窗的形式的网络广告。插播式广告参见图 9-6。

图 9-6　插播式广告

播放式广告有点类似电视广告，都是打断正常节目的播放，强迫观看。插播式广告有各种尺寸，有全屏的也有小窗口的，而且互动的程度也不同，从静态的到全部动态的都有。

浏览者可以通过关闭窗口不看广告（电视广告是无法做到的），但是它们的出现没有任何征兆。广告主很喜欢这种广告形式，因为它们肯定会被浏览者看到。插播式广告的缺点就是可能引起浏览者的反感。为避免这种情况的发生，许多网站都使用了弹出窗口式广告，而且只有1/8屏幕的大小，这样可以不影响正常的浏览。

6．互动游戏式广告（Interactive Game Ads）

互动游戏式广告应该可以看做是交互式广告的一种，但其也有自己的一些特点。使用动画制作软件如Macromedia Shockwave/Flash插件编写的广告，能用较少的文件字节表现动态的矢量图形和渐变效果，这一技术正在被越来越广泛地应用。但缺点是浏览器需要安装插件。

Flash文件的尺寸极小，使它成为低带宽条件下最好的动画载体，并且为能够尽可能地实现互动游戏广告提供了有利的工具。除了Flash，Macromedia公司的另一个产品Shockwave在网络广告方面也应用极广。Shockwave的功能比Flash更强大，互动性更强。互动游戏式广告参见图9-7。

图9-7　互动游戏式广告

7．下载软件广告

相信使用过OICQ的用户一定会发现在聊天的终端窗口会出现一条广告条，而且它会自动轮换播放。QQ软件的注册用户数已经超过中国网民的总数，实际使用人数大约占网民总数的80%左右（考虑到有部分用户注册了多个号码），可以说QQ是中国网民除了IE Explorer之外最常用的网络软件。这样一个拥有大量用户数的软件，理所当然地成为一个极好的广告媒体。而且它是基于互联网的应用软件，因此，QQ广告具有普通网络广告所具备的一切优点。一般来说，人们对软件的忠诚度要比对Web的忠诚度要高。如一个QQ用户每天看的网页不同，但他必然会打开 QQ 进行聊天，这对于他来说是唯一的选择。从某种意义上说，在线软件广告有着比 Web 广告更好的前景。QQ 广告参见图 9-8。

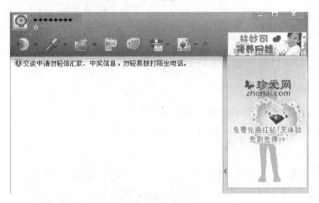

图 9-8　QQ 广告

8．分类广告（Classified Ads）

分类广告如果严格来说不能称之为网络广告的一种新类型，早在传统媒体中，分类广告就已经出现了。只不过在今天它也搭上了网络这班快车而已。分类广告就是广告商按照不同的内容划分标准把广告以详细目录的形式进行分类以供那些有明确目标和方向的浏览者进行查询和阅读。由于分类广告带有明确的目的性，所以受到许多行业的欢迎。图 9-9 所示就是建立在网络上的分类广告网站。

图 9-9　分类广告

9．按钮式广告（Button Ads）

我们可以把按钮式广告看做是横幅广告的一种变形，是一种更小尺寸的横幅广告。按钮式广告参见图 9-10。

项目九 广告管理

图 9-10 按钮式广告

10. 富媒体广告（Rich Media Ads）

富媒体广告一般指使用浏览器插件或其他脚本语言、Java 语言等编写的具有复杂视觉效果和交互功能的网络广告。这些效果的使用是否有效，一方面取决于站点的服务器端设置，另一方面取决于访问者浏览器是否能查看。一般来说，富媒体广告能表现更多、更精彩的广告内容。富媒体广告参见图 9-11。

图 9-11 富媒体广告

11. 搜索引擎广告

搜索引擎广告指通过向搜索引擎服务提供商支付费用，在用户作相关主题词搜索时在结果页面的显著位置上，显示广告内容（一般为网站简介及到网站的链接）的方法，包括搜索引擎排名、搜索引擎赞助、内容关联广告等不同形式。搜索引擎广告就是借助搜索引擎的强大流量而滋生出来的一种广告模式。图 9-12 所示为百度搜索引擎广告。

12. 与内容的结合

广告与内容的结合可以说是赞助式广告的一种，从表面上看起来它们更像网页上的内容而并非广告。在传统的印刷媒体上，这类广告都会有明显的标示指出这是广告，而在网页上通常没有清楚的界限。

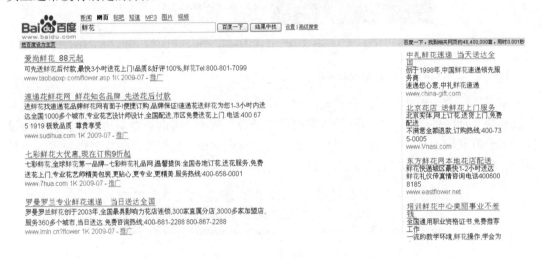

图 9-12 搜索引擎广告

13. 其他的新型广告

其他的新型广告包括视频广告、路演广告、巨幅连播广告、翻页广告、祝贺广告等。

互联网广告发展迅速，种类繁多，但是它也不可避免地遇到进一步发展的瓶颈。这些瓶颈主要包括上网成本高、网速不尽如人意、监管立法落后、无序竞争和公信力不足等问题。但是我们相信随着技术和社会的进一步发展，这些问题是能够得到解决的。

本次任务的目标是根据公司网站布局、功能及商品特点，选择合适的网络广告形式及

发布手段,对网站及商品进行宣传推广,主要有以下问题需要解决:

1．发布首页广告;

2．发布分类广告;

3．发布推广广告。

小王所在公司网站采用的是先进的乐度网店系统。该系统备有多种广告模式可供选择(参见图9-13)。包括首页伸缩广告、漂浮广告、弹出广告、轮显变换广告、上部广告、下部广告、右下角伸出广告、分类广告、扩展广告、推广广告等。该系统不断升级最具创意的广告模式,只要简单设置,广告瞬间变换,便可即时发布广告。任意发布设计美观的Flash动画广告,还可以插入有声有色的视频广告,当然更可以发布自己设计绝妙的平面图片和极具诱惑的广告文字,使发布的广告处处精彩,心动化为行动,销售更加得心应手。

图9-13 广告管理后台

小王着手利用网站的管理后台制作、发布广告。以管理员的身份登录管理后台,点击上方导航中的广告管理按钮,进入广告管理系统。该系统由首页广告、分类广告、扩展广告、推广广告和友情链接组成,在本任务中我们重点介绍首页广告、分类广告和推广广告的使用。

步骤1:发布首页广告

小王首先选择了其中的漂浮广告和弹出广告进行尝试。

(1)发布漂浮广告。

漂浮广告是通过乐度网店系统内置漂浮广告代码实现的。可设置广告的宽度和长度,可以插入图片或文字广告,甚至动画或视频。可以添加此广告的说明,点击广告链接地址等设置,并可随时地开启和关闭此广告,广告自由地在页面上漂浮,极具眼球吸引力,尽显商家的创意。

① 小王登录乐度网店系统管理后台,打开广告管理,选择其中的漂浮广告并进入如图9-14所示的页面。

图 9-14 漂浮广告后台设置

发布漂浮广告时要用到的一些参数如下。
- 漂浮广告：在前台首页上漂浮移动。
- 广告类型：图片广告、文字广告、图片文字广告。
- 图片文件：图片文件的相对地址或绝对地址。
- 图片链接：点击图片后转向的页面。
- 图片说明：鼠标放在图片在显示的文字说明。字母长度最大一百。
- 显示大小：漂浮广告显示的大小。

② 小王结合网站需要，设置本次漂浮广告类型为图片型，并本地上传一副关于得乐 Logo 的图片，然后设置图片链接为公司网站网址，最后确定广告大小为 55*85，点击保存按钮发布。

③ 发布成功后，小王登录前台首页对广告效果进行了查看（参见图 9-15）。

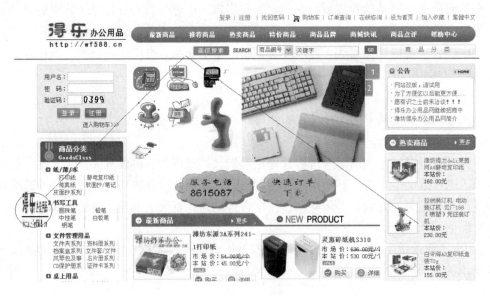

图 9-15 漂浮广告前台展示

图中圈定部分广告图片会沿着类似标识的线路漂浮移动。

（2）发布弹出广告。

① 完成漂浮广告的发布，小王又重新返回广告管理后台，点击弹出广告，进入如图9-16所示页面。

图9-16　弹出广告后台设置

② 小王详细地研究了相关参数，着手发布弹出广告，首先选择设置使用弹出广告。发布弹出广告时要用到的一些参数如下。

- 弹出广告：设置弹出广告开关。选"是"时打开首页时弹出新的页面，并链接到设置的网址。
- 弹出页面：弹出页面的链接地址。
- 窗口尺寸：弹出新的页面的大小。
- 窗口位置：即在显示器中显示的位置。

③ 接着设置好弹出页面为公司网站网址。

④ 最后设置弹出窗口的尺寸和位置，点击保存发布成功。

⑤ 发布成功后，小王返回首页查看广告效果（参见图9-17）。

图9-17　弹出广告前台展示

（3）发布其他首页广告。

完成了前面两个广告的发布，小王对广告管理系统已经比较熟悉，接着根据网站运营实际需要，又添加了首页伸缩广告、轮显变换广告、上部广告、下部广告、右下角伸出广告，并对广告效果进行了查看。效果分别参见图9-18、图9-19、图9-20、图9-21、图9-22。

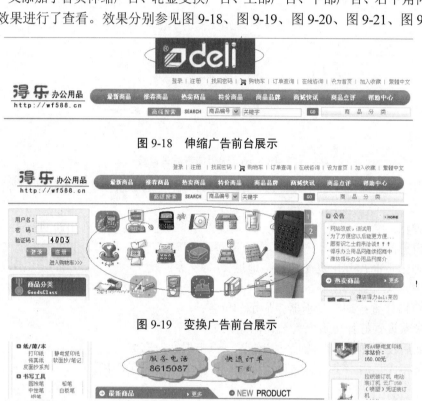

图9-18　伸缩广告前台展示

图9-19　变换广告前台展示

图9-20　上部广告前台展示

图9-21　下部广告前台展示

图9-22　右下角广告前台展示

步骤 2：发布类广告

经过首页广告的发布、管理的实践，已经给公司留住了一定的客源，小王也更清楚地认识到了网络广告的作用，小王还了解到乐度网店系统前台的每个商品上部都有一个分类广告，每个分类可以拥有自己的分类广告，也可以调用默认分类广告，并可选择是否显示。广告是多张的轮显变换模式，广告内容可以是图片或文字，也可以是视频或动画。一切的实现也是只需要后台简单设置就可以，可以做出很多针对不同商品的广告，小王决定尝试一下。

（1）小王首先登录广告管理后台，对目前的分类广告进行了查看，并根据业务需要修改了部分分类广告的状态等属性。图 9-23 所示为分类广告管理页面。

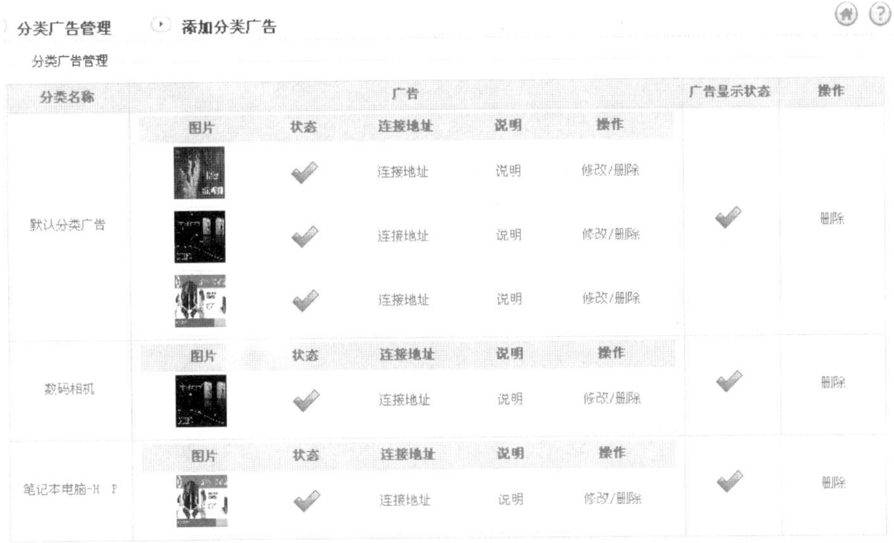
分类广告管理　添加分类广告

分类广告管理

分类名称	广告					广告显示状态	操作
	图片	状态	连接地址	说明	操作		
默认分类广告		✔	连接地址	说明	修改/删除	✔	删除
		✔	连接地址	说明	修改/删除		
		✔	连接地址	说明	修改/删除		
数码相机	图片	状态	连接地址	说明	操作	✔	删除
		✔	连接地址	说明	修改/删除		
笔记本电脑-HP	图片	状态	连接地址	说明	操作	✔	删除
		✔	连接地址	说明	修改/删除		

图 9-23　分类广告管理

修改分类广告时要用到的一些参数如下。

① 分类名称：显示目前分类广告有哪些类别。

② 图片：如果本广告类型是图片形式的，则显示为设置的图片。

③ 状态：修改状态 ✔ 或 ✖ 使所在行广告是否在前台的每个商品上部显示。

④ 连接地址：显示本广告链接的网页，点击广告会转到该地址。

⑤ 说明：鼠标放置在广告上显示的文字注释信息。

⑥ 修改/删除：用来修改或删除本条分类广告。

⑦ 广告显示状态：修改状态 ✔ 或 ✖ 使所在类广告是否在前台显示。

⑧ 删除：用来删除本类广告。

（2）根据查看的情况，小王决定重新发布一条针对目前市场需求量比较大的怡莲家纺用品四件套的广告。小王点击"添加分类广告"进入添加广告页面（参见图9-24），详细研究了发布参数。

图 9-24　添加分类广告

发布分类广告时要用到的一些参数如下。

① 分类名称：本条广告属于哪一大类。

② 广告类型：图片或自定义的文字、图片。

③ 图片地址：上传图片的相对地址或网络上图片的绝对地址。

④ 连接地址：点击图片或文字页面的转向地址。

⑤ 广告说明：鼠标放置图片上时显示的文字说明。

⑥ 广告状态：是否在前台中显示。

（3）小王依次选择好广告所属分类，类型为图片广告，通过本地上传图片，设置图片链接地址为怡莲家纺公司网站，并添加本则广告说明，最后设置广告状态为现实，店家添加按钮发布成功。分类广告后台设置参见图9-25。

图 9-25　分类广告后台设置

项目九 广告管理

（4）小王返回前台首页对广告效果进行了查看（参见图 9-26）。

图 9-26　分类广告前台展示

步骤 3：发布推广广告

此外，乐度网店系统还内置先进的推广广告功能，使小王可以很容易地发布各种推广广告到互联网，可以是文字广告也可以是图片广告，系统会自动生成该广告的推广地址，当访客通过该广告进入你的网站，推广联盟会员将得到推广积分和销售提成，促成很多站长或业余网民加盟，使网站流量几何级成长、销售量剧增，使得销售工作变得非常容易。

（1）小王首先点进入"用户推广广告管理"模块，对现在的推广广告进行查看，并适当修改了部分广告的显示状态、广告类型，删除了部分不合适的广告（参见图 9-27）。

图 9-27　推广广告管理后台

修改推广广告时要用到的一些参数如下。

① 类型：广告代码类型。如论坛中常用使用 UBB 代码，其他两项也可使用。

② 显示状态：是否在前台中显示。

通过操作修改进入修改页面，与添加用户推广广告页面相同。点击操作删除可直接删除所在行广告。

（2）小王点击进入"添加用户推广广告"页面，结合业务需要添加一条关于公司使用的乐度网店系统的推广广告，设置好广告类型为图片，设置状态为显示，设置图片宽度和高度为 88*31，并通过本地上传广告所需图片，最后进行本则广告说明，点击添加按钮完成发布。添加推广广告参见图 9-28。

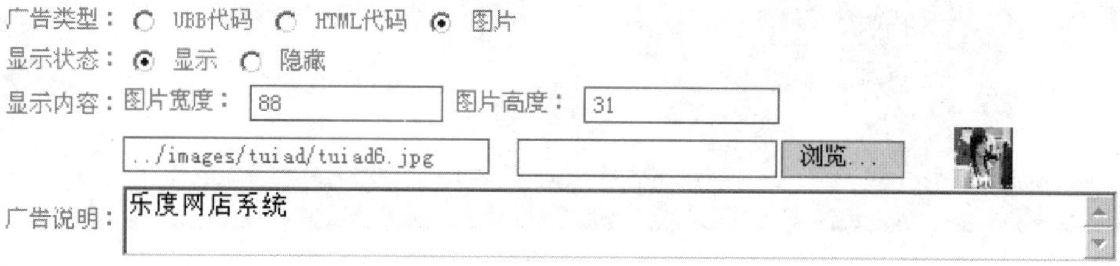

图 9-28 添加推广广告

发布推广广告时要用到的一些参数如下。

① 广告类型：代码类型，用途不同选择不同代码类型。

② 显示状态：是否在前台显示。

③ 显示内容：当广告类型为图片时，可设置图片的大小。

④ 广告说明：广告的注释说明。鼠标放置在内容上时显示。

（3）完成后小王返回前台对广告效果进行了查看。

近几年我国网络广告市场发展迅速，2007 年中国网络广告市场规模达 106 亿元人民币，与 2006 年相比增长 75.3%；品牌广告和搜索引擎广告都不同程度推动了中国网络广告市场规模的增长，其中品牌广告增长率达 65.3%，搜索引擎广告增长率达 108.6%；"2008 年度中国互联网市场数据发布"显示，2008 年中国网络广告整体市场规模增长至 119.0 亿元人民币（不含搜索引擎关键字广告），较 2007 年增长 54.9%，2008 年网络广告增速平稳，2009 年、2010 年增长保持谨慎乐观。据艾瑞咨询预测，2011 年中国网络广告市场规模将达到 370 亿元人民币，其中品牌广告和搜索引擎广告将分别达到 237 亿元人民币和 133 亿元人民币。搜索引擎广告、富媒体广告以及其他新广告形式将成为推动网络广告市场发展的主要动力。

项目九 广告管理

任务二 友情链接

一、交换链接的定义

网站之间的合作也是互相推广的一种重要方法，其中最简单的合作方式为交换链接。交换链接（也称为友情链接、互惠链接、互换链接等）是具有一定互补优势的网站之间的简单合作形式，即分别在自己的网站上放置对方网站的 Logo 或网站名称并设置对方网站的超级链接，使得用户可以从合作网站中发现自己的网站，达到互相推广的目的。

交换链接的作用主要表现在以下几个方面，即获得访问量、增加用户浏览时的印象、在搜索引擎排名中增加优势、通过合作网站的推荐增加访问者的可信度等。对于交换链接的效果有两种不同的看法，有人认为可以从链接中获得的访问量非常少，但也有人认为交换链接不仅可以获得潜在的品牌价值，还可以获得很多直接的访问量。

CNNIC 的统计表明，用户得知新网站的主要途径仅次于搜索引擎的为其他网站上的链接，网站链接的作用由此可见一斑。更重要的是，交换链接的意义已经超出了是否可以增加访问量，因为一般来说互相链接的网站在规模上比较接近，内容上有一定的相关性或互补性。图 9-29 为优酷网友情链接。

图 9-29 优酷网友情链接

二、交换链接的作用

交换链接在英文中即为 Link Exchange。交换链接是互联网上宣传自己的主页时常使用的一种方法,主要作用有以下两个方面。

（1）通过和其他站点的交换链接,可以吸引更多的用户点击访问。

（2）搜索引擎会根据交换链接的数量,以及交换链接网站质量等对一个网站做出综合评价,这也将是影响网站在搜索引擎排名的因素之一。

交换链接在吸引更多的用户访问的同时起到搜索引擎优化（SEO）的作用。交换链接是一项常用的网站推广手段,被其他网站链接的机会越多,越有利于推广自己的网站。尤其对于大多数中小网站来说,这种免费的推广手段是一种常用的而且是有一定效果的方法。

三、建立交换链接的一般方法

建立交换链接的过程也就是向同行或相关网站推广自己网站的过程,你的网站能引起对方的注意和认可,交换链接才能得以实现。

一般来说,在对方网站拥有一定访问量的前提条件下,相关性或者互补性越强的网站之间的链接越容易吸引访问者的注意,交换链接产生的效果也就越明显。因此,建立交换链接的首要任务是寻找那些比较"理想"的对象,然后与对方联系,请求将自己的网站作为链接伙伴。

交换链接的整个过程可以分为三个阶段,即分析寻找潜在的合作对象、合作联系与协商、交换链接的实施和管理。

1. 分析寻找潜在的合作对象

如果希望从所链接的网站获得一定的访问量或者给潜在用户留下好的印象,前提条件是合作网站的用户应该对你的网站内容有类似的兴趣或需求特征,如何才能找到这样的网站呢,我们可以利用几种方法来调查。

最简单的方法是到几个先于自己发布的,和自己的实力、规模、经营领域最接近的网站去看看,逐个分析他们的交换链接对象,如果发现合适的网站,先作为备选对象,留待以后主动发出合作邀请。不过,由于新网站在不断地涌现,这些早期网站链接的对象很可能不够全面,那么就需要做更多的调研。可以分析哪种网站的访问者可能对自己的网站感兴趣,同时分析自己的网站的访问者对这些网站是否会产生兴趣,找到那些双方的访问者可能互相有兴趣的网站,将这些网站列为重点目标。

2. 合作联系与协商

起草一份简短的有关交换链接的建议发给目标网站的联系人,然后静候对方的响应。

在你向目标中的网站发出邀请函时，如果能在下列方面特别注意的话，成功率可能就会高一些。

（1）注意信件的主题。

明确地告诉对方你的目的和诚意，如"网上营销新观察期待与贵站的合作"，如果是用意含糊或者比较生硬的主题，如"请访问我的网站"，即使对方已经在网站中为你做了链接，你也不一定会为对方做链接，因为从邮件中可以看出对方网站素质的低下。

（2）信件的内容要礼貌。

如果你看到这样的邮件："如果你愿意和我们做链接，请你先做好后通知我们。"恐怕你连是否访问那个网站都不一定，还谈什么合作呢？邀请函可以先简单介绍一下自己的网站。这样可以让对方对你的网站先有一个大概的了解，让对方感到你的诚意，很可能在看你的简介的同时就已经决定同意互换链接的请求。如果你事先已经为对方做了链接，就礼貌地告诉对方，这样效果可能会更理想。

实际上很多网站都会出现这种问题，在细节上不注意以至于引起对方的反感，或者两个网站之间的差别太大，无论是规模还是共性方面都不存在合作的基础，无论你多么有诚意也很难受到对方的重视和认可。

3．交换链接的实施和管理

得到对方的确认后，应尽快为对方做好链接，回一封邮件告诉对方链接已经完成，并邀请对方检查链接是否正确、位置是否合理，同时也是暗示对方希望尽快将自己的链接也做好。这实质上仍然是向链接网站推广自己的一种方式，许多网站之间的关系就是这样开始建立起来的，同时，也是在同行之间建立自己地位的一种有效措施。否则，一个网站发布了很久，同一行业内的其他网站对此都没有印象，岂不是很失败的营销？

为合作网站建立链接之后，访问已建立友情链接的网站，看看自己的网站是不是已经被链接，有没有什么错误。

当上述步骤都完成之后，大规模交换链接的工作就可以暂时告一段落了，以后随着新网站的出现再逐步增加、完善链接队伍，并剔除那些被关闭或有其他问题的网站。

四、建立交换链接的常见问题

在网站链接的问题上，我们经常会看到一些极为不同的结果，有的网站不加区分地罗列着许许多多似乎毫无关联的网站，从化工建材到个人写真，以及形形色色的个人主页；也有不少的网站根本没有相关网站的链接。这两种情况都有些极端，即使对于比较正常的网站链接，也有一些问题需要引起注意。

1. 链接数量有没有标准

做多少个链接才算足够,这往往是一些网络营销人员比较关心的问题。不过,这个标准恐怕很难确定,链接的数量主要与网站所在领域的状况有关。一个专业性特别强的网站,内容相关或者有互补性的网站可能非常少,那么有可能做到的交换链接的数量自然也比较少。反之,大众型的网站可以选择的链接对象就要广泛得多。

一般来说,可以参考一下和自己内容和规模都差不多的网站,看看别人的情况,如果那些网站中你认为有必要做链接的网站都已经出现在自己的友情链接名单中,而且还有一些别人所没有的但又是有价值的合作网站,那么就应该认为是工作很有成效了。

2. 不同网站 Logo 的风格及下载速度

交换链接有图片和文字链接两种主要方式。如果采用图片链接(通常为网站的 Logo),由于各网站的标志千差万别,即使规格可以统一(多为 88*31 像素),但是图片的格式、色彩等与自己网站的风格很难协调,影响网站的整体视觉效果。如有些图标是动画格式,有些图标是静态图片,有些画面跳动速度很快。将大量的图片放置在一起往往给人眼花缭乱的感觉,对自己的网站也产生了不良影响。

另外,首页放置过多的图片会影响下载速度,尤其这些图片分别来自于不同的网站服务器时。

3. 回访友情链接伙伴的网站

同搜索引擎注册一样,交换链接一旦完成,也具有一定的相对稳定性,不过,还是需要做不定期检查,也就是回访友情链接伙伴的网站,看对方的网站是否正常运行,自己的网站是否被取消或出现错误链接,或者,因为对方网页改版、URL 指向转移等原因,是否会将自己的网址链接错误。因为由于交换链接通常出现在网站的首页上,错误的或者无效的链接对自己网站的质量有较大的负面影响。

4. 不要链接无关的网站

也许你会收到一些不相干的网站要求交换链接的信件,不要以为链接的网站数量越多越好,无关的链接对自己的网站没有什么正面效果。相反,大量无关的或者低水平网站的链接将降低那些高质量网站对你的信任,同时,访问者也会将你的网站视为素质低下或者不够专业,严重影响网站的声誉。

5. 无效的链接

谁也不喜欢自己的网站存在很多无效的链接,但是,实际上很多的网站都不同程度地存在这种问题。即使网站内部链接都没有问题，也很难保证链接到外部的也同样没有问题，因为链接网站也许经过改版、关闭等原因，原来的路径已经不再有效，而对于访问者来说，所有的问题都是网站的问题，他们并不去分析是否对方的网站已经关闭或者发生了其他问题。因此，每隔一定周期对网站链接进行系统性的检查是很必要的。

此外，新网站每天都在不断的诞生，交换链接的任务也就没有终了的时候，当然，在很多情况下，都是新网站主动提出合作的请求，对这些网站进行严格的考察，从中选择适合自己的网站，将合作伙伴的队伍不断壮大和丰富，对绝大多数网站来说都是一笔巨大的财富。

任务实施

通过各种广告的发布使用，获得了消费者的好评，并且在很大程度上促进了浏览者向实际购买者的转化。但是由于网站的知名度和访问量有限，公司的业务仍然没有完全拓展开，小王思考后决定在广告宣传基础上再接再厉，采用交换链接加大网站的宣传力度，吸引更多的顾客，主要有以下问题需要解决：

1．选择友情链接；

2．交换发布友情链接。

步骤1：选择友情链接

经过市场调查，小王收集了几家与本公司业务相关性、互补性比较强的网站，而且这些网站都拥有一定的访问量，然后小王就通过电子邮件和电话与这几家网站的网站管理员进行联系，请求将自己的网站作为链接伙伴。这几家网站主要有：

（1）支付宝 www.alipay.com；

（2）天极网 www.yesky.com；

（3）百度 www.baidu.com；

（4）口碑网 www.koubei.com。

步骤2：交换发布友情链接

选择好了目标网站，小王开始着手研究友情链接后台的使用，设置参数，发布链接。

（1）小王首先登录友情链接管理页面对"友情链接"和"我的友情链接"进行查看，并对目前的链接进行编辑、删除等管理。小王还尝试了按网站名称和网站地址进行检索，通过审核和未审核分别归类显示相应的链接内容，点击网站名称和操作修改，进入修改页面对关注网站修改。"友情链接"和"我的友情链接"管理页面参见图9-30和图9-31。

图 9-30　友情链接参数说明

图 9-31　我的友情链接参数说明

（2）熟悉了相关操作后，小王首先联系了天极网，登录天极网交换链接页面，填写了相关信息，递交了申请，并通过了天极网网站管理员的审批。当然，小王也在公司网站挂上了天极网的链接 Logo，实现了第一次友情链接。图 9-32 为天极网自助友情链接，图 9-33 为友情链接后台设置。

项目九 广告管理

图 9-32 天极网自助友情链接

设置友情链接时要用到的一些参数如下。

① 显示内容：在前台我的关注网站中显示文字。当连接方式为文字时，只显示文字。
② 连接地址：链接到本站的地址。
③ 链接图标：当连接方式为图片时，在前台我的关注网站中显示图标。
④ 图标尺寸：链接图标的大小。当连接方式为文字时，不用填写。
⑤ 是否显示：是否在前台中显示。

图 9-33 友情链接后台设置

（3）通过与天极网的链接交换，提升了公司网站的人气和名气，小王又一口气与百度、支付宝、网银在线、口碑网等完成了友情链接，迅速地将公司网站以近乎零成本的方式推广了出去，使更多的顾客知道了公司网站的存在，提升了销售业绩。友情链接前台展示参见图 9-34。

图9-34 友情链接前台展示

> 如何进行网站链接交换？
> 有很多网站都会在网站内准备一个交换链接的页面，上面写上自己希望交换链接对象的要求，如这种http://laptopsbattery.us/link.htm，该站长要求：The page that you place reciprocal link on MUST be Indexed by Google, regardless of PageRank. Have no more than 50 links on it already and It is visible, we don't accept hidden links.这就是一个典型的交换链接页面。
> 你可以一个一个地去喜欢的网站，联系他们的站长，寻求交换友情链接。去论坛等站长聚集的地方，发布信息交换链接。

知识回顾

网站建设完成、商品发布成功只是完成了基本工作，如果想获取更多的利润，就得想尽办法加大对网站的推广和商品的宣传，作为最有效也是成本最低营销手段的网络广告正是网站推广和产品宣传的利器。

本项目采用贴近企业实际工作情景的方式系统地介绍了站内广告管理平台的使用、网络广告的发布和友情链接的交换等知识点。

拓展训练

1. 比较网站广告系统提供的几种广告发布形式的异同。
2. 结合本项目所介绍的内容利用乐度网店系统完成自己网上商城所需广告的发布和管理。
3. 结合本项目所介绍的内容利用乐度网店系统完成与自己运作网上商城有着极强相关性的其他公司网站的友情链接。

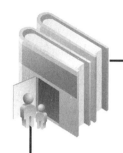

项目十
订单管理

 项目引入

今天一上班,小王就打开电脑迅速地浏览了一下公司网站,发现网站留言系统有很多关于消费者对商品购买的抱怨,主要体现为商品订单处理时间太长,下订单到收到货物时间较长。这个时候正好经理过来让小王统计一下上个月度的销售情况和网站访问情况方面的资料,周四市场部开会时要用。

小王接到经理的任务后不敢怠慢,结合刚才看到的消费者的意见,考虑着手问题的解决和经理分配任务的完成。

 项目分析

网站运营逐步步入正轨,利用网站公司向消费者充分地展示所要销售的商品和服务。消费者通过公司网站可以方便地在线查询商品或服务的信息,消费者有了购买意向可以直接通过网站系统选择订购产品,填写联系资料,向公司发送订单。而公司可以通过网站的订单管理系统处理客户的订单。

电子商务网站运营与管理

订单管理是小王公司网站后台管理系统重要的功能之一，也是网站销售业务能够正常运营的基础。由于公司网站采用的乐度网店系统管理后台，后台的订单管理功能包括订单处理、订单查询、销售统计等，正好可以解决经理分配的任务和客户提出的问题，完成本次任务。

项目分解

为完成以上工作，可以把本项工作分解成以下三个工作任务：
任务一：订单处理；
任务二：销售数据分析；
任务三：访问统计。

任务一 订 单 处 理

相关知识

一、订单

订单是客户通知商家在该站点所购买的商品及送货地址的媒介，也是商家获取客户订购货物信息的媒介。订单要表达的信息有客户、日期、订购的商品和数量、总额、支付方式、送货方式等。

二、订单处理作用

订单管理是客户关系管理的有效延伸，能更好地把个性化、差异化服务有机地融入客户管理中去，能推动经济效益和客户满意度的提升。你绝对不想让那些已经决定在你的网站上购买产品或服务的客户因为一个错误百出的订单处理过程而改弦更张，他们不仅可能放弃购买的想法，而且还可能不再踏入你的网站。通过提高订单处理效率可以降低成本，包括降低库存和库房开支，同时还能保持满货率并降低销售交易的实际成本。

三、订单处理核心环节

订单处理流程主要包括以下五个环节。

(1) 用户下单。

用户下单的环节是指前台顾客即会员浏览商城网站进行商品的挑选并提交订单。系统提供在一定的时间范围内即在会员订单提交至后台管理员还未对订单进行确认操作这段时间内，允许会员自行修改、取消自己的订单。

(2) 确认订单。

会员订单提交到商城系统后，商城系统管理员对订单的数据信息进行确认，确认的方式通过电话联系会员等方式进行。确认的内容主要包括会员填写的收获地址是否真实有效、商品配送相关情况。系统提供管理员对订单进行确认有效与无效的操作处理，无效的订单管理员可以直接取消。会员订单如果已经进行确认，将不能再进行修改。

(3) 分配订单。

订单进行确认有效后，商城管理员将分配订单到物流配送部门或人员进行备货、出货的处理。订单的配送是通过线下进行的。商城管理员根据线下的配送情况修改商城网上订单的配送状态进行标识。

(4) 订单收款。

订单的收款环节主要是根据货到付款、款到发货两种类型进行处理。

收款的情况一般是通过财务人员对确认有效的订单进行货款情况确认。如果是货到付款的订单，财务人员将根据配送人员的反馈进行修改订单的收款状态。如果是款到发货的订单，财务人员可以通过邮局的汇款情况、银行账号到账情况进行确认订单的收款状态。

订单收款的环节在整个订单处理流程中是一个独立的环节，它不依赖于其他的任何环节，只要是确认有效的订单，财务人员即可对其收款情况进行跟踪处理。

(5) 发运订单。

发运订单就是真正的配送订单过程。系统提供商城管理员进行网上会员订单出货情况的标识修改，在商城系统可以将订单的处理过程视为完成阶段。

四、实时订单处理主要考虑的两个问题

(1) 从客户的角度，需要及时知道自己的订单的状态。如该订单是否提交成功，订购的商品或产品有哪些，什么时候订购的，订单的状态等。

(2) 从网站或网店管理的角度，需要知道目前订单的状态，如哪些订单没有处理，哪些订单已经收到货款，哪些订单应该发货等。及时进行订单处理和归档，并按不同的时间周期统计网站或网店商品的销售情况等。

为了实现网站或网店的日常交易活动，网站管理人员或维护人员需要通过网站管理后

台查看订单、处理订单或进行订单单据的打印,主要有以下问题需要解决:

1. 查看订单;
2. 处理订单;
3. 打印单据。

步骤1:查看订单

小王登录管理后台,首先打开订单列表,查看了目前的订单,借以了解网店的经营、改进经营的技巧,进而管理订单。另外,小王发现通过顶部六个快捷按钮也可以直接进入此页查看。若有新的订单,后台首页在"需要及时处理的事务"中提示新的订单,直接点击进入此页面进行查看。如图10-1所示,订单列表顶部提示订单列表总数、未处理的订单数目、已收款的订单数目、已发货的订单数目、已完成的订单数目和已取消的订单数目。订单列表显示所有订单的订单号、顾客账号、下单日期、订单总金额、支付方式、订货人、订单状态等,可以进行支付方式检索,或按订单号、订购人、订单提交日期等进行模糊搜索(参见图10-2)。

图10-1　乐度网店系统管理后台订单列表页面

图10-2　乐度网店系统管理后台订单列表搜索功能

步骤2:处理订单

完成了订单的查看,小王着手进行订单的处理。小王知道订单和订单中的商品都有五种状态,即未处理、已收款、已发货、已完成、取消订单,可以在订单列表快速便捷地修改订单状态(双击提示状态)。点击订单列表上的每一个订单号,均可以进入该订单的详细资料页面,而此页面是记录顾客订单详细资料,包括商品信息、优惠信息、订单可选、订货人信息、收货人信息等,并可对其进行订单流程操作。也可以直接在底部使用"删除订单"按钮删除订单。

于是小王直接点击订单名称,进入订单详细页面,对为处理订单的订单状态进行修改(参见图10-3)。

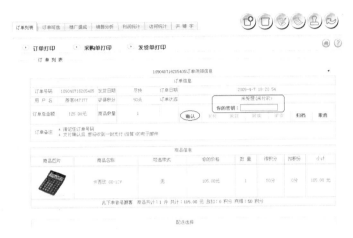

图 10-3　乐度网店系统管理后台订单详细信息页面

步骤3:打印单据

订单处理完毕,小王知道乐度网店系统还可以根据订单资料自动生成订单、发货单、采购单。这些单据可以直接打印出来,并可对单据的打印样式进行在线可视化的编辑,为订单的处理流程提供便利。订单打印分为三种:订单打印设置、发货单打印设置和采购单打印设置。于是小王从订单详细信息页面进入打印页面,在底部点击打印完成了在线打印订单信息(参见图10-4和图10-5)。

图 10-4　乐度网店系统管理后台通过订单详细信息页面进行单据打印

		订单打印						
订单号：109040718205405		下单时间：2009-4-7 18:20:54				当前订单状态：未处理（未支付）		
			商品信息					
商品图片	商品名称	商品编号	主分类	其它信息	销售价	要买数量	发货量	小计
	卡西欧 GX-12V	DL85912	计算器	无	105.00	1		105.00
							共计：1件，105.00元	
用户留言：								
支付方式								
配送地区	潍坊							
配送方式	物流货运（当购买金额达到300.00元可免此运费）基本费用：10.00元 配送费用：0.00元 配送周期：1-2天天 总费用：10.00元							
包装选择	礼品包装：10.00元（达到500.00元将免此包装费）							
是否发票	不需要发票							
送货时间	尽快							

订货人资料		收货人资料	
订货人名字	刘茜茜	收货人名字	刘茜茜
订货人地址	山东省青州市文化路6号	收货人地址	山东省青州市文化路6号
订货人邮政编码	262311	收货人邮政编码	262311
订货人手机	13567890987	收货人手机	13567890987
订货人电话	0536-6543456	收货人电话	0536-6543456
订货人Email	liuxixi@qq.com	收货人E-Mail	liuxixi@qq.com

图 10-5　乐度网店系统管理后台发货单打印页面

任务二　销售数据分析

如果一个网站或网店只有销售而没有统计报表和分析，可以想象这样的网站或网店很难正常运营或持续运营。网站建成后，随时对网站的经营情况、销售情况进行分析评估，并根据分析评估的结果调整经营战略和营销手段是经营一个网站所必须采取的策略。销售数据分析是改善企业营销方式、为企业的决策提供量化的依据，同时使网站的改进和更新更有针对性。

数据分析能力是经营人员必须具备的基本功之一。通过对销售数据细致而系统的分析，不仅能够帮助他们更准确地了解经营状况，而且也可以深入地归纳出市场运作规律或发展趋势。

1. 有助于正确、快速地做出市场决策

网络销售有着流行趋势变化快、销售时段相对较短的特点。在营销的过程中，只有及时掌握了销售及市场顾客需求情况及其变化规律，才能根据消费者对营销方案的反应迅速调整产品组合及库存能力，调整产品价格能力，改变促销策略，抓住商机，提高商品周转速度，减少商品积压。

2. 有助于及时了解营销计划的执行结果

详细全面的销售计划是网站经营成功的保证，而对销售计划执行结果的分析是调整销售计划,确保销售计划顺利实现的重要措施。通过对销售数据的分析,可及时反映销售计划完成的情况,有助于分析销售过程中存在的问题,为提高销售业绩及服务水平提供依据和对策。

3．有助于提高网站营销系统运行的效率

营销经营过程中的每一个环节都是通过数据的管理和交流而融为一体的,缺少数据管理和交流往往会出现经营失控,如货品丢失等,更会导致交流信息的不准确性和货品信息、管理信息的闭塞与货品调配的凝滞。

本次任务的目标是通过销售数据分析,监控并反馈网站的销售情况,让管理者和决策者更了解客户的动作及网站或网店商品或产品的互动情况,以增加客户忠诚度与企业的商业利益,主要有以下问题需要解决:

1．商品销售分析;
2．会员销售排行;
3．商品访问排行;
4．商品类型分析;
5．会员登录排行;
6．支付方式分析。

步骤1:商品销售分析

完成了对订单的处理,小王着手销售数据的分析,登录商品销售分析页面,通过目前商品销售排行列表的排名、商品名称、点击次数、购买次数、库存量等信息参数,小王分析出哪些商品比较好卖,哪些商品比较热门,哪些商品库存不足。小王在此基础上还按日期查询某一个时间范围内的分析数据,并进行了无效数据删除等操作(参见图10-6)。

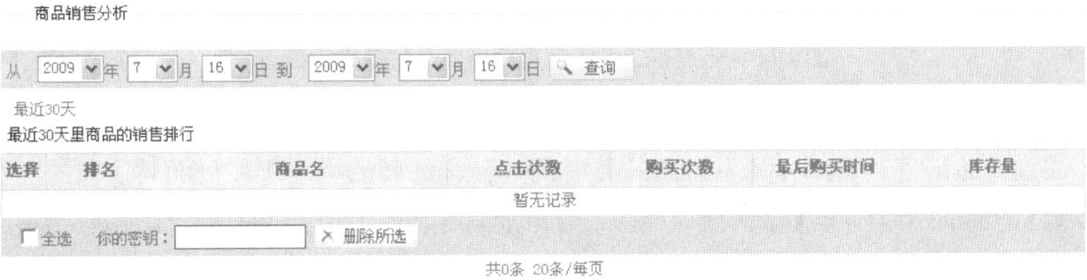

图10-6 乐度网店系统管理后台商品销售分析页面

步骤2：会员销售排行

接着小王通过会员销售排行列表的排名、会员名称、注册时间、购买次数、购买总金额等信息参数，分析出哪个会员的购买力比较强，哪个会员对本网店的关注性比较强等（参见图10-7）。

图10-7 乐度网店系统管理后台会员销售排行页面

步骤3：商品访问排行

通过商品访问排行列表的排名、商品名称、商品类型、成本价、市场价、本站价、最后访问时间、库存量、购买次数（所在行的商品被购买的次数）、访问次数（多少人查看过这个商品）等信息参数，小王分析出哪些商品比较热卖，哪些类别的商品比较好卖，哪些商品比较受欢迎，哪些商品库存不足等，还按日期进行查询、删除等操作（参见图10-8）。

图10-8 乐度网店系统管理后台商品访问排行页面

步骤4：商品类型分析

通过商品销售类型排行列表的商品类型、访问次数（商品类型所在页面被访问的次数）、销售数量（商品类型下的商品销售数量）、销售金额等信息参数，小王分析出哪些类别的商品比较热卖，哪些类别的商品比较受欢迎，哪些类别的商品销售量最大，还按日期进行查询、删除等操作（参见图10-9）。

项目十 订单管理

图 10-9　乐度网店系管理后台商品类型分析页面

步骤 5：会员登录排行

通过会员登录排行列表的排名、会员账号、会员真名、会员等级、账号状态、注册时间、预存款（会员在网站中的预存金额）、积分、下单次数（下过的订单数目）、成交次数（为订单付款的次数，成交次数小于等于下单次数）、成交金额、最后登入时间、登入次数等信息参数，小王分析出哪些会员比较经常登录，哪些会员的成交量比较高，哪些会员下单次数比较多等，还按日期进行了查询、删除等操作（参见图10-10）。

图 10-10　乐度网店系统管理后台会员登录排行页面

步骤 6：支付方式分析

小王通过支付方式排行列表的支付方式、全部次数（所有用户使用所在行支付方式的次数）、已确定次数（确认收到款项的次数）、全部金额（所有用户使用所在行支付方式支付的金额数目）、已确定的金额（确认收到款项的金额）、等信息参数，分析出哪些支付方式比较受欢迎，哪些支付方式成交金额比较大等，还按日期进行了查询、删除等操作（参见图 10-11）。

图 10-11　乐度网店系统管理后台支付方式分析页面

任务三 访问统计

 **相关知识**

一、访问统计分析的作用

在网络营销评价方法中,网站访问统计分析是重要的方法之一。通过网站访问统计报告不仅可以了解网络营销所取得的效果,而且可以从统计数字中发现许多有说服力的问题。网站访问统计分析无论对于某项具体的网络营销活动还是总体效果都有参考价值,也是网络营销评价体系中最具有说服力的量化指标。

归纳起来,网站访问统计分析的作用主要表现在以下几个方面:

(1)及时掌握网站推广的效果,减少盲目性;

(2)分析各种网络营销手段的效果,为制定和修正网络营销策略提供依据;

(3)通过网站访问数据分析进行网络营销诊断,包括对各项网站推广活动的效果分析、网站优化状况诊断等;

(4)了解用户访问网站的行为,为更好地满足用户需求提供支持;

(5)作为网络营销效果评价的参考指标。

二、访问统计分析的主要统计指标

网站访问统计分析的基础是获取网站流量的基本数据,这些数据大致可以分为网站流量统计指标、用户行为指标、用户浏览网站的方式相关统计指标三类,每类包含若干数量的统计指标。

1. 网站流量统计指标

网站流量统计指标常用来对网站效果进行评价,主要包括:

(1)独立访问者数量(Unique Visitors);

(2)重复访问者数量(Repeat Visitors);

(3)页面浏览数(Page Views);

(4)每个访问者的页面浏览数(Page Views per user);

(5)某些具体文件/页面的统计指标,如页面显示次数、文件下载次数等。

2. 用户行为指标

用户行为指标主要反映用户是如何来到网站的,在网站上停留了多长的时间,访问了哪些页面等，主要包括：

（1）用户在网站的停留时间；

（2）用户来源网站（也叫"引导网站"）；

（3）用户所使用的搜索引擎及其关键词；

（4）在不同时段的用户访问量情况等。

3．用户浏览网站的方式相关统计指标

用户浏览网站的方式相关统计指标主要包括：

（1）用户上网设备类型；

（2）用户浏览器的名称和版本；

（3）访问者电脑分辨率显示模式；

（4）用户所使用的操作系统名称和版本；

（5）用户所在地理区域分布状况等。

任务实施

本次任务是通过网站管理后台的访问统计功能，随时了解网站乃至任意页面的流量动向和受欢迎程度，并以此做出相关调整策略，以更加利于网店的运营与管理，主要有以下问题需要解决：

1．统计概况；

2．分时统计；

3．内容统计；

4．来源统计；

5．机器配置统计；

6．搜索引擎统计；

7．IP统计；

8．统计设置。

步骤1：查看统计概况

进入系统后台的订单管理下的访问统计页面，我们可以看到网站的统计概况（参见图10-12）。统计概况统计三个方面的内容：

（1）总体情况，即当前网站状态及在线人数等。

（2）网站访问量的统计信息，反应了网站的受访情况，统计今日和昨日两天的网站受访问情况或浏览量、本月的访问情况、总计访问量和浏览量。

（3）访问页面统计，通过记录某一个页面的访问情况，可以更好地调节网站，以消费者为中心，更好地体现网站的特色。

图 10-12　乐度网店系统管理后台综合统计页面

步骤 2：分时统计

分时统计分别以小时统计、每日统计、每周统计、每月统计及每年统计情况统计，以进度条的形式标识。图 10-13 为分时统计中的每日统计页面。

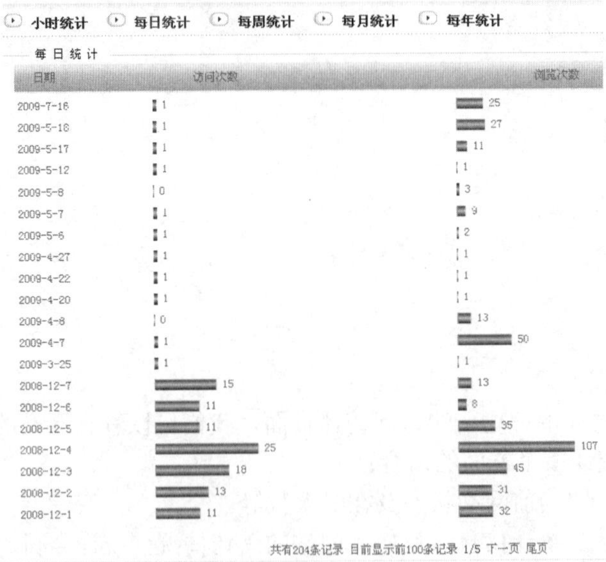

图 10-13　乐度网店系统管理后台每日统计页面

步骤 3：内容统计

以进度条表示内容被访问的次数。

步骤 4：来源统计

来源统计即浏览者从哪里链接到这个页面，以进度条形式显示数目。分别以来源地址、来源站点和来源地区统计。图 10-14 为来源统计中的来源地址页面。

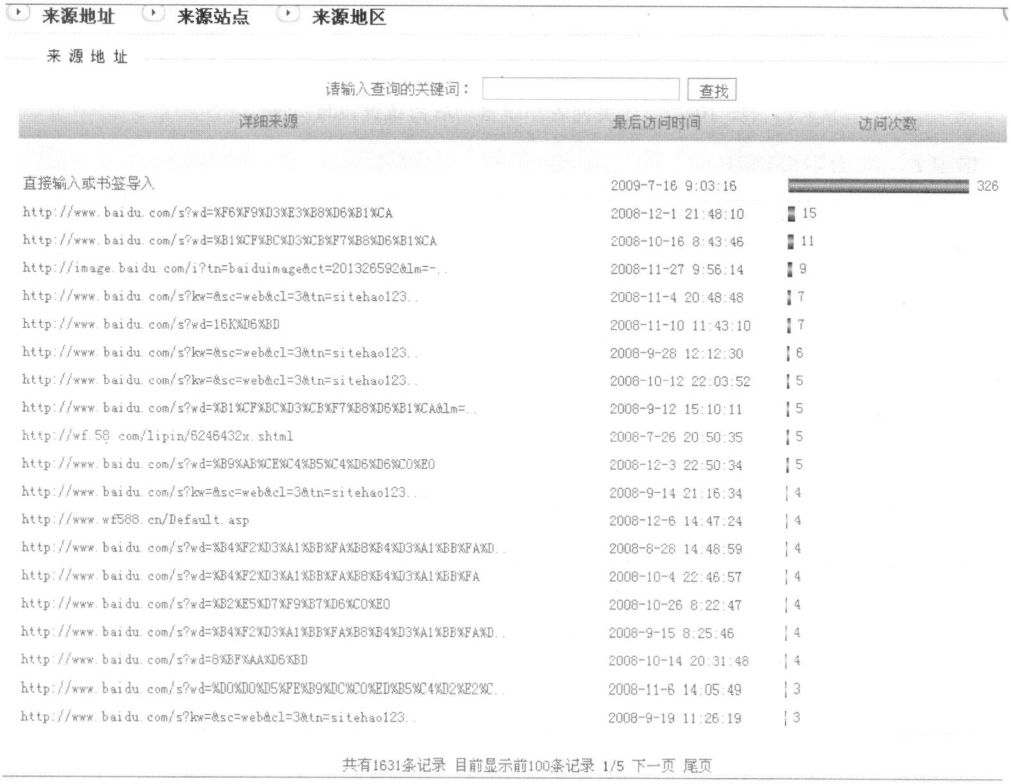

来源地址 来源站点 来源地区

来 源 地 址

请输入查询的关键词： 查找

详细来源	最后访问时间	访问次数
直接输入或书签导入	2009-7-16 9:03:16	326
http://www.baidu.com/s?wd=%F6%F9%D3%E3%B8%D6%B1%CA	2008-12-1 21:48:10	15
http://www.baidu.com/s?wd=%B1%CF%BC%D3%CB%F7%B8%D6%B1%CA	2008-10-16 8:43:46	11
http://image.baidu.com/i?tn=baiduimage&ct=201326592&lm=-..	2008-11-27 9:56:14	9
http://www.baidu.com/s?kw=&sc=web&cl=3&tn=sitehao123..	2008-11-4 20:48:48	7
http://www.baidu.com/s?wd=16K%D6%BD	2008-11-10 11:43:10	7
http://www.baidu.com/s?kw=&sc=web&cl=3&tn=sitehao123..	2008-9-28 12:12:30	6
http://www.baidu.com/s?kw=&sc=web&cl=3&tn=sitehao123..	2008-10-12 22:03:52	5
http://www.baidu.com/s?wd=%B1%CF%BC%D3%CB%F7%B8%D6%B1%CA&lm=..	2008-9-12 15:10:11	5
http://wf.58.com/lipin/6246432x.shtml	2008-7-26 20:50:35	5
http://www.baidu.com/s?wd=%B9%AB%CE%C4%B5%C4%D6%D6%C0%E0	2008-12-3 22:50:34	5
http://www.baidu.com/s?kw=&sc=web&cl=3&tn=sitehao123..	2008-9-14 21:16:34	4
http://www.wf588.cn/Default.asp	2008-12-6 14:47:24	4
http://www.baidu.com/s?wd=%B4%F2%D3%A1%BB%FA%B8%B4%D3%A1%BB%FA%D..	2008-8-28 14:48:59	4
http://www.baidu.com/s?wd=%B4%F2%D3%A1%BB%FA%B8%B4%D3%A1%BB%FA	2008-10-4 22:46:57	4
http://www.baidu.com/s?wd=%B2%E5%D7%F9%B7%D6%C0%E0	2008-10-26 8:22:47	4
http://www.baidu.com/s?wd=%B4%F2%D3%A1%BB%FA%B8%B4%D3%A1%BB%FA%D..	2008-9-15 8:25:46	4
http://www.baidu.com/s?wd=8%BF%AA%D6%BD	2008-10-14 20:31:48	4
http://www.baidu.com/s?wd=%D0%D0%D5%FE%B9%DC%C0%ED%B5%C4%D2%E2%C..	2008-11-6 14:05:49	3
http://www.baidu.com/s?kw=&sc=web&cl=3&tn=sitehao123..	2008-9-19 11:26:19	3

共有1631条记录 目前显示前100条记录 1/5 下一页 尾页

图 10-14 乐度网店系统管理后台来源地址页面

步骤 5：机器配置统计

进行机器配置统计时要用到的一些参数如下。

（1）操作系统：对浏览者浏览网店所使用的操作系统进行统计。

（2）屏幕宽度：对浏览者浏览网店所使用的屏幕分辨率进行统计。

（3）浏览器类型：对浏览者浏览网店所使用的浏览器类型进行统计。

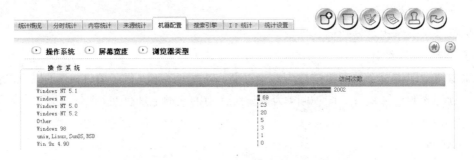

图 10-15　乐度网店系统管理后台统计设置页面

步骤 6：搜索引擎统计

统计通过搜索引擎链接到本站的数据（参见图 10-16）。

图 10-16　乐度网店系统管理后台统计设置页面

搜索引擎统计时可按以下四种方式进行。

（1）按来源地址：由搜索引擎搜索结果中点击进入本站地址。

（2）按来源站点：搜索引擎站点。

（3）关键字统计：用户搜索引擎使用的关键字。

（4）来源站点统计：来自同一个站点点击的链接数目。

步骤 7：IP 统计

统计访问网站或网店的浏览者的 IP 地址信息。按浏览者 IP 地址的区段划分显示（参见图 10-17）。

IP 统计时可按以下四种方式进行。

（1）访客 IP 统计：显示浏览者的 IP 地址。

（2）IP 三段统计：只显示前三段不同的 IP 地址。

（3）IP 二段统计：只显示前两段不同的 IP 地址。

（4）IP 首段统计：只显示第一段不同的 IP 地址。

步骤 8：统计设置

对访问统计进行相应的配置，可以通过开始重新统计，把统计信息清零，对数据库进

项目十　订单管理

行压缩，减小数据库的空间占有量等（参见图10-18）。

图10-17　乐度网店系统管理后台统计设置页面

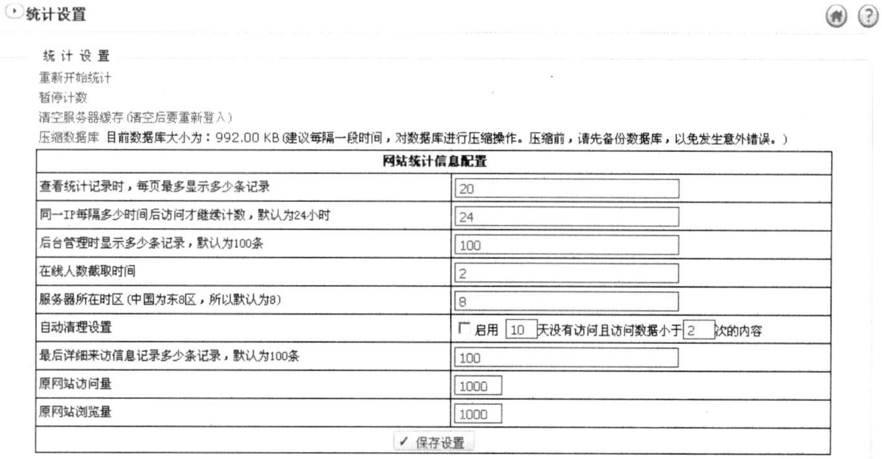

图10-18　乐度网店系统管理后台统计设置页面

电子商务网站运营与管理

通过前面的操作，小王基本上已经对这一部分内容非常熟悉了，根据网站运营情况，结合实际情况需要小王顺利地完成访问概况、分时、内容、来源、机器配置、搜索引擎、IP 统计，获得了公司网站被访问的相关数据资料，并对统计设置进行了有针对性地修改。

 知识回顾

订单管理是电子商务网站或网店管理后台的重要部分和功能，是完成网上交易过程的重要环节。客户可以在前台通过输入订单号等进行订单查询，在订单页面看到自己所购商品的名称、数量、价格等信息；商家在网站管理后台查看订单状态，处理订单，并根据订单提供的商品信息、货款支付方式、送货方式等信息进行物流配送，完成网上交易过程。

电子商务网站或网店必须通过分析销售数据和访问统计数据改善或维持其运营，促进交易、实现赢利。

本项目采用贴近网店实际工作情景的方式系统地介绍了电子商务网站或网店订单管理的内容。主要有订单处理、销售数据分析、访问统计等。

任何可以改善网站或网店经营、提高工作效率或减少网站或网店运营成本的方法都可以纳入电子商务的工作范畴。然后分析、讨论方法的可行性，对可行的方法进行优化，最后通过技术得以实现。

 拓展训练

1. 试说明电子商务网站销售系统的业务流程。
2. 举例说明电子商务网站数据分析的内容和重要性。
3. 对于网店或网站的订单管理，读者还有什么好的建议？
4. 结合本项目所介绍的内容，利用乐度网店系统完成自己网上商城订单的处理。
5. 结合本项目所介绍的内容，利用乐度网店系统完成自己网上商城销售数据的分析。
6. 结合本项目所介绍的内容，利用乐度网店系统完成自己网上商城的访问统计。

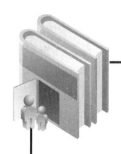

项目十一

会员管理

 项目引入

小王在完成了网站上传和基本设置后,为了更好地管理网站,他需要对网站的会员进行管理。网站的会员管理主要有:在线进行注册会员测试、会员级别调整和管理。会员的管理可以分成五类:普通会员、高级会员、铜牌会员、银牌会员和批发商。每个级别的会员享受不同的优惠折扣。需要设定手动实现会员的积分升级、升级调整规则。

为了跟客户实现沟通,小王想到可以在系统中以发邮件方式实现。他还了解到乐度网店系统提供了在线为客户充值实现充值在线购买的功能。为了及时解决客户注册问题,他撰写了会员注册条款把一些注意事项和说明进行阐述。

 项目分析

完成会员管理项目首要是设定用户注册条款,注册条款通常由专业律师完成,主要内容有用户资格的审定、交易说明、商品说明、个人隐私保护的声明、售后服务、免责的说明、纠纷的处理等信息。具体可参照同类其他网站进行定制。

修改完注册条款，还需要进行会员级别设置。公司在原有客户管理中将自己的客户资源进行分类，如普通会员、高级会员等，每个分类级别享有不同的折扣和优惠待遇。如普通会员折扣为98折、高级会员折扣为96折、批发商折扣为85折。因为电子商务系统是公司原有销售过程的拓展，因此会员设置要与公司原有管理体制配套。

基础条件做好之后，我们可以进行会员注册测试工作。注册为2个或3个默认级别会员，在后台查看会员，为会员充值，调整会员级别。调整后会员前台购物测试，测试功能实现情况。

为完成以上工作，可以把本项工作分解成以下五个工作任务：

任务一：会员注册测试；

任务二：会员后台管理；

任务三：会员短信；

任务四：会员充值；

任务五：会员级别管理。

任务一　会员注册测试

相关知识

会员是电子商务网站的重要资源。凡是访问本站并注册为会员的访客是网站销售的潜在对象。会员注册一般是在首页点击注册按钮同意注册条款，输入相应注册资料完成即可。也有部分网站需要进行验证信息才能通过注册。

任务实施

本次任务的目标是进行前台会员注册测试，并了解注册流程及注册条款，主要有以下

项目十一 会员管理

问题需要解决：

1．进行会员注册；
2．了解注册流程。

步骤1：点击首页会员登录链接即可进入会员登录窗口。如果已经是会员，我们可以登录到会员界面；如果不是会员，则需要注册会员（以备再次访问本站）（参见图11-1）。

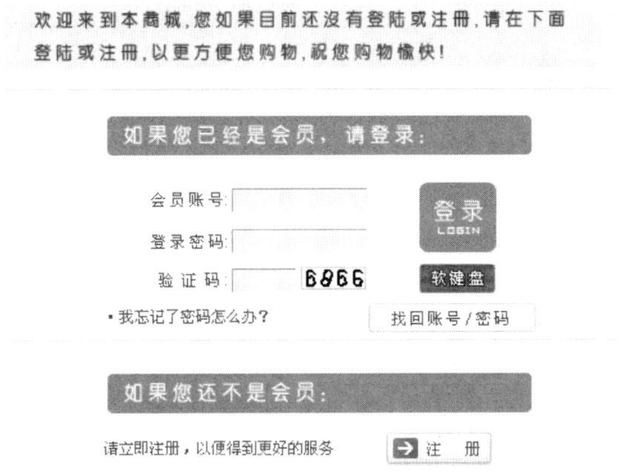

图11-1　会员登录界面

步骤2：在图11-2中点击同意注册条款

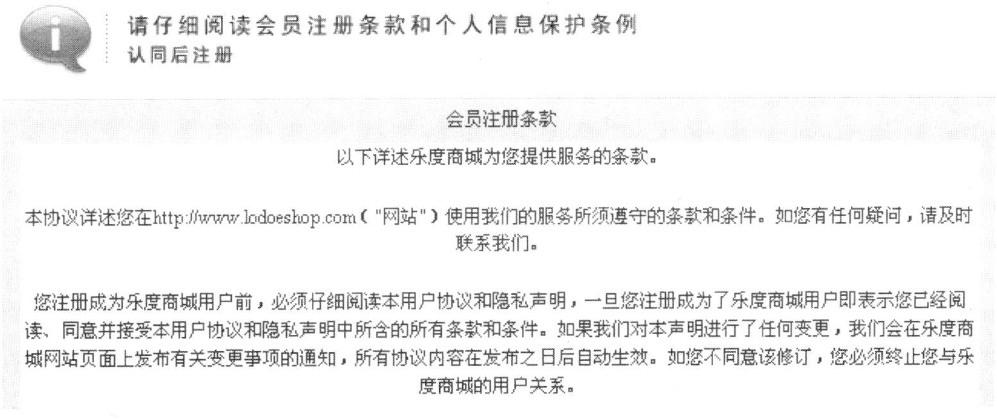

图11-2　注册会员条款

步骤3：填写会员注册资料，点击提交。注册资料填写中需要注意输入框中的提示信息，如用户名、密码、身份证的正确性等。如果提交正确，即可注册成功。

步骤 4：我们在网站前台登录，即可看到会员注册的相关信息，表示会员注册测试成功（参见图 11-3）。此时在系统设置（后台网站设置）中设置注册会员级别为普通会员（默认级别）。关于如何设置默认注册会员级别在后续项目中讲解。

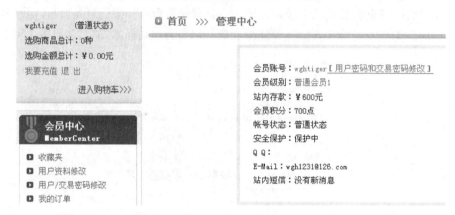

图 11-3　进入会员中心

步骤 5：查看会员中心功能

图 11-4　会员中心功能

如图 11-4 所示，会员中心主要功能有：收藏夹、用户资料修改、用户密码修改、我的订单、在线充值、预付款记录、购物券记录、在线充值记录、积分记录、我的短信、更多收货人地址、汇款确认、用户升级中心、销售提成、价格列表、退出。

（1）收藏夹：存放会员在网站浏览中收藏的商品信息。

（2）用户资料修改：用户可以修改个人信息，如通信地址、联系方式等。

（3）用户密码修改：用户可以修改会员登录密码和交易密码。

（4）我的订单：会员可以浏览到所有历史交易订单信息和新订单的处理状态。

（5）在线充值：是面向站内预支付方式的在线充值方式，支持网上银行和购物券的方式。

（6）预付款记录：站内预支付方式的在线充值的卡号、金额等信息。

（7）购物券记录：站内使用购物券的记录，如卡号、使用时间、余额等信息。

（8）在线充值记录：站内预支付方式的在线充值记录。

（9）积分记录：购物赠送积分的相关记录，往往配合促销活动或会员级别调整用。

（10）我的短信：由管理员或其他成员之间信息交流的管理，包括发信息、收信息和管理信息。

（11）更多收货人地址：管理收货的地址信息，可以添加和删除操作。

（12）汇款确认：会员在付款后及时填写汇款确认信息，以便管理员及时查账并处理订单；配合线下汇款支付方式使用。

（13）用户升级中心：会员可以看到会员级别和晋级条件，可在线充值调整级别。

（14）销售提成：会员可以看到购物的提成。

（15）价格列表：会员可看到在本级别条件下，所有商品的价格，并实现快速订购。

（16）退出：退出登录。

步骤 6：通过价格列表实现快速订购商品

会员中心进入价格列表，根据条件进行查询，即可看到图 11-5。

图 11-5 商品列表快速订购

任务二　会员后台管理

相关知识

在网站会员管理中为适应不同客户细分群体，会按照级别进行分级管理，如普通会员、高级会员、VIP 会员等。会员级别可按照需要进行设置和调整。

会员管理主要有设置会员注册协议，会员信息查看、修改，分类查找、修改，对会员进行批量修改。会员调整的基本条件、会员享受的权利、应尽的义务等，在购物类网站主要体现在享受商品折扣和参与促销活动等。

任务实施

本次任务的目标是进行会员后台管理，主要有以下问题需要解决：
1. 会员注册协议设置；
2. 查阅会员列表；
3. 会员搜索；
4. 会员级别调整；
5. 查看会员信息；
6. 会员级别调整。

步骤 1：会员注册协议设置

会员注册协议是网站与会员的权利和义务关系的约束和规范。我们以得乐办公用品网注册协议为例。

【案例 11-1】

得乐办公用品网为您提供服务的条款

本协议详述您在 http://www.wf588.cn/（"潍坊得乐办公用品网"）使用我们的服务所须遵守的条款和条件。如您有任何疑问，请及时联系我们。

您注册成为得乐办公用品网用户前，必须仔细阅读本用户协议和隐私声明，一旦您注册成为得乐办公用品网用户即表示您已经阅读、同意并接受本用户协议和隐私声明中所含的所有条款和条件。如果我们对本声明进行了任何变更，我们会在得乐办公用品网网站页面上发布有关变更事项的通知,所有协议内容在发布之日后自动生效。如您不同意该修订,您必须终止您与得乐办公用品网的用户关系。

一、用户注册

1. 用户资格

得乐办公用品网用户必须是适用法律下能够签订具有法律约束力的合同的个人。在不限制前述规定的前提下,我们的服务不向18周岁以下或被临时或无限期中止的得乐办公用品网用户提供。如您不合资格,请不要使用我们的服务。您的得乐办公用品网账户不得向其他方转让或出售。得乐办公用品网保留根据其意愿中止或终止您的账户的权利。

2. 资料填写

为确保交易的正常进行,用户必须向得乐办公用品网提供真实、有效的个人资料,如个人资料有任何变动,必须及时通知得乐办公用品网更新。得乐办公用品网用户同意接收来自得乐办公用品网或者得乐办公用品网合作伙伴发出的邮件、信息。

二、隐私

得乐办公用品网设有适用于所有用户并纳入用户协议的隐私声明。您应当在注册时阅读并接受隐私声明以使用得乐办公用品网网站,且您在作为得乐办公用品网用户期间将继续受其规定(及得乐办公用品网对隐私声明做出的任何修订)的约束。

1. 个人数据资料。包括个人识别资料:如姓名、性别、年龄、出生日期、身份证号码(或护照号码)、电话、通信地址、住址、电子邮件地址等情况;个人背景:职业、教育程度、收入状况、婚姻、家庭状况。在未经您同意及确认之前,得乐办公用品网不会将您的资料用于其他目的。

……

三、交易

用户在得乐办公用品网进行物品购买时必须遵守以下条款:

1. 您应就您使用得乐办公用品网的服务及对物品购买遵守所有适用的中国法律、法规、条例和地方性法律要求。您还必须确保您遵守本用户协议和隐私声明及纳入上述文件的所有其他条款和规则的所有规定。

……

四、物品质量与售后服务

1. 物品的质量,有国家标准或专业标准的,按国家标准或专业标准执行;无前述标准的,按生产厂的企业标准执行;无生产厂企业标准的,由用户与得乐办公用品网协商确定。如果物品质量不符合标准,用户可以要求换货或退货。

……

得乐办公用品网更详细的服务条款见会员注册页面信息。会员注册协议没有固定标准,一般包括会员注册地条件、享受的服务和权利、会员应尽的义务；会员信息的隐私保护、商品交易安全、知识产权声明和纠纷调解声明等信息；我们可以根据同行业网站会员注册协议或咨询公司律师共同制定该协议。

步骤2：查阅会员列表

前台注册会员后，我们可以登录后台（有管理权限的管理员登录），点击菜单栏会员管理，首页中即会出现会员列表参见图11-6。

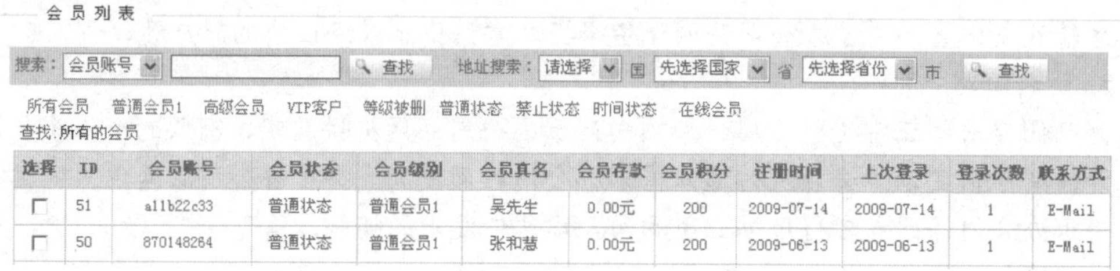

图11-6 会员管理

步骤3：会员搜索

会员列表中通过三种方式查找某一会员信息：会员账号、会员真名、会员地址。也可按照会员地址查找，通过地址搜索栏直接选择某一个国家→省份→城市，查找会员的信息（参见图11-7）。

图11-7 会员搜索

步骤4：按会员等级显示

在会员列表搜索会员栏下方按会员级别及账号使用状态来归类会员账号。分别按所有会员、普通会员、高级会员、VIP贵宾、一级代理、高级代理、等级被删、普通状态、禁止状态、时间状态、在线会员来查询结果。可以通过添加会员等级来详细归类会员账号以方便管理。会员等级设置将在本节后续内容讲解。

步骤5：查看会员信息

列出网站会员的账号及信息。通过点击账号查看账号详细信息及修改密码页面（参见图11-8）。管理员可在此对信息进行维护操作。

步骤6：会员级别调整

我们通过左侧选择栏，可以单选或多选会员，进行批量修改（参见图11-9）。

项目十一　会员管理

图 11-8　查看会员详细信息

图 11-9　会员批量修改按钮

在图 11-9 中，我们可以通过按钮删除所选内容、进行批量充值、修改会员状态、修改会员级别、调整会员级别等。

任务三 会员短信

相关知识

在网站管理者和会员信息传递主要采用站内短信、电子邮件和在线沟通工具（如 QQ、MSN）等方式完成。在乐度网店系统中内嵌了站内外短信模块，我们可以方便地实现站内外信息沟通和交流。

站内信息主要包括站内交流、求助、缺货统计、汇款确认、通知等类型。

任务实施

本次任务的目标是进行会员后台管理，主要有以下问题需要解决：
1. 发送会员短信；
2. 会员短信管理。

步骤1：发送会员短信

进入会员短信模块，点击写信，输入接受者（可发送到某个分类会员群或选择多个接受者），选择发送方式；填入信件主题和内容，如图11-10所示书写一封缺货信息给指定会员wghtiger。发送方式也可选择发送到会员注册时的注册邮箱，需在基本设置中设定邮件的发件服务器，如果不选则为发送站内信。

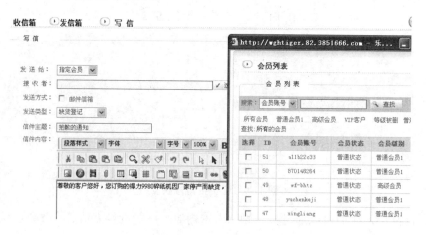

图11-10 发送站内信

项目十一 会员管理

步骤2：会员站内回复

以前台注册账号登录网站系统，在会员中心时将看到信息的提示，我们可以对此进行回复（参见图11-11）。

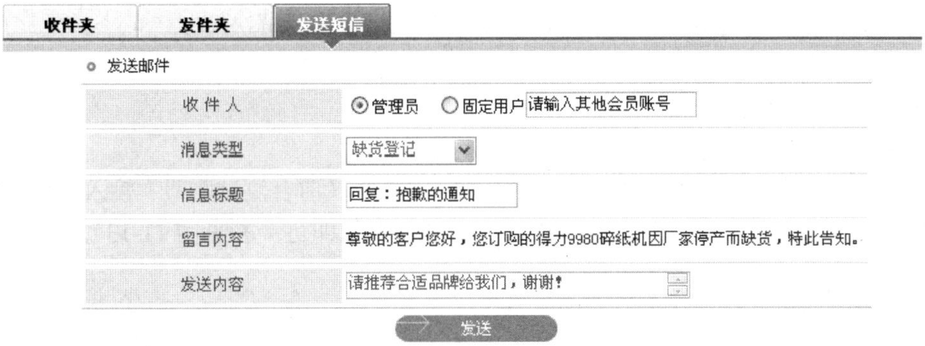

图11-11 站内信回复

步骤3：站内信管理

站内信管理主要包括分类查看和删除操作（参见图11-12）。发信箱的管理也类同。

图11-12 站内信管理

任务四 会员充值

会员充值是结合乐度网店系统提供的站内支付方式而设计的，是一种预支付方式。会员充值在此有金额充值和积分充值两种方式。

 任务实施

本次任务的目标是实现会员充值,主要有以下问题需要解决:
1. 单个会员充值;
2. 批量充值管理。

步骤1:单个会员充值

在会员充值模块,填入某个会员名称,如 wghtiger(前台测试账号)输入充值金额 150 元,充值积分 100 分;输入管理员密钥,点击开始充值即可(参见图 11-13)。

图 11-13　单个会员充值

步骤2:批量充值管理

我们也可以对某个级别或类别的会员进行批量充值,效果与会员管理底部操作相同。选择普通会员,充值 100 元,赠送积分 100 分,输入管理员密钥,点击开始充值即可(参见图 11-14)。

图 11-14　批量充值

任务五　会员级别管理

 相关知识

会员级别的管理需要结合公司已有客户进行设置,如我们可以设置批发商、VIP 客户、高级会员、普通会员等。会员级别调整也需要一定的条件,如预支付 1000 元可升级为高级

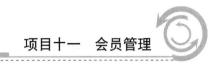

会员，在本站购物积分累计到 5000 分可升级为高级会员等条件限制。不同会员级别也会对应不同的权利和义务，如享受购物折扣不同和参与促销活动待遇不同等。

任务实施

本次任务的目标是实现会员充值，主要有以下问题需要解决：

1. 添加会员级别；
2. 会员级别管理。

步骤 1：添加会员级别

在会员级别模块，添加批发商级别（参见图 11-15）。

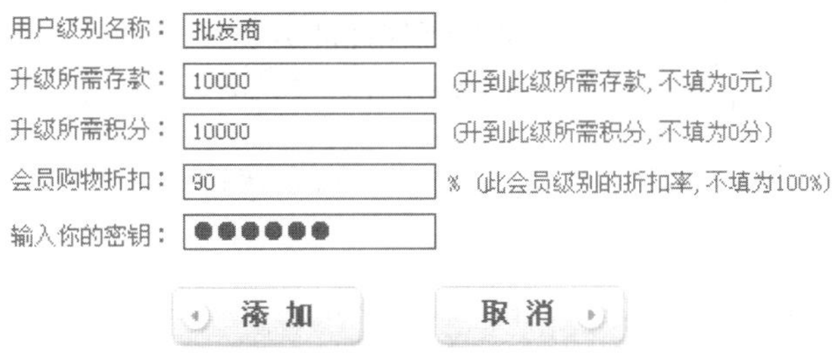

图 11-15　添加会员级别

步骤 2：会员级别管理

在会员级别列表中我们可以删除和修改会员级别信息（参见图 11-16）。

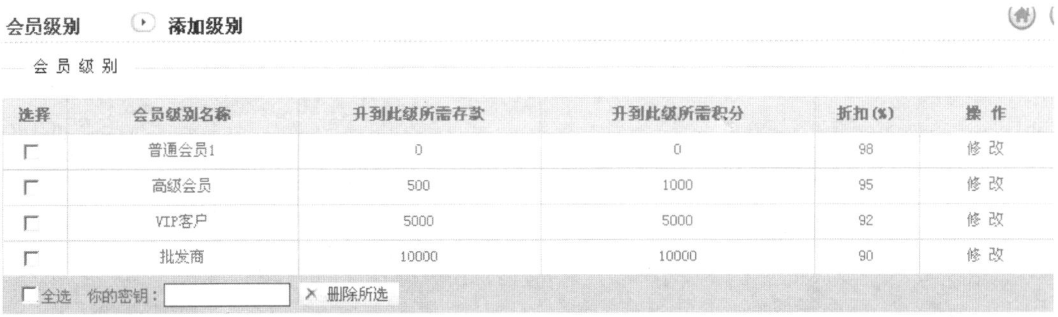

选择	会员级别名称	升到此级所需存款	升到此级所需积分	折扣(%)	操 作
	普通会员1	0	0	98	修 改
	高级会员	500	1000	95	修 改
	VIP客户	5000	5000	92	修 改
	批发商	10000	10000	90	修 改

图 11-16　会员级别管理

电子商务网站运营与管理

知识回顾

会员管理部分主要介绍了会员注册的测试、会员中心模块。在后台会员管理中主要有会员分类列表、批量管理、会员充值、会员级别管理。

拓展训练

1. 在自己的网店注册一个新账号，进行前台会员注册测试。
2. 针对自己策划的网店，设计会员等级管理的方案。
3. 将自己网店的某个会员的级别调整为高级。

项目十二
网络信息沟通

经过了前期的努力,公司借助电子商务这种新型的商务模式,利用网站取得了良好的业绩,利润有了很大的提升。小王也因为表现突出,公司给予了他丰厚的奖励。小王的干劲更足了,对工作更加积极,经理非常满意。

周五下班前经理将小王叫到办公室了解了一下网站运行情况,并给出了新的指示:"考虑将网站进行以人为本的优化调整,通过网站尽最大可能地服务顾客,将顾客的需要和满意放在第一位,并获取有效的信息"。

小王已经对相关工作非常熟悉了,准备利用周末的时间加加班,丰富一下网站的客户服务系统和信息管理系统。

互联网的时代,信息技术的高速发展为信息的传播提供了无尽的空间与时间。信息网络化必然引起沟通从内容到方式的革命性变革。在网络化时代,必须加快沟通的网络化进

程，构建适应网络化沟通要求的组织机构和信息沟通、传输机制。

为了完成既定任务目标，小王决定结合公司使用的乐度网店系统管理后台，充分利用网络化开放性、共享性、快捷性和交互性特点，推进信息沟通的现代化，有效地获取用户反馈信息并分析处理这些信息，挖掘网站的有效数据，提高沟通效率，创造更多价值，具体涉及以下几项内容。

（1）在线调研。

市场调研是营销工作不可或缺的内容，企业网站为网上调查提供了方便而又廉价的途径，通过网站上的在线调查表或者通过电子邮件、论坛、实时信息等方式征求顾客意见等，可以获得有价值的用户反馈信息。无论作为产品调查、消费者行为调查，还是品牌形象等方面的调查，企业网站都可以在获得第一手市场资料方面发挥积极的作用。

（2）用户反馈信息的获取与处理。

电子商务网站制作完成并运行后，必须时刻关注用户的反馈意见，及时有效地捕获用户的反馈信息。捕获用户反馈的信息主要有电子邮件、BBS、博客群、网站留言板、即时通讯工具等方式。

当然，我们不但要及时有效地捕获用户的反馈信息，更要及时有效地处理用户反馈的信息。处理用户反馈的信息既有传统方式，又有网络方式。处理反馈信息时还要对反馈信息进行归类，并递交相关部门进行处理，最后还要对处理结果进行回访。

为完成以上工作，可以把本项工作分解成以下两个工作任务：

任务一：在线调研设计；

任务二：用户反馈信息的获取与处理。

任务一　在线调研设计

一、网络市场调研的定义

我们把基于互联网而系统地进行营销信息的收集、整理、分析和研究称为网络市场调研。把时下广为流传的网站用户注册和免费服务申请表格填写等做法看做是网站发起的用户市场调查的基本手段。

与传统的市场调研一样，进行网络市场调研主要是要探索以下几个方面的问题：市场可行性研究，分析不同地区的销售机会和潜力，探索影响销售的各种因素，竞争分析，产品研究，包装测试，价格研究，分析特定市场的特征，消费者研究，形象研究，市场性质变化的动态研究，广告监测，广告效果研究。

二、网络市场调研策略

网络市场调研的目的是收集网上购物者和潜在顾客的信息，利用网络加强与消费者的沟通与理解，改善营销并更好地服务于顾客。为此，市场调查人员必须根据网络市场调研的特殊性认真研究调研策略，以充分发挥网络市场调研的优越性，提高网络市场调研的质量。网络市场调研的策略主要包括如何识别企业站点的访问者以及如何有效地在企业站点上进行市场调查。

1. 识别企业站点的访问者并激励其访问企业站点

传统市场调研，无论是普查、重点调查、典型调查，还是随机抽样调查、非随机抽样调查以及固定样本持续调查，尽管调查的范围不同，但调研对象如区域、职业、民族、年龄等都有一定程度的针对性，也即对被调查对象的大体分类有一定的预期。网络市场调研则不同，它没有空间和地域的限制，一切都是随机的，调研人员无法预期谁将是企业站点的访问者，也无法确定调研对象样本。即使那些在网上购买企业产品的消费者，要确知其身份、职业、性别、年龄等也是一个很复杂的问题。因此，网络市场调研的关键之一是如何识别并吸引更多的访问者，使他们有兴趣在企业站点上进行双向的网上交流。

解决这一问题，目前可采取以下一些策略：

（1）利用电子邮件或来客登记簿获得市场信息；

（2）给予访问者奖品或者免费商品；

（3）吸引访问者注册从而获得个人信息；

（4）向访问者承诺物质奖励；

（5）由软件自动检测访问者是否完成调查问卷。

2. 企业站点上的市场调查

要想有效地在企业站点上进行网络市场调研，可以采取以下策略。

（1）科学地设计调查问卷。

一个成功的调查问卷应具备两个功能：一是能将所调查的问题明确地传达给访问者；

二是设法取得对方的合作,使访问者能真实、准确地回复。

设计一份理想的在线问卷,一般应遵循以下几个原则:

① 目的性原则:即询问的问题与调查主题密切相关,重点突出。

② 可接受性原则:即被调查者回复哪一项,是否回复有自己的自由,故问卷设计要容易为被调查者所接受。

③ 简明性原则:即询问内容要简明扼要,使访问者易读、易懂,而且回复内容也简短省时。

④ 匹配性原则:即使得访问者回复的问题便于检查、数据处理、统计和分析,提高市场调研工作的效率。

(2) 监控在线服务。

企业站点的访问者能利用互联网上的一些软件来跟踪在线服务。营销调研人员可通过监控在线服务了解访问者主要浏览哪类企业、哪类产品的主页,挑选和购买何种产品等基本情况。通过对这些数据的研究分析,营销人员可对顾客的地域分布、产品偏好、购买时间以及行业内产品竞争态势做出初步的判断和估价。

(3) 测试产品不同的性能、款式、价格、名称和广告页。

在互联网上,修改调查问卷的内容是很方便的。因此,营销人员可方便地测试不同的调研内容的组合。像产品的性能、款式、价格、名称和广告页等顾客比较敏感的因素,更是市场调研中重点涉及的内容。通过不同因素组合的测试,营销人员能分析出哪种因素对产品来说是最重要的,哪些因素的组合对顾客是最有吸引力的。

(4) 有针对性地跟踪目标顾客。

市场调研人员在互联网上或通过其他途径获得了顾客或潜在顾客的电子邮件网址,可以直接使用电子邮件向他们发出有关产品和服务的询问,并请求他们反馈回复。也可在电子调查表单中设置让顾客自由发表意见和建议的版块,请他们发表对企业、产品、服务等各方面的见解和期望。通过这些信息,调研人员可以把握产品的市场潮流以及消费者消费心理、消费爱好、消费倾向的变化,根据这些变化来调整企业的产品结构和市场营销策略。

(5) 以产品特色、网页内容的差别化赢得访问者。

如果企业市场调研人员跟踪到访问者浏览过其他企业的站点,或阅读过有关杂志的产品广告主页,那么应及时发送适当的信息给目标访问者,使其充分注意到本企业站点的主页,并对产品作进一步的比较和选择。

(6) 传统市场调研和电子邮件相结合。

企业市场调研人员也可以在各种传播媒体上,如报纸、电视或有关杂志上刊登相关的调查问卷,并公告企业的电子邮箱和网址,让消费者通过电子邮件回答所要调研的问题,以此收集市场信息。采用这种方法，调研的范围比较广，同时可以减少企业市场调研中相应的人力和物力的消耗。

（7）通过产品的网上竞买掌握市场信息。

企业推出的新产品，可以通过网上竞买了解消费者的消费倾向和消费心理，把握市场态势，从而制定相应的市场营销策略。

三、网络市场调研的步骤与方法

1. 网上直接调研的方法与步骤

网上直接调研指的是为当前特定目的在互联网上收集一手资料或原始信息的过程。网上直接调研的方法有四种，即观察法、专题讨论法、问卷调查法和实验法。但网上用得最多的是专题讨论法和在线问卷法。调研过程中具体应采用哪一种方法，要根据实际目标和需要而定。需提醒的一点是，网络市场调研应注意遵循网络规范和礼仪。

下面具体介绍这两种方法的实施步骤。

（1）专题讨论法。

专题讨论可通过新闻组（Usenet）、电子公告牌（BBS）或邮件列表（Mailing Lists）讨论组进行。第一步，确定要调查的目标市场；第二步，识别目标市场中要加以调查的讨论组；第三步，确定可以讨论或准备讨论的具体话题；第四步，登录相应的讨论组，通过过滤系统发现有用的信息或创建新的话题让大家讨论，从而获得有用的信息。

（2）在线问卷法。

在线问卷法即请求浏览其网站的每个人参与网站的各种调查。在线问卷法可以委托专业调查公司进行。具体做法是：

① 向若干相关的讨论组邮去简略的问卷；

② 在自己网站上放置简略的问卷；

③ 向讨论组送去相关信息，并把链接指向放在自己网站上的问卷。

2. 网上市场间接调研的方法

网上市场间接调研指的是网上二手资料的收集。二手资料的来源有很多，如政府出版物、公共图书馆、大学图书馆、贸易协会、市场调查公司、广告代理公司和媒体、专业团体、企业情报室等，其中许多单位和机构已在互联网上建立了自己的网站，各种各样的信息都可通过访问其网站获得，再加上众多综合型ICP（互联网内容提供商）和专业型ICP，以及成千上万个搜索引擎网站，使得互联网上二手资料的收集非常方便。

互联网虽有着海量的二手资料，但要找到自己需要的信息，首先必须熟悉搜索引擎

电子商务网站运营与管理

（Search Engine）的使用，其次要掌握专题性网络信息资源的分布。归纳一下，互联网上查找资料主要通过三种方法：

（1）利用搜索引擎；

（2）访问相关的网站，如各种专题性或综合性网站；

（3）利用相关的网上数据库。

四、网络市场调研的注意事项

利用互联网进行市场调研是一种非常有效的方式，我们常常可以看到许多网站上都设置在线调查表，用以收集用户反馈信息。在线调研常用于产品调查、消费者行为调查、顾客意见调查、品牌形象调查等方面，是获得第一手调研资料的有效工具。但是，在线调研也存在种种局限，尤其在企业网站访问量比较小、客户资料还不够丰富的情况下，获得的有效问卷数量较少，调查结果有时会出现较大的误差。

尽可能提高在线调研结果的质量，是开展网络市场调研过程中每个环节都要考虑的问题，下列八个方面需要给予足够的重视：认真设计在线调查表，吸引尽可能多的人参与调查，尽量减少无效问卷，公布保护个人信息声明，避免滥用市场调查功能，样本分布不均衡的影响，奖项设置合理，采用多种网上调研手段相结合。

任务实施

本次任务的目标是根据公司经营需要，开展在线客户服务，进行在线调研，主要有以下几个问题需要解决：

1. 在线调研主题确定；
2. 在线调研实施；
3. 在线调研监测。

小王所在公司采用的乐度网店系统内置实用的调查管理功能，通过后台设置可以轻松地在后台添加调查主题、调查内容，同时还可以指定该调查在哪个分类里显示，或是在所有的分类里显示。调查结果通过客户在网站的投票反应，但是可以通过在后台来控制调查结果。

小王登录后台，先进入投票管理模块，仔细研究了一下投票管理设置相关参数，接着着手实施。

步骤1：在线调研主题确定

小王根据公司和网站经营情况确定调研主题，如您认为我们还有哪些方面需要改善（参见图 12-1）。

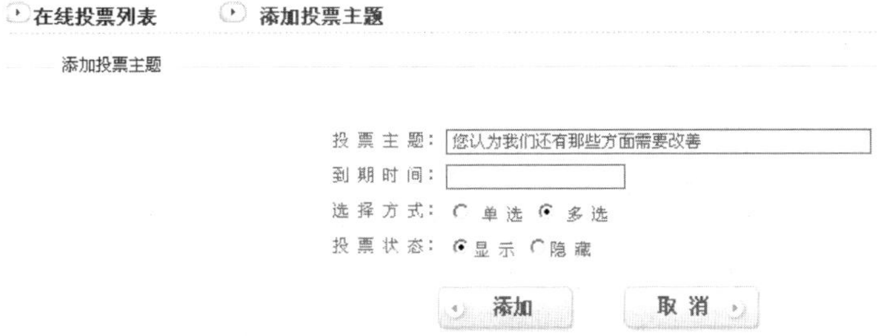

图 12-1　投票主题添加

添加投票主题时要用到的一些参数如下。

（1）投票主题：要用户投票的问题，此为必填内容。

（2）到期时间：当投票主题在前台中显示，在到期时间之后，投票主题将自动关闭。

（3）选择方式：投票主题的子项可多选还是单选。

（4）投票状态：投票主题在前台中显示还是隐藏（只能同时显示一个投票主题）。

步骤 2：在线调研实施

小王根据调研主题确定子选项，设置投票数初始值，依次添加多个选项（参见图 12-2、图 12-3 和图 12-4）。

投 票 主 题	子项个数	总投票数	选择方式	状态显示	到期时间	操 作
您愿意参加网络采购吗？	4	281	多选	未显示	2008-11-30	修改 删除
本网站有哪些方面需要改进？	4	777	多选	未显示	1905-5-26	修改 删除
您认为我们还有那些方面需要改善	无子项	0	多选	已显示	1905-6-9	修改 删除

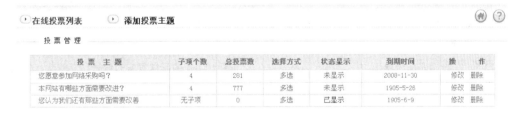

图 12-2　投票列表状态查看

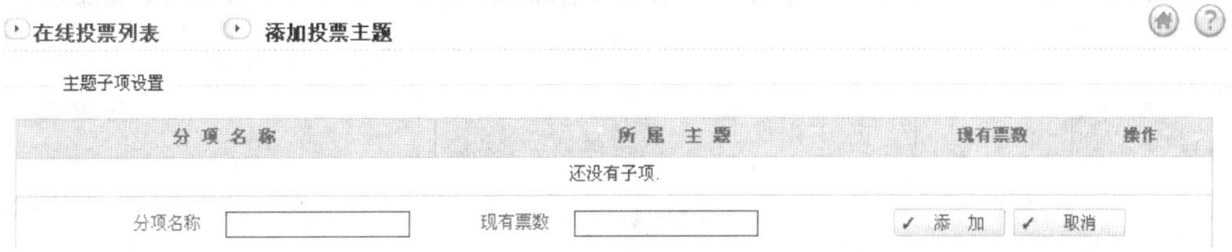

图 12-3　添加分项名称

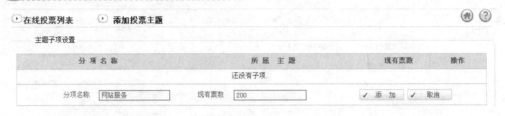

图 12-4 添加分项名称

步骤 3：在线调研监测

后台设置完毕，通过前台首页可以查看在线调研发布情况，并能通过"提交"按钮查看调研统计情况（参见图 12-5 和图 12-6）。

图 12-5 在线调研前台展示

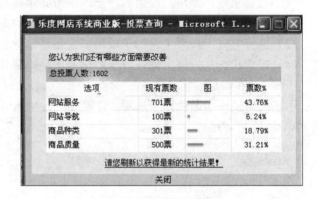

图 12-6 调研结果实时统计

> 调研显示，截至 2008 年 7 月中国网民数已达到 2.53 亿，互联网已成为白领网民在生活中获取信息的首要媒体。网民在购买商品前期通过网络社区查阅相关信息已经成为一种习惯，有 88% 的网民选择在购买产品/服务之前，会先上网寻求相关信息情况，网络广告、网络口碑已成影响消费决策重要因素。调研显示，社区用户在购买商品后一个月内，发表相关评论信息的频率较高，具有很强的分享倾向性。由此带来的二次口碑宣传效果呈病毒式扩散增长，不容忽视。

任务二　用户反馈信息的获取与处理

相关知识

一、网站营销服务功能

1. 产品、服务展示

顾客访问网站的主要目的是为了对公司的产品和服务进行深入的了解，企业网站的主要价值也就在于灵活地向用户展示产品说明的文字、图片甚至多媒体信息，即使一个功能简单的网站至少也相当于一本可以随时更新的产品宣传资料，并且这种宣传资料是用户主动来获取的，对信息内容有较高的关注程度，因此往往可以获得比一般印刷宣传资料更好的宣传效果，这也就是为什么一些小型企业只满足于建立一个功能简单的网站的主要原因，在投资不大的情况下，同样有可能获得理想的回报。

2. 顾客服务

通过网站可以为顾客提供各种在线服务和帮助信息，如常见问题解答（FAQ）、电子邮件咨询、在线表单、通过即时信息实时回答顾客的咨询等。一个设计水平较高的常见问题解答，应该可以回答80%以上顾客关心的问题，这样不仅为顾客提供了方便，也提高了顾客服务效率、节省了服务成本。

3. 顾客关系维护

通过网络社区、有奖竞赛等方式吸引顾客参与，不仅可以起到产品宣传的目的，同时也有助于增进顾客关系，顾客忠诚度的提高将直接增加销售。尤其是对于产品功能复杂或者变化较快的产品，如数码产品、时装、化妆品等，顾客为了获得更多的产品信息，对于企业网络营销活动参与兴趣较高，可充分利用这种特点来建立和维持良好的顾客关系。

二、网络营销服务概述

1. 网络营销服务的兴起

现代顾客需要的是个性化的服务，网络为顾客提供了全天候、即时、互动等全新概念的工具。这些性质迎合了现代顾客个性化的需求特征，所以，越来越多的公司将网络顾客服务整合到公司的营销计划之中，使网络营销界渐渐兴起了一轮顾客服务浪潮。

2. 网络营销服务分类

根据企业可提供的产品和服务的比例，可以将服务分为以下四类。

（1）纯有形货物的伴随服务。

纯有形货物的伴随服务包括销售前的产品信息咨询介绍、销售中的某些代办事务、销售后的技术支持等。

（2）伴随服务的有形货物。

这是一种以服务为主的网上产品的销售形式。

（3）主要服务伴随小物品和小服务。

这是一种以网上服务产品为主，在服务的过程中伴随提供给客户馈赠性质的小礼品或额外的简单服务。

（4）纯服务。

这是一种纯粹的网上服务产品的营销，不附带任何有形的商品。

对于网络营销服务，则可以简单划分为网上产品服务营销和服务产品营销。网上产品服务营销主要是指前面两类服务，服务是产品营销的一个有机组成部分。网上服务产品营销是指无形产品可以直接通过互联网直接进行传输和消费的服务产品的营销活动。

3. 网络顾客服务需求

完美的网上顾客服务必须建立在掌握顾客这些附带需求的基础之上。顾客的服务需求包括了解公司产品和服务的信息、进行问题的解答、接触公司人员、了解全过程信息等四个方面的内容（参见图12-7）。

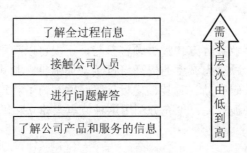

图12-7　服务的需求层次

（1）了解公司产品和服务的信息。

了解公司产品和服务的详细信息，从中寻找能满足个性需求的特定信息。在一项顾客测试中，消费者按照自己认为的重要程度对产品信息、服务信息和产品订购这些网络的主要功能进行排序，结果显示人们对于详细的产品和服务信息更感兴趣。现代企业利用互联网络能为顾客提供前所未有的个性化服务。如在亚马逊网上书店，顾客需要的信息可能个性化到如下程度：顾客喜欢的某一位作家的所有在版图书及最近作品，或与顾客研究的某个专题有关的最新动向等。过去，要想寻找到这类信息，需翻阅最近的全国书目，定期到当地大型综合图书馆或书店查询，而现在亚马逊设立了一个叫 Eyes 的自动搜索工具便于顾客搜寻他所需的图书信息，并及时给顾客发送电子邮件。

（2）进行问题的解答。

顾客经常会对某些技术性较强的产品使用发生问题，或在使用过程中发生故障。因此，从产品安装、调试、使用到故障排除，提供产品系统更高层次的知识等都应纳入顾客服务的范围。最好的方法是到网上去帮助顾客解决问题。只要给顾客提供完善的条件，企业可以让顾客成为自己的服务员。

要做到这一点，首先要确定顾客可能遇到的问题，并对这些问题做出正确的诊断。其次就是要对企业的顾客进行训练，教会他们如何使用企业在网上为他们提供的服务功能，如何利用互联网络解决遇到的问题。

（3）接触公司人员。

现代顾客不仅需要自己了解产品、服务知识和解决问题的办法，同时还需要像传统顾客服务一样，在必要的时候与公司的有关人员直接接触，解决比较困难的问题，或面对面地询问一些特殊的信息，反馈他们的意见。

（4）了解全过程信息。

现在，有些顾客还常常作为整个营销过程中的一个积极主动因素去参与产品的设计、制造、运送等。顾客了解产品越详细，他们对自己需要什么样的产品也就越清楚。公司要实现个性化的顾客服务，应将自己的主要顾客的需求作为产品定位的依据纳入产品的设计、制造、改造的过程中。让顾客了解全过程实际上就意味着企业与顾客之间一对一关系的建立，这种关系的建立为小企业挑战大企业独霸市场的格局提供了有力的保证。

网上顾客服务需求四个方面的内容不是完全独立的，他们之间是一种相互促进的关系。本层次的需求满足得越好，就越能推动下一层次的服务需求，对顾客的需求满足得越好，企业与顾客之间的关系就越密切。全部过程中的需求层次逐渐升级，不仅促使公司对顾客需求有更充分的理解，也会引起顾客对公司期望的增强以及对公司的关心，最终不仅实现一对一关系的建立，而且不断地巩固、强化公司与顾客的密切关系（参见图 12-8）。

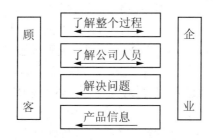

图 12-8　网络营销服务需求的互动性

4. 网络顾客服务现状

没有人会否认顾客服务对经营成败的重要性，互联网为企业提供了更加快捷、方便的顾客服务手段，但是即使如此，一些电子商务网站的顾客服务水平仍然不能让顾客感到满意，有时甚至成为影响电子商务发展的重要因素。

根据埃森哲顾问公司调查发现，B2C网站的顾客服务已经有了很大的发展，52%的用户对网上购物感到满意，相对而言，B2B网站的顾客满意度要低于B2C领域，对在线购买感到满意的用户还不到1/2。研究也发现，在B2B中80%的买方并不把价格因素作为在线购买决策的重要因素。由此可见，如果仅仅有价格优势，恐怕在B2B交易市场上也不会成为竞争中的优胜者。随着越来越多的企业将采购和销售在网上进行，B2B公司的顾客服务水平低下的问题将显得更为突出。

关于网络公司常用的顾客服务方式，据调查公司Jupiter Media Metrix的一项研究表明，按重要性排序，最重要的顾客关系管理工具依次为：电子邮件（76%）、顾客服务电话（65%）、FAQ常见问题解答（53%）、聊天工具（21%）。可见，除了电话以外，其他三种主要手段都是在互联网环境中所特有的，理应成为网络公司尤其是电子商务公司的优势，但现实情况并不理想，一些电子商务公司的顾客服务水平离顾客的期望相差甚远。

Media Metrix的研究表明，顾客对服务及时性的要求越来越高，大多数顾客希望在6个小时内获得关于顾客服务的询问，甚至为数不少的顾客在寻求获得即时满意的服务。但是目前只有36%的企业可以做到这一点，33%的公司会在几天甚至更长的时间后回复用户的电子邮件，有些甚至根本不给予回复，而且不回复顾客邮件的现象还有上升的趋势。

Jupiter的调查结果发现，如果以是否在6个小时内回复顾客的邮件作为评价标准，在电子邮件顾客服务管理方面表现较好的是B2C网上零售商，有1/2以上的网上零售商可以满足用户的期望。其次是金融服务业网站，其电子邮件顾客服务管理满意率达到46%，旅游服务网站的效率比较低，只有12%，而传统企业网站几乎没有一家可以在顾客期望的时间内给予回复。

Jupiter Media Metrix对B2B市场中的顾客服务给予特别的研究，结果发现，只有41%的公司在6个小时内对顾客的电子邮件咨询给予回复，而在回复的邮件中，只有1/2提供了用户需要的解答。尽管有96%以上的B2B网站都提供电子邮件顾客服务，67%的公司在网站上公布免费电话服务号码，但只有4%的公司开展聊天服务功能。Jupiter的分析人员认为，文字聊天方式虽然显得代价比较高一些，但可以满足顾客期望实时沟通的需要，如果文字实时信息与语音聊天结合起来效果会更好一些。65%的B2B公司提供自助式在线服务，但多表现为在网页上提供FAQ，这对于复杂的B2B交易可能很难发挥良好的效果，因为FAQ的清单可能很长，顾客要从这些复杂的信息中找到自己的解答并不是简单的事情。另外，B2B 公司的电子邮件顾客服务水平效率也不够高，65%的公司在 24%小时内回复用户的邮件咨询，29%的公司根本不给予回复。一些 B2B 公司的买方根据网站的顾客服务水平来决定是否选择卖方，这一点很重要，应该引起 B2B 公司的重视。

另一家咨询公司 eMarketer 在一个有关 CRM 的调查中发现，在公司和顾客的沟通中，10 次中有 9 次都与真正的交易无关，通常只是某些方面的沟通，这些沟通过程也就为向顾客充分展示公司形象提供了机会，但是如果处理不当，也可能伤害到顾客的感情，因此也有一定的风险，应该认真对待，在利用电子邮件开展顾客服务时尤其要慎重。

当用户的问题得不到满意的答复之后怎么办？他也许会继续发邮件，也许会打电话询问，还有可能在 BBS 上发帖子表示不满，很多的网站似乎对此无动于衷，以为用户的牢骚不会受到多少人的关注，伤害不了网站的形象，也不会对业务造成严重的不良影响。可是，那些网站可能忽略了另一个重要事实，即对服务不满或者发现其他问题的用户也许不少，但真正向网站反映的并不多，一个用户所反映的问题可能代表着上百个顾客的情况。

三、用户评论

网上商店用户评论内容对于其他用户的购买具有重要影响，尤其是用户需要对商品信息有更多了解的情况下，用户评论内容的作用就更为明显。对于电子商务网站来说，合理利用用户的评论可以促进在线销售。对于网上商店的一个好消息是，网上购物者在对商品进行意见反馈时更倾向于反馈良好的使用体验，这是调查公司 Jupiter Research 有关用户评论最新研究的一项结论。但是，用户对发表商品评论的积极性并不高，往往需要网上商店的鼓励。

Jupiter Research 这项报告名为"用户创建内容驱动销售"。调查表明 9%的在线购物者会在网上商店写他们喜欢的某商品评论，4%的购物者写他们不喜欢的某商品评论。如果消费者的购物体验是愉快的，其中 43%也会比较乐意接受有关购买体验的调查，不过如果购物体验不愉快，就只有 17%的人愿意接受购物体验调查，购物体验一般者愿意提供反馈意见的占 12%。

Jupiter Research 有关网上购物者对购物体验交流的调查发现，大部分的购物者不会将他们的购物体验与商家、第三方调查机构甚至朋友分享，这部分人群占被调查者的 65%。

消费者对产品评论的作用看法不一致，77%的购物者在进行购买决策的时候会查看用户评论，但只有 48%的人认为这些评论有用。此外，购物者认为用户评论的有用性根据产品类别不同而有所区别，最有利用价值的用户评论是电脑，其次是书籍、软件、音乐和 DVD 类商品。

Jupiter Research 还注意到，网上购物者对网上商店提供用户评论功能并无特别要求，42%的消费者仅仅在网上商店号召他们提供反馈意见时才会发布商品评论。目前，用户评论只在一部分产品的网上商店应用，Jupiter Research 认为要让更多的网上商店执行用户发布评论功能还需要时间，尤其对于那些消费者认为评论对购买促进价值不大的商品类型。

不过，用户评论和评级是一个趋势，Jupiter Research 发现，认为用户评论有用的网上购物者数量相比以前有了很大的增加。在商品属性方面，用户评论和评级属性的重要性仅次于站内搜索结果的重要性。

Jupiter Research 有关网上商店用户评论的作用和倾向性调查结论表明，用户评论功能在网上零售网站中的作用不可忽视，尤其在某些商品领域，甚至可能成为用户购买决策的重要依据。对于这个问题，顾客体验咨询公司 eVOC Insights 的调查数据也进行了充分说明（超过 85%的消费者在网上研究或购买大件商品如电子商品和汽车，63%的人更倾向到那些提供商品评级和评论功能的网站进行产品研究和购买），由此可见电子商务网站商品评论功能对用户购买决策的价值。

随着网络上的评论越来越多，用户对产品评论的重视增大，评论作用越来越像是一个实际意义的口碑广告。用户评论作用影响力越来越大，使企业的营销人员不得不重视这一发展趋势，并在营销计划中加以考虑。利用一些社区网站对企业和产品进行一定的宣传和积极的评论，引起大家的注意和讨论的兴趣是网络营销中的一个办法，但是具体的言行得很好地把握，不能浮夸和做作。因为根据博雅公共关系公司的一份调查，超过 1/2 的有影响力的消费者说如果他们怀疑公司付钱给某些人在网站上写一些假的付费评论时，特别是那些特别有利于该公司的评论，他们会反感且很可能不会买该公司的产品。

四、在线交流

1. FAQ

用网络营销的观点来看，网站上的常见问题解答（FAQ）是一种常用的在线帮助形式，一个好的 FAQ 系统应该至少可以回答用户 80%的一般问题，这样不仅方便了用户，也大大减轻了网站工作人员的压力。因此，一个优秀的网站应该重视 FAQ 的设计。

FAQ 之所以很重要，是基于两个事实：一是当用户到一个新网站时，难免会遇到这样那样不熟悉的问题，有时可能仅仅是非常简单的问题，但可能导致用户使用过程出现困难；二是绝大多数用户在遇到问题时，宁可自己在网站上找答案，或者自己不断试验，而不是马上发邮件给网站管理员，何况即使发了邮件也不一定能很快得到回复。

网站的 FAQ 一般包括两个部分。一部分是在网站正式发布前就准备好的内容，这些并不是等用户经常问到才回答的问题，而是一种"模拟用户"提出的问题，或者说是站在用户的角度，对于在不同的场合中可能遇到的问题进行回答。另一部分是在网站运营过程中用户不断提出的问题，这才是真正意义上的用户问题解答。不过，通常并不需要对这两部分的内容做严格的区分，都通称为 FAQ。如果网站发布前的 FAQ 设计比较完善，那么在运

项目十二 网络信息沟通

营过程中遇到的问题就会大大减少,因此,比较理想的状况是前期准备的问题应该至少饱含80%以上的内容。

通常情况下,一个网站从规划、设计到功能开发、测试,这些工作一般不可能由一个人完成,各个环节的人员对一个网站各项功能和要素的理解不可能都站在顾客的角度,也不可能都按照网络营销的观点来考虑问题,当各个部分的工作基本完成之后,还需要对网站进行总体的"调试",对于各个部分用户(尤其是新用户)可能产生的疑问分别给予解答,这是一项很重要的工作内容。相对而言,国内一些知名网上零售网站的 FAQ 体系设计得比较完善,一般针对用户在购物流程、商品选择、购物车、支付、配送、售后服务等方面分别给出一些常见问题解答,在设计自己的网站帮助系统时可以参考。

2. 论坛和聊天室

网络社区是网上特有的一种虚拟社会,社区主要通过把具有共同兴趣的访问者组织到一个虚拟空间,达到成员相互沟通的目的。其中论坛和聊天室是最主要的两种表现形式,在网络营销中有着独到的应用,可以增进和访问者或客户之间的关系,还有可能直接促进网上销售。

(1) 利用其他网站的论坛。

论坛是一个非常有用的场所,你可以了解别人的观点,同时可以帮助他人或者向他人求助,论坛一般都有特定的讨论主题,定期参加论坛的人有电子杂志的编辑、企业家、管理人员以及对某些话题感兴趣的任何人。如果你对某个问题有疑惑,不妨到相关的论坛去看看,说不定有人可以给你提供答案。

(2) 在自己的网站设置论坛和聊天室。

网络社区营销是网络营销区别于传统营销的重要表现。除了利用别人网站的论坛和聊天室之外,如果有自己的网站,也可以建立自己的网上社区,为网络营销提供直接渠道和手段。

综合起来,建立自己的论坛和聊天室有以下八个方面的作用。

① 可以与访问者直接沟通,容易得到访问者的信任。如果你的网站是商业性的,你可以了解客户对产品或服务的意见,访问者很可能通过和你的交流而成为真正的客户,因为人们更愿意从了解的商店或公司购买产品;如果是学术性的站点,可以方便地了解同行的观点,收集有用的信息,很有可能给自己带来启发。

② 为了参加讨论或聊天,人们愿意重复访问你的网站,因为那里是和他志趣相投者聚会的场所,出了相互介绍各自的观点之外,一些有争议的问题也可以在此进行讨论。

③ 通过在线回答访问者提出的问题,可以建立主持人的专家形象,增加客户对公司的信任。

④ 可以利用聊天室开设免费在线讲座或实时问题解答,对于增加网站访问量有着独到的作用。

⑤ 当你的论坛或聊天室的人气逐渐旺盛时，除了为自己的产品或服务做广告之外，还可以出售网络广告空间。也可以与其他的网站建立互换广告，吸引更多人的注意，进一步增加访问量。

⑥ 可以与那些没有建立自己社区的网站合作，允许使用自己的论坛和聊天室，当然，那些网站必须为进入你的社区建立链接和介绍，这种免费宣传机会很有价值。

⑦ 建立了论坛或聊天室之后，可以在相关的分类目录或搜索引擎登记，有利于更多人发现你的网站，也可以与同类的社区建立互惠链接。

⑧ 方便进行在线调研。无论是进行市场调研，还是对某些热点问题进行调查，在线调研都是一种高效廉价的手段，在主页或相关网页设置一个在线调查表是通常的做法，然而对多数访问者来说，由于占用额外的时间，他们大都不愿参与调查，即使提供某种奖励措施，参与的人数比例也只能达到25%左右。如果充分利用论坛和聊天室的功能，主动、热情地邀请访问者或会员参与调查，参与者的比例一定会大幅增加。

任务实施

本次任务的目标是根据公司经营需要，通过提供对顾客有用的信息、跟顾客进行在线沟通交流，实时解决顾客问题，收集并处理用户反馈信息。本次任务主要解决用户反馈信息息的获取与处理问题，主要有以下问题需要解决：

1. 留言管理；
2. 商品评论。

了解到客户真正需求才能把握好趋势，只有给客户提供有效而又有价值的信息，并提供尽可能好的服务，才能更好地吸引顾客产生实际购买行为，才能把网上商店做得更好。小王所在公司采用的乐度网店系统内置实用的在线留言功能（可以设定是否开启在线留言功能、是否审核才能发表、留言限制和内容过滤等）和商品评论功能（可以设定是否开启商品评论功能、是否审核才能发表、评论限制和内容过滤等），正好可以解决上述问题。

步骤1：留言管理

小王完成在线调研，收集到部分信息并稍加整理分析后，又返回后台留言管理和商品评论模块，着手顾客留言回复和评论处理。

1. 用户前台留言

用户通过前台的在线咨询留言，但是留言不会立即显示在页面上，在线留言参见图12-9。

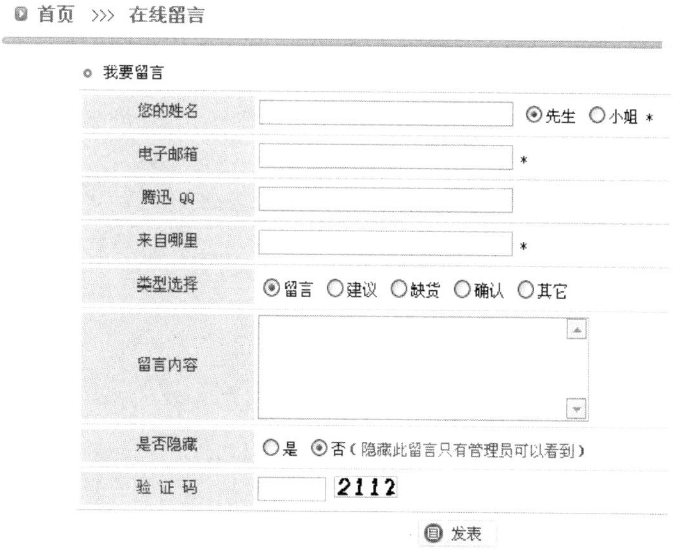

项目十二　网络信息沟通

图 12-9　在线留言

2. 查看审核用户前台留言

小王以管理员身份登录，并在后台查看用户留言内容，对留言进行回复、修改、审核及删除等操作。等小王以管理员身份审核后留言就可在前台显示出来。查看及审核在线留言参见图 12-10 和图 12-11。

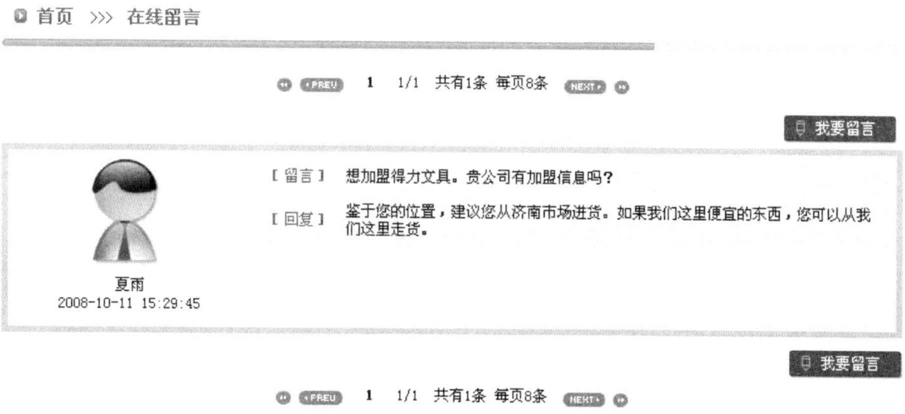

图 12-10　查看在线留言

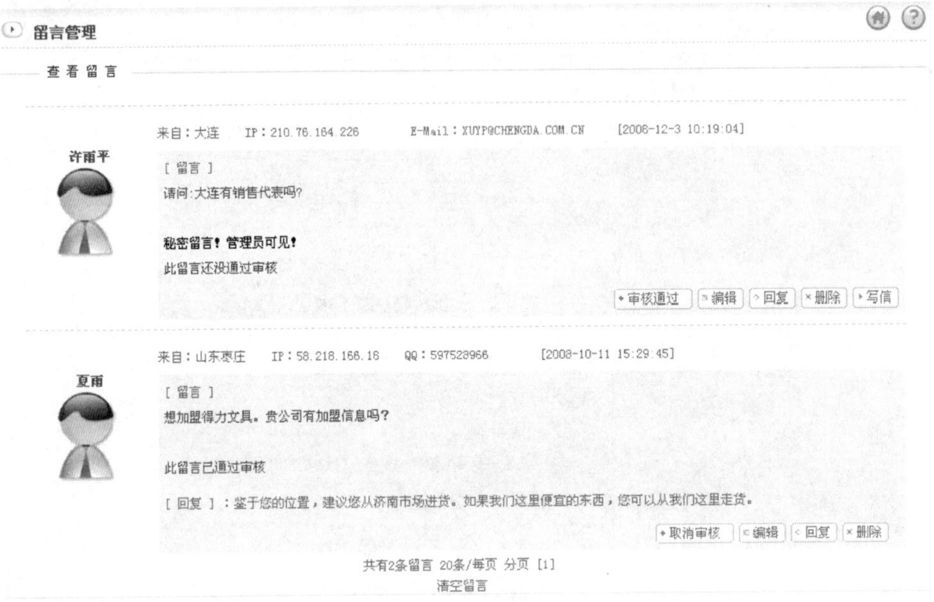

图12-11 留言管理

步骤2：商品评论

1．搜索评论

小王以管理员身份登录网站管理后台，按商品名和按几天以前两种方式搜索商品评论信息。发现评论信息比较多，比较杂乱，还有部分评论未处理。评论搜索参见图12-12。

图12-12 评论搜索

2．评论归类

小王接着按照所有评论、未回复、已回复、推荐、未推荐、已审核和未审核几种方式对商品评论进行归类显示。更精确地了解了网站目前用户评论反馈情况。

3．查看评论内容并审核回复

对于未审核的评论，小王通过点击评论商品、评论者或回复按钮，进入回复页面，对评论回复信息，输入回复内容，点击提交，同时前台显示评论及回复信息。评论内容参见图12-13，评论回复参见图12-14，前台评论情况查看参见图12-15。

选择	评论商品	评论者	评论发表时间	回复情况	回复时间	推荐	审核	回复	操作
□	潍坊得力deli莱茵河A4静电复印纸	lixiao	2009-5-18 21:48:09	已回复	2009-5-18 21:55:45	□	□	回复	删除
□	拉线装订机 电动装订机 云广168（喷塑）凭证装订机	清风	2009-4-8 3:07:34	已回复	2009-4-8 3:07:59	□	□	回复	删除
□	白今海16K复印纸盒装	小李	2008-6-14 18:54:10	已回复	2009-4-8 3:06:20	□	□	回复	删除
□全选 ✓ 保存所选 ✕ 删除所选									

图 12-13　评论内容

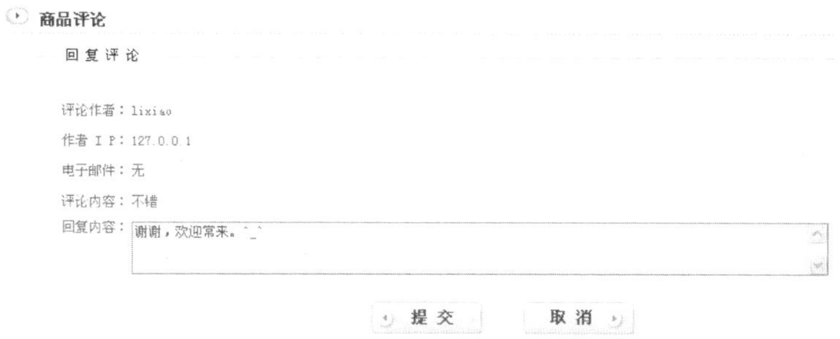

图 12-14　评论回复

勾选推荐，可以将推荐靠前显示。勾选审核，在前台中显示。只有审核后才能在前台显示。

通过操作删除，可删除单独的某一条评论。通过功能操作栏中的删除所选可批量删除所选的商品评论。

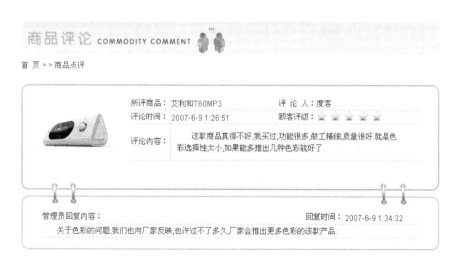

图 12-15　评论查看

电子商务网站运营与管理

美国市场调研公司 CMO Council 最近对 500 名市场营销人员进行的调查报告指出，尽管有 58% 的受访者认为互联网以及社区网站的出现提高了他们与顾客的互动，但只有 16% 的受访者会定期监管客户投诉和反馈，顾客反馈仍常被忽略。

 知识回顾

电子商务环境下的网站应该坚持以网络营销为导向，从网站运营伊始就应注重客户关系的维护和客户服务。客户服务的重要性已经为众多的企业所认识，目前市场竞争的激烈性导致产品的差异迅速缩小，既而售前服务、售后服务的个性化日益突出，各大企业都在着力加强这方面的宣传力度，网站是一个交互性极强、反应迅速的媒体，通过网站发布并收集消费者的信息及反馈，有助于加强客户服务的质量，从而为企业赢得更多的客户，创造更多的效益。

本项目采用贴近企业实际工作情景的方式系统地介绍了基于商务网站的顾客服务与顾客关系管理常用方法，及客户反馈信息的收集与处理。

 拓展训练

1．假设你要为一家销售电子产品的电子商务网站获取用户反馈信息，完成以下任务。
（1）设计一个"用户调查反馈表"，其中至少包含 10 个问题。
（2）利用电子邮件群发，将"用户调查反馈表"发给 5 位同学，请他们填写后发回，接收后并汇总。
（3）登录电子类 BBS 发起一个话题，请 5 位同学互相回复，然后进行统计汇总。
（4）登录免费在线调查设计网站，发布"用户调查反馈表"，并将在线调研网址发给 5 个同学，并回收统计结果。

2．假设你要为学校网站获取用户反馈信息，完成以下任务。
（1）设计一个"用户调查反馈表"，其中至少包含 10 个问题。

（2）比较获取用户反馈信息的方式的优缺点，选择最有效的方式。

（3）开通博客群并发起一个话题，由 5 位同学互相回复，然后进行汇总。

（4）使用 QQ 给 5 位同学发送"用户调查反馈表"，请他们填写后发回并进行汇总。

（5）在网站发布一个"在线用户调查"，并收集结果。

3. 如果你要为一家网站获取用户反馈信息，可以使用哪些获取用户信息方式？

4. 假设你要为一家销售电子产品的电子商务网站处理用户反馈信息，请接收用户反馈信息并填写"用户反馈信息处理登记表"。

5. 结合本项目所介绍的内容利用乐度网店系统在自己的网上商城开展网络调研。

6. 结合本项目所介绍的内容利用乐度网店系统对自己的网上商城进行留言和商品评论管理。

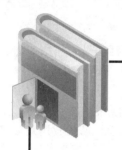

项目十三
网 站 优 化

项目引入

通过对客户信息的收集、整理和数据挖掘，我们获得了用户对网站全方位的意见和建议。接下来的工作就是根据这些意见和建议，对网站进行优化，改进、提高网站各方面的不足，从而提高网站的排名和访问量，增强网站竞争力。

项目分析

通过搜索引擎查找信息是当今网民们寻找网上信息和资源的主要手段。搜索引擎营销已经成为网络营销最重要的组成部分。如何使自己的网站被主要的搜索引擎收录，然后获得较高的排名，成为网站建设者们绞尽脑汁研究的问题。搜索引擎优化是遵循搜索引擎科学的全面理论机制，对网站结构、网页文字语言和站点间的互动策略等进行合理规划、部署，发掘网站的最大潜力使其在搜索引擎中具有较强的自然排名竞争优势，从而促进网络营销、提升网络品牌的一种技术。

项目十三　网站优化

网站优化（SEO）是 Search Engine Optimization 的缩写，用英文描述是 to use some technics to make your website in the top places in Search Engine when somebody is using Search Engine to find something，翻译成中文就是"搜索引擎优化"，简称为网站优化。与之相关的搜索知识有搜索引擎定位（Search Engine Positioning）、搜索引擎排名（Search Engine Ranking）等。

SEO 又分为站外 SEO 和站内 SEO。站外 SEO 也可以说是脱离站点的搜索引擎技术，命名源自外部站点对网站在搜索引擎排名的影响，这些外部的因素是超出网站的控制的。最有用、功能最强大的外部站点因素就是反向链接，即我们所说的外部链接。毫无疑问，外部链接对于一个站点收录进搜索引擎结果页面起到了重要作用。

站内 SEO 主要丰富网站关键词，为你的文章增加新的关键词将有利于搜索引擎的"蜘蛛"爬行文章索引，从而增加网站的质量。但不要堆砌太多的关键词，应该考虑人们在搜索引擎中找到这篇文章会搜索什么样的关键词。

网站优化的主要工作是通过了解各类搜索引擎抓取互联网页面、进行索引以及确定其对某一特定关键词的搜索结果排名等技术，对网页进行相关的优化，使其提高搜索引擎排名，从而提高网站访问量，最终提升网站的营销能力的技术。

网站优化是依靠对搜索引擎的了解，积累行之有效的方法和资源，从而使网站符合搜索引擎规则。当用户输入特定关键字搜索信息时，使你的网站页面出现在"搜索引擎结果页"靠前的位置，从而指引大量的用户浏览你的网站。这些通过相同的关键字找到你的网站的是一群对你的网站内容感兴趣的用户，是你的目标客户，他们比较容易转换成你的最终客户。而传统媒体如海报、报纸、电视等的观众很多，但是绝大多数都不是你的潜在客户。这正是网站优化的优势所在。

网站优化工作主要包括关键词分析和网站诊断。

1. 站外 SEO 关键词分析

用户在互联网上获取信息，最多的是使用在搜索引擎里输入关键词进行搜索。因而对网站的关键词进行分析，选择效能高的关键词，可以提高网站的访问量、提升网站排名，是网站推广行之有效的方法。

2. 站内 SEO 网站诊断

对网站结构、内容、版面、色彩、URL 等方面的诊断，可以发现网站优化的不足之处，并加以改进。同时也是使网站更加严谨、规范，符合 SEO 标准，从而使自己的网站能很容易地被搜索引擎收录，增加被用户搜索的概率，带来更多的用户群。

为完成以上工作,可以把本项工作分解成以下两个工作任务:

任务一:站内 SEO;

任务二:站外 SEO。

任务一　站内 SEO

一、什么是关键词

关键词的英文为 keywords,就是希望访问者了解的产品或服务或者公司等的具体名称的用语。关键词是使用搜索引擎搜索信息时输入的文字。通过搜索引擎可以寻找任何内容,所以关键词的内容可以是网站、新闻、小说、软件、游戏、工作、购物、娱乐等。关键词可以是任何的中文、英文、数字,或中文英文数字的混合体。为获得更精确更丰富的搜索结果,可以输入多个关键词搜索。一般情况下,输入 2 个关键词搜索就已能得到较好的搜索结果。

二、关键词选择主要原则

选择关键词一般要求准确规范、主题明确、简明精练、言简意赅,最大限度地发挥关键词的作用。

1. 选择有针对性、实效性的关键词

选择有针对性的关键词,突出与网站主题的相关性,如直接用关键词做标题或标题中包含关键词;突出实效性,如促销优惠、节假日派送、绝版珍藏等。

2. 选择准确的主关键词

首先要确定客户的核心业务,根据这个核心业务来尽量缩小取词范围,准确选择主关键词,提高目标用户访问客户网站的概率。如用户想购买笔记本,就会搜索笔记本销售、笔记本品牌、笔记本价格、笔记本性能等信息；用户想升级笔记本，就会搜索笔记本配件、笔记本升级等关键词，不会直接搜索"笔记本"这个关键词。因为笔记本这个关键词囊括的内容太繁杂，太不准确。

3. 从用户的角度选择关键词

充分理解客户的需求和客户所做的业务，分析潜在客户在搜索你的产品时将使用什么关键词，这可以从众多资源中获得反馈，包括从你的客户、供应商、品牌经理和销售人员获得的信息。还可以通过专门的关键词工具查看用户在搜索时使用的比重大的关键词。

4. 选择效能高的关键词

选择效能高的关键词，使更多的潜在客户找到你。有些效能高的关键词所带来的流量要远远大于一般关键词带来的流量，或者几个效能高的关键词的流量之和要远远大于一般关键词所带来的流量。

三、关键词优化

1. 选择有效的关键词

关键字是描述产品及服务的词语，选择适当的关键字是建立一个高网站排名的第一步。选择关键字的一个重要的技巧是选取那些常为人们在搜索时所用到的关键字。

2. 理解关键词

在收集所需的关键字之前，明白一般人是怎样用关键字是十分重要的。人们在搜索的时候一般是不会使用单个词，而是用短语或者词组，这样对于网站优化起到更重要的作用。

3. 选取关键词技巧

一是认真思索，找出与网站或产品有关的所有关键字，先不要对这些关键字进行审评；二是调查周围人的意见，看看家人、朋友、同事怎样描述你的产品或网站，也许会有意想不到的收获；三是网站统计信息，网站统计信息会告诉你访问网站的用户使用的搜索引擎、关键词等信息（可以建站的时候会安装统计工具或者注册在线的网站统计）；四是参考其他的网站，参照那些主题与你相似或相同的网站，挖掘他们使用的关键词，可以会得到已经优化了的关键字，提高关键词的效能；五是使用错误的拼写（多用于英文），有很多的关键词经常会被拼写错误，可以使用经常出现错误拼写的词或词组作为关键词为你带来额外的流量。

四、处理关键词

1. 对关键词进行组合

根据大量已经收集到的网站或产品的关键词对关键词进行有效组合，把它们组成常用的词组或短语。通常为了使搜索更精准会使用 2 个或 3 个字关键词。据统计，平均是 2.3 个字。使用单个字作为关键词很难排到搜索引擎的前几页。如有以下几个关键字"网站设计、软件、方案"，可以组合为"网站设计软件"、"网站设计方案"等，很少人会用"网站设计"或"软件"作为搜索的关键词。对关键词进行组合有利于网站访问量和网站的排名。

2. 去除搜索频率低的关键词

去除那些停用的词，如在英文里有"the"、"for"、"a"等，中文里有"的"、"地"、"你"、"我"等。很少有人会用"最好的"、"无法达到的"等词语进行搜索，所以要去除网站中类似的词。

3. 选择最佳关键词

虽然已经去除了很多搜索频率低的关键词，但仍然有很多关键词。因此就需要使用关键词工具查询分析各个关键词的搜索结果数量、被搜索次数、价格等数据，综合考虑关键词的效能，选出最佳关键词。

五、网站诊断

网站诊断是针对网站是否利于搜索引擎搜索、是否利于浏览和给浏览者美好的交互体验以及是否利于网络营销的一种综合判断行为。网站诊断是为了更好地对网站进行优化，不仅会在搜索引擎中得到更好的排名，而且可以提高网站的人气，促进网站更好的发展。

网站诊断主要有以下几个方面。

网站结构是网站诊断中比较重要的一点，网站结构的设计需要根据网站规模的大小来定。网站结构一般采用扁平式结构和树型结构。网站结构设计的好坏会直接影响网站的 PR 值传递、网页排名的提升，还有搜索引擎收录等问题。

扁平式网站结构适用于小型网站。这种网站结构有利于 PR 值（PR 值即 PageRank，是 Google 搜索排名算法中的一个组成部分，级别从 1 级到 10 级，10 级为满分，PR 值越高说明该网页在搜索排名中的地位越重要，也就是说，在其他条件相同的情况下，PR 值高的网站在 Google 搜索结果的排名中有优先权）的传递，对长尾关键词竞争有显著得的优势。大型网站一般使用树型结构，使网站层次分明，管理高效。

选择网站结构时需要注意：一是任何一张网页都应该和首页建立链接；二是所有最终

内容页面都应该和上级栏目页建立链接。

URL 分析是对网站内外部链接地址是否合理和正确进行诊断，包括网站域名、内部目录、文件名的分析与诊断。URL 要满足以下要求：一是要简单、易记；二是要包含效能高的关键字。做好 URL 的分析与诊断对提高网站的排名具有非常重要的作用。

六、网站功能与栏目分析

设置方便、易用、快捷、符合用户使用习惯的网站功能能吸引客户长久使用，并津津乐道，起到良好的推广效果，带来更多的用户群。

网站栏目是网站导航的关键，必须做到结构清晰、逻辑合理。设置合理、准确的网站栏目，可以使用户快速访问自己感兴趣的区域，而不需要太多的检索。

七、网站界面与内容分析

网站界面设计决定了客户的停留时间与访问次数，也决定了客户对网站的印象。要使网站的设计与主体 VI 相统一（VI 又称为 VIS，是英文 Visual Identity System 的缩写。其意是指将企业的一切可视事物进行统一的视觉识别表现和标准化、专有化。通过 VI，将企业形象传达给社会公众。）相统一并能体现出行业属性和特色。同时网站界面的色彩搭配、界面布局都对浏览者产生视觉注意，对能否留住用户具有一定的影响力。

网站内容是一个网站的核心，内容完整的网站才能满足用户的信息需求，才能提高网站的拥护信誉度。网站服务内容和服务流程等的介绍以及准确、权威、更新迅速的页面内容会使用户逐渐形成天天访问的定式思维。

八、网站流量与搜索引擎评价分析

对网站流量和搜索引擎评价分析可以准确地分析用户群构成、网站优化效果等，对制定网站优化、网络营销目标都有极大的指导作用。常见的免费在线统计工具有以下三种。

1. Alexa 排名及流量分析（http://www.alexa.com/）

Alexa 是一家专门发布网站世界排名的网站。Alexa 的网站世界排名主要分综合排名（网站在所有网站中的名次）和分类排名（按主题分类，如新闻、文学、经济等，Alexa 给出网站在同一类网站中的名次）两种。

2. 站长工具（http://tool.chinaz.com/）

通过不同的分类，分别对网站信息（Alexa 排名，关键字密度检查、Meta 标签等）、SEO 信息（友情链接、PR 值、网站收录情况、反向链接查询等）、域名/IP 类（IP 定位、WHOIS 等）进行查询分析。

3. 51.la 统计工具（http://www.51.la/）

可以对点击量、访问者信息、流量源、关键词、被访问页、排名等数据进行统计，是目前主流的免费在线统计工具。

任务实施

本次任务的目标是对网站进行站内 SEO，研究诊断有哪些方法、如何进行诊断并分析，主要需要解决的问题有：

1. 关键词分析；
2. 网站结构与 URL 分析；
3. 网站功能与栏目分析；
4. 网站界面与内容分析。

步骤 1：关键词分析

（1）列出尽可能多的与网站相关的关键词。

如通过查看竞争者网站的关键词，使用关键词分析工具获得扩展关键词、使用搜索引擎列出相关关键词的搜索结果、根据客户搜索时使用的关键词等方式列出尽可能多的关键词。

（2）分析关键词的竞争程度。

分析关键词的竞争程度包括：一是关键词被搜索时返回的网页数，网页越多，竞争越激烈；二是关键词在竞价排名中的价格，如使用 Google 关键词工具（https://adwords.google.com.cn/select/trafficestimatorsandbox）查看广告商需支付的竞价价格。

（3）分析关键词的关注度。

关键词的关注度即被用户搜索的次数，次数越多，关注度越高。可通过百度指数、Google 趋势（http://www.google.com/trends）查看关键词的关注度，通过 Google 关键词查询即可初步判断。

Google 关键词查询参见图 13-1。

（4）去掉竞争程度高、关注度低的关键词。

保留 2 个或 3 个关键词，其他的去掉或作为辅助关键词放到网站内页（参见图 13-2）。

步骤 2：网站结构与 URL 分析

（1）查看分析网站的物理结构，将网站物理结构优化为树型结构。

（2）查看分析网站的逻辑机构，将网站逻辑机构优化为树型结构。

（3）查看分析网站 URL，将网站 URL 优化为规范化 URL。

（4）查看分析网站 URL 的链接正确性，可以使用手工方式或专门的工具查看分析。

图 13-1　Google 关键词查询

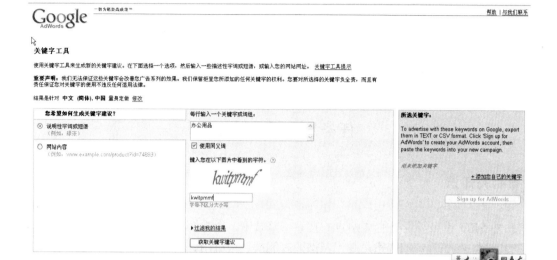

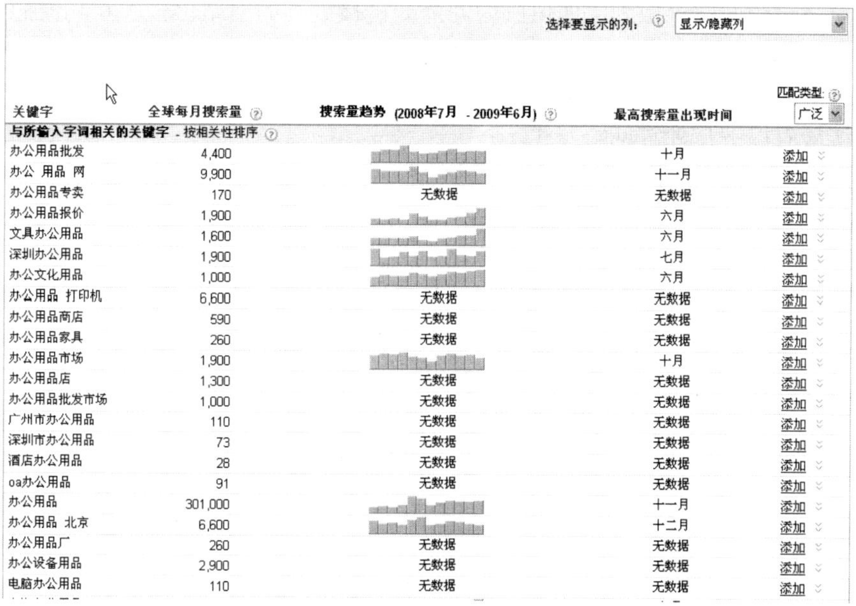

选择要显示的列：显示/隐藏列

匹配类型：广泛

关键字	全球每月搜索量	搜索量趋势（2008年7月 - 2009年6月）	最高搜索量出现时间	
与所输入字词相关的关键字 - 按相关性排序				
办公用品批发	4,400		十月	添加
办公 用品 网	9,900		十一月	添加
办公用品专卖	170	无数据	无数据	添加
办公用品报价	1,900		六月	添加
文具办公用品	1,600		六月	添加
深圳办公用品	1,900		七月	添加
办公文化用品	1,000		六月	添加
办公用品 打印机	6,600	无数据	无数据	添加
办公用品商店	590	无数据	无数据	添加
办公用品家具	260	无数据	无数据	添加
办公用品市场	1,900		十月	添加
办公用品店	1,300	无数据	无数据	添加
办公用品批发市场	1,000	无数据	无数据	添加
广州市办公用品	110	无数据	无数据	添加
深圳市办公用品	73	无数据	无数据	添加
酒店办公用品	28	无数据	无数据	添加
oa办公用品	91	无数据	无数据	添加
办公用品	301,000		十一月	添加
办公用品 北京	6,600		十二月	添加
办公用品厂	260	无数据	无数据	添加
办公设备用品	2,900	无数据	无数据	添加
电脑办公用品	110	无数据	无数据	添加

图 13-2　关键词查询结果

步骤 3：网站功能与栏目分析

（1）列出网站功能及栏目设置表。

（2）分析网站功能，去除多余的、用户不满意的功能。

（3）分析网站栏目设置，去除无人问津的、重复的栏目。

步骤 4：网站界面与内容分析

（1）分析网站界面与风格，根据目标客户选择适宜的界面和风格。

（2）分析网站内容，使内容完整统一并定期更新。

任务二　站外 SEO

站外 SEO 也可以说是脱离站点的搜索引擎技术，命名源自外部站点对网站在搜索引擎排名的影响，这些外部的因素是超出网站的控制的。最有用、功能最强大的外部站点因素就是反向链接，即我们所说的外部链接。

外部链接是搜索引擎优化中极其重要的部分。没有链接，对一个网站来说，信息都是孤立的，显然一个网站难做到面面俱到因此需要链接到别的网站上去，和其他的资源相互补充，自然成为一种需求。同时外部链接被看成一个网站好坏的标准。搜索引擎认为，被众多网站链接的网站应该是个不错的网站。

外部链接有以下几种常见的方式。

1. 交换友情链接

这是网站间最常用也是最实在的方法。这是网站之间资源互相推广的一种重要手段，本着互惠互利的心理与其他的网站合作，当然最好与自己网站资源内容相关的网站交换友情链接。

2. 制作站群

所谓站群，就是指在搜索某个关键词的时候，搜索结果中出现的几个网站内容大致相同，但并非同一网址，如果他们是相互连接的，那么他们就是一个站群。

3. 登录导航网址

即我们常说的"好 123"、265 等一些网址大全网站，它们给中国互联网带来了一个新的创新，曾经的"好 123"如今被百度以 1000 多万的价格收购，265 被谷歌收录。如果你的网站可以被"好 123"、265 等大型导航网址网站收录的话，无疑给你的网站带来不少被点击的希望。

项目十三 网站优化

任务实施

本次任务的目标是网站进行站内 SEO,主要包括的内容有:
1. 站外 SEO;
2. 网站流量与搜索引擎评价分析。

步骤 1:站外 SEO

(1)搜索引擎诱导稿。

为了加快搜索引擎的收录,快速增加导入链接,可将本优化策略以案例的形式发在阿里巴巴、淘宝、中国办公用品网等网站,这类网站流量大,搜索引擎更新频率高。

(2)论坛宣传。

收集各大同类型和相似类型行业论坛进行宣传,如软文发布、签名策略等。

(3)Blog 宣传。

建立 Blog 进行宣传,如新浪、搜狐等。

(4)搜索引擎登录。

如果你做了所有站内 SEO 都该做的事,网站却还没有出现在搜索引擎中。那是因为搜索引擎还没有开始收录,每个搜索引擎都允许用户提交未收录站点,这个工程一般要等待 3~5 天。

(5)友情链接。

与同类网站和相似站点交换友情链接,一次不要加太多。链接形式以"办公用品"、"文具批发"为链接文本进行链接操作。另外在链接的地方如果出现几个"办公用品"的时候尽量换用其他的词,如"文具批发"、"办公文化用品"等。

(6)推广文章。

准备数篇推广文章,如古典风格价值人民币上千元的削笔刀、办公室一族的酷爱用品、让上班变得不再辛苦、全球首款 Core i7 笔记本亮相 CeBIT 等类型的文章,文中要以"办公用品"做链向。

步骤 2:网站流量与搜索引擎评价分析

(1)添加在线流量统计(如量子恒道 http://tongji.linezing.com/addu.html,参见图 13-3)。

(2)定期查看、分析流量统计信息。

(3)打开搜索引擎,在搜索框中输入网站或网页优化的关键词,查看网站或网页在搜索引擎页面中的排名。

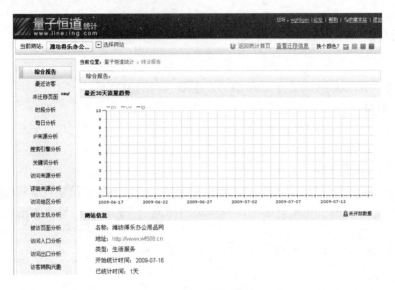

图 13-3　在线流量统计

（4）在搜索框中输入"site:www.yourdomain.com"或"site:www.yourdomain.com 相应关键词"来查询网站是否存在于搜索引擎的索引数据库中以及搜索引擎收录我们网站网页的数量。

（5）使用在线查询工具，对网站进行搜索引擎收录、IP 地址、PR、域名 Whois、反向链接、Alexa 排名、友情链接、友情链接 IP 等查询（参见图 13-4）。

图 13-4　在线查询

项目十三　网站优化

知识回顾

网站优化的基本思想是通过对网站功能、结构、布局、内容等关键要素的合理设计，使得网站的功能和表现形式达到最优效果，可以充分表现出网站的网络营销功能。网站优化包括三个层面的含义，即对用户获取信息的优化、对网络环境（搜索引擎等）优化，以及对网站运营维护的优化。搜索引擎优化的着眼点不能只是考虑搜索引擎的排名规则如何，更重要的是要为用户获取信息和服务提供方便，搜索引擎优化的最高目标是为了用户，而不是为了搜索引擎。

搜索引擎优化应该重视网站内部的基本要素：网站结构、网站内容、网站功能和网站服务，尤其以网站结构和网站内容优化最为重要。

拓展训练

1. 选择一个电子商务网站，分析关键词的选择步骤。
2. 请为得乐办公用品公司的网站设计一个尽量精确独一无二的页面标题。
3. 改善得乐办公用品公司的 URL 结构。
4. 请在之前学习实践的基础上，对自己的现有的网站进行网站优化。

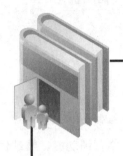

项目十四
网站推广

有句俗话是"好酒也怕巷子深",网站完成了基础性的设计和建设后,接下来的工作就是把建设好的网站推广出去,让更多的人知道这个网站并来登录、购买。为了很好地完成网站推广的工作,需要了解在网上进行网站推广的途径,并能根据实际需要,合理利用这些方法和途径。

 项目分析

网站推广已经成为网络营销的基本内容之一,根据企业的行业特征和营销资源等具体情况制订有效的综合解决网站推广方案,针对网站发展阶段特点提供针对性的网站推广计划。对网站推广措施的效果要进行跟踪,定期进行网站流量统计分析,改进或者取消效果不佳的推广手段,在效果明显的网站推广策略方面加大投入比重。

项目十四　网站推广

网站推广的方式有很多种，主要针对网站自身的行业和网站定位进行选择性的操作，每种类型的网站都有自身独到的推广方式。

网站推广方案的特点：

（1）对网站本身的特点及行业状况进行系统分析；
（2）对网站不同发展阶段特点提供针对性的推广建议；
（3）提供有效利用各种网站推广工具和方法的具体建议；
（4）通过合理规划让有限的资金发挥最大的推广效果；
（5）网站推广效果分析与网站访问统计分析相结合，提供深度分析报告。

网站推广的方式包括搜索引擎、邮件群发、博客推广、分类信息等，在下面我们将一一进行介绍。当然，还会有更多的推广方式等待我们的摸索。要有效地推广网站，还需要你花时间在实践中寻找出最适合你的方法。其实，只要你动脑筋，推广的方法很多，上面提到的推广方式有很多都是免费的，且不少都是借助于网络推广，有的还需要一些技术支持，具有一定的周期性效果不是立刻体现的，可以用组合的方式进行推广。

任务分解

为了完成网站推广的工作，我们把这个项目分解成以下六个任务：

任务一：搜索引擎推广；
任务二：电子邮件推广；
任务三：利用 BBS 推广网站；
任务四：博客推广；
任务五：分类信息；
任务六：商圈推广。

任务一　搜索引擎推广

相关知识

一、搜索引擎的定义

搜索引擎（Search Engine）是指根据一定的策略，运用特定的计算机程序收集互联网上的信息，在对信息进行组织和处理后，为用户提供检索服务的系统。

从使用者的角度看，搜索引擎提供一个包含搜索框的页面，在搜索框输入词语，通过浏览器提交给搜索引擎后，搜索引擎就会返回跟用户输入的内容相关的信息列表。

二、国内几个著名的搜索引擎网站及入口

（1）百度网站登录入口 http://www.baidu.com/search/url_submit.html。

（2）谷歌网站登录入口 http://www.google.com/addurl。

（3）雅虎网站登录入口 http://search.help.cn.yahoo.com/h4_4.html。

任务实施

本次任务是利用搜索引擎进行网站的推广，这里我们以百度为例，其他的搜索引擎类似，主要有以下问题需要解决：

1. 注册百度推广账号；
2. 选择合适的关键词；
3. 撰写推广信息；
4. 设定点击价格，点击确认后进行推广；
5. 利用百度提供的其他服务推广；
6. 推广效果测试。

步骤1：注册百度推广账号

（1）点击百度首页的下端的加入百度推广（参见图14-1）。

图14-1 加入百度推广

项目十四 网站推广

（2）进入百度推广后点击顶部导航条中的网上申请（参见图14-2）。

图14-2 点击网上申请

（3）填写注册信息（参见图14-3）。

图14-3 填写注册信息

（4）确认注册信息。

步骤2：选择合适的关键词

（1）选择合适的关键词，可以选择工具栏目中的关键词推荐工具，帮助选择（参见图14-4）。

图 14-4　关键词推荐

（2）在给出的推荐结果中选择适合的关键词（参见图 14-5）。

图 14-5　按关键词推荐

步骤3：撰写推广信息（参见图14-6）

图14-6 输入网页描述和网站地址

步骤4：设定点击价格，点击确认后进行推广（参见图14-7）

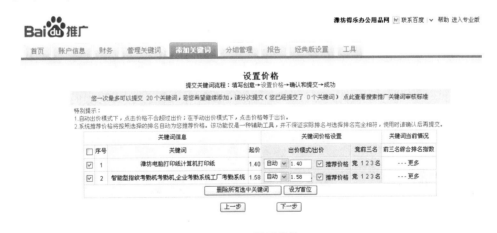

图14-7 设置价格

步骤5：利用百度提供的其他服务进行推广

除了竞价排名外，百度在对搜索结果进行排名时，会把自己的产品排在前面，如百度知道、百度贴吧、百度空间等。

步骤6：推广效果测试

经过搜索引擎推广和搜索引擎主动收录以后，我们可以测试某个搜索引擎对网站的收录情况。网站被收录的页数是推广效果的一个指标，以百度为例介绍如何测试推广效果。打开 http://www.baidu.com/，在网页搜索的输入框中输入"site://wf588.cn"（自己注册的域名），点击百度一下。如图14-8所示，该网站被百度收录342篇。我们可以依次查看网站被其他搜索引擎收录的情况。

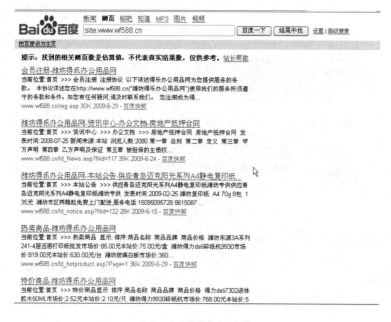

图14-8 网站收录查询

任务二 电子邮件推广

相关知识

一、电子邮件营销的定义

电子邮件是由雷·汤姆林森发明的。电子邮件营销（邮件营销）是利用电子邮件与受众客户进行商业交流的一种直销方式，广泛地应用于网络营销领域。电子邮件营销是一个广泛的定义，凡是给潜在客户或者是客户发送电子邮件都可以被看做是电子邮件营销。

二、电子邮件营销的特点

1．范围广

随着国际互联网的迅猛发展，截至 2008 年底，中国网民规模达到 2.98 亿人，全球已经超过 5 亿。面对如此巨大的用户群，作为现代广告宣传手段的电子邮件营销正日益受到人们的重视。只要你拥有足够多的电子邮件地址，就可以在很短的时间内向数千万目标用户发布广告信息，营销范围可以是中国全境乃至全球。

2．操作简单，效率高

使用专业邮件群发软件，单机可实现每天数百万封的发信速度。操作不需要懂得高深的计算机知识，不需要烦锁的制作及发送过程，发送上亿封的广告邮件一般几个工作日内便可完成。

3．成本低廉

电子邮件营销是一种低成本的营销方式，所有的费用支出就是上网费，成本比传统的广告形式要低得多。

4．应用范围广

广告的内容不受限制，适合各行各业。因为广告的载体就是电子邮件，所以具有信息量大、保存期长的特点。具有长期的宣传效果，而且收藏和传阅非常简单方便。

5．针对性强，反馈率高

电子邮件本身具有定向性，企业可以针对某一特定的人群发送特定的广告邮件，也可以根据需要按行业或地域等进行分类，然后针对目标客户进行广告邮件群发，使宣传一步到位，这样做可使行销目标明确，效果非常好。

三、电子邮件推广注意事项

群发邮件时，一定要注意邮件主题和邮件内容，很多邮件服务器为过滤垃圾邮件设置了垃圾字词过滤。如果邮件主题和邮件内容中包含有如"大量"、"宣传"、"赚钱"等字词，服务器将会过滤掉该邮件，致使邮件不能发送。因此在书写邮件主题和内容时应尽量避开被认为有垃圾字词嫌疑的文字和词语，才能顺利群发邮件。另外，标题尽量不要太商业化，内容也不宜过多（尽量小于7k），如果一看就是推销邮件，效果就不会太好，有可能直接被删除，而内容过多就会使阅读者不耐烦甚至根本不看。

四、电子邮件推广法

电子邮件推广方法基于用户许可的电子邮件营销与滥发邮件（Spam）不同，许可营销比传统的推广方式或未经许可的电子邮件营销具有明显的优势，如可以减少广告对用户的滋扰、增加潜在客户定位的准确度、增强与客户的关系、提高品牌忠诚度等。

任务实施

为了完成电子邮件推广的工作，主要有以下问题需要解决：
1．收集客户邮箱地址；
2．准备群发邮件软件；
3．电子邮件反馈。

步骤1：收集客户邮箱地址

（1）通过自己的网站充分收集已注册客户的邮址。得乐办公用品网的首页上就有会员注册登录的功能（参见图14-9），这样，只要浏览的人注册相关信息，网站就能轻而易举地得到客户的资料。

（2）租用专业服务商的电子邮件地址，这可能要花费较大的代价，但如果邮件列表非常适合企业的目标受众，付出也是值得的。根据企业要求的邮件数量、目标定位方式以及收集名字的方式不同，每个电子邮件地址的价格会有所不同。

图14-9　得乐办公用品的注册功能

最好利用著名在线公司的邮件列表，并且要非常细心，决不要使用包含数以百万记的CD-ROM地址列表，因为事实上这些人一般都不愿意收到企业的信息，而且其中大部分地址是无效的。电子邮件营销服务是把企业的邮件发送给潜在客户。应该确认提供该服务的公司的确把信息发送到了自愿加入接受的目标受众,而且在付出任何费用之前,确认列表上的名字是最有可能的潜在客户。如我们要购买得乐办公品网的潜在客户邮件,这里,我们通过长江网络科技(http://www.buyue.com/)来获取客户邮件地址。

首先,我们进入"海量数据页面"。因为我们的推广目标网站是办公用品的需求大户如学校,因此我们要查看是否有符合我们要求行业的邮件地址类型(参见图14-10)。

图 14-10　购买邮件地址

下面,我们可以通过在线支付如网银、支付宝等方式支付,他们确认款到后,即刻以EMS快递方式寄出邮址光盘。一般在付费后的第二天就可以收到邮址光盘。利用邮件群发软件把收到的地址导进去发送推广内容即可。

(3)自己上网搜集一下与自己网站相关的客户的邮箱。

以得乐办公用品网为例寻找客户邮箱资料。第一,找办公用品行业的客户。首先要确认的是企业的客户有什么共同点。得乐办公用品网主要销售办公易耗品,这时候要找的就是使用办公易耗品的单位或者个人。第二,寻找最新使用产品的客户。越早把握这类信息,在激烈的市场竞争中就越占一分先机优势。针对得乐办公用品网来说,新盖的办公大楼、新搬家的政府部门或企业、新创建的办公用品公司等都是得乐办公用品网的潜在新客户。对于他们的邮箱地址,除了从政府部门中获取资料,也可以从网上进行搜索,从报纸杂志上获得相关信息等。大型的新投资或者新开工通常会有当地报道,这类网页一般有固定的格式,会有一些特征关键词,如"开工"、"动工"、"奠基"、"剪彩"、"投产"等。利用这类新投资的特征词,组成关键词进行搜索,往往可以获得很好的效果(参见图14-11)。

步骤2:准备群发邮件软件

收集到电子邮件地址后,为了提高电子邮件推广的有效性,还需要对电子邮件地址进行分类整理,如区分潜在客户等。通常为了提高邮件发送的效率缩短时间,可以使用一些软件对邮件地址进行管理。如 Foxmail、Outlook 等的通信簿，可以根据客户的职务、职业、兴趣爱好等因素建立不同的组，在今后发送是可以点击群发（参见图 14-12）。也可以使用专门的邮件发送软件，如信鸽邮件群发专家（参见图 14-13）。

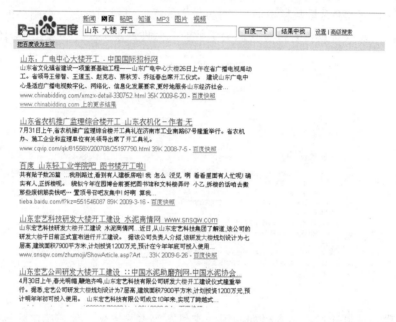

图 14-11　寻找新客户资料

图 14-12　Foxmail 软件界面

项目十四　网站推广

图 14-13　信鸽邮件群发专家

步骤 3：电子邮件反馈

部分潜在客户会回复邮件进行咨询，管理员需要认真回复每个用户反馈的信件信息，尽量给用户以满意的解答，以争取潜在客户变成意向客户，提升广告效益。

任务三　利用 BBS 推广网站

相关知识

一、如何利用 BBS 推广

BBS 即 Bulletin Board System，翻译为中文就是"电子公告板"。目前来说，BBS 通常被认为是论坛。

利用 BBS 论坛来对网站进行宣传，虽然花费精力，但是效果非常好。利用 BBS 进行推广，并不是在论坛里一个版一个版直接贴广告，而是选择自己潜在客户所在的 BBS，或者人气比较好的 BBS，有策略地进行网站的宣传和推广。

249

二、BBS 宣传注意事项

1. 不要直接发广告

在 BBS 中,意图明显的广告是会被版主快速删除的,严厉的还会封掉发贴人的 ID 号。因此,使用 BBS 推广网站千万不要直接发广告,尤其是在发起的帖子中切忌贴广告,要力争不留痕迹,使得版主不会发现且能起到宣传效果。

2. 发帖质量要高

发帖不在乎数量的多少、发的地方多少,一般情况下,我们在 3~5 个合适的论坛上发帖子就能达到效果。帖子的质量特别重要。我们发帖子的目的是为了让更多的人看到,并能去浏览你的网站,所以发高质量的帖子。专注一点,可以花费较小的精力获得较好的宣传效果。

任务实施

本次任务的目标是找一个合适的 BBS 论坛来推广自己的网站,主要有以下问题需要解决:

1. 找到一个既适合自己网站的主题又有很好的知名度的论坛网站;
2. 根据 BBS 论坛宣传的注意事项来合适地宣传网站。

步骤 1:寻找合适的 BBS 论坛

寻找 BBS 论坛来推广网站,要符合以下几个条件。

(1)选择的 BBS 论坛上要有推广网站的潜在客户,否则,推广信息发表在风马牛不相及的论坛上,一方面很难引起人们的注意,另一方面即使引起了注意,也很难留住他们,因为他们不是潜在客户,对你的网站的内容的兴趣性就会大打折扣。

(2)选择有一定人气的 BBS 论坛。虽然说人气太旺,发的帖子就会很快被淹灭,但是从总的效果来说,只要推广得当,选择人气较旺的 BBS 论坛还是明智的选择。

步骤 2:在 BBS 论坛上推广网站

现在我们要推广的得乐办公用品网是一个主要销售办公易耗品的网站。我们的潜在客户的定位非常明确,即办公用品网使用单位或者个人。对于客户针对性很强的这样一个网站,我们可以选择一些专业论坛。在这里,我们选择优朋办公网(http://bbs.u-pun.com/)。因为我们要在论坛上推广网站,所以注册登录后,选择信息发布模块(参见图 14-14)。

项目十四　网站推广

图 14-14　优朋办公网论坛的信息发布模块

进入到了该模块的信息后，然后就是有技巧地进行网站的推广了。一种方法是发布新的帖子，另一种方法是在相关的帖子后面跟帖。这里，我们选择跟帖的方式。因为好的论坛上都有搜索功能，可以通过搜索找到合适的帖子跟帖；如果论坛上没有搜索功能，则需要我们费工夫来查找合适的帖子。这里，我们找到一个关于办公易耗品的帖子（参见图14-15），然后回帖，把自己的网站地址和说明技巧性地写清楚。

图 14-15　合适的帖子

任务四　博 客 推 广

一、博客与博客营销

"博客"一词是从英文单词 Blog 翻译而来。博客就是以网络作为载体，简易迅速便捷地发布自己的心得，及时有效轻松地与他人进行交流，再集丰富多彩的个性化展示于一体的综合性平台。

简单来说,博客营销的概念就是公司或者企业利用博客这种网络交互性平台,发布并更新企业或公司的相关概况及信息,并密切关注并及时回复平台上客户对于企业的相关疑问以及咨询,并通过较强的博客平台帮助企业或公司零成本获得搜索引擎的较前排位,以达到宣传目的的营销手段。

二、博客营销的价值分析

1. 博客可以直接带来潜在用户

博客内容发布在博客网站上,这些网站往往拥有大量的用户群体,有价值的博客内容会吸引大量潜在用户浏览,从而达到向潜在用户传递营销信息的目的,它是博客营销的基本形式,也是博客营销最直接的价值表现。

2. 博客营销的价值体现在降低网站推广费用方面

通过博客的方式,在博客内容中适当加入企业网站的信息(如某项热门产品的链接、在线优惠券下载网址链接等)达到网站推广的目的,这样的"博客推广"也是极低成本的网站推广方法,或者在不增加网站推广费用的情况下,提升了网站的访问量。

3. 博客文章内容为用户通过搜索引擎获取信息提供了机会

多渠道信息传递是网络营销取得成效的保证,通过博客文章,可以增加用户通过搜索引擎发现企业信息的机会,从而达到利用搜索引擎推广网站的目的。

4. 博客文章可以方便地增加企业网站的链接数量

通过在自己的博客文章为本公司的网站做链接,增加了网站链接主动性和灵活性,这样不仅可能为网站带来新的访问量,也增加了网站在搜索引擎排名中的优势,部分知名搜索引擎把一个网站被其他网站链接的数量和质量也作为计算其排名的因素之一。

5. 可以实现更低的成本对读者行为进行研究

当博客内容比较受欢迎时,博客网站也成为与用户交流的场所,有什么问题可以在博客文章中提出,读者可以发表评论,从而可以了解读者对博客文章内容的看法,作者也可以回复读者的评论。当然,也可以在博客文章中设置在线调查表的链接,便于有兴趣的读者参与调查,这样扩大了网站上在线调查表的投放范围,同时还可以直接就调查中的问题与读者进行交流,使得在线调研更有交互性,其结果是提高了在线调研的效果,也就意味着降低了调查研究费用。

6. 博客是建立权威网站品牌效应的理想途径之一

作为个人博客，如果想成为某一领域的专家，最好的方法之一就是建立自己的博客。如果你坚持不懈的博客下去，你所营造的信息资源将为你带来可观的访问量，在这些信息资源中，也包括你收集的各种有价值的文章、网站链接、实用工具等，这些资源为自己持续不断地写作更多的文章提供很好的帮助，这样形成良性循环，这种资源的积累实际上并不需要多少投入，但其回报却是可观的。对企业博客也是同样的道理，只要坚持对某一领域的深度研究，并加强与用户的多层面交流，对于获得用户的品牌认可和忠诚提供了有效的途径。

7. 博客减小了被竞争者超越的潜在损失

2004年，博客在全球范围内已经成为热门词汇之一，不仅参与博客写作的用户数量快速增长，浏览博客网站内容的互联网用户数量也在急剧增加。在博客方面所花费的时间成本，实际上已经被从其他方面节省的费用所补偿，如为博客网站所写作的内容同样可以用于企业网站内容的更新，或者发布在其他具有营销价值的媒体上。反之，如果因为没有博客而被竞争者超越，那种损失将是不可估量的。

8. 客让营销人员从被动的媒体依赖转向自主发布信息

在传统的营销模式下，企业往往需要依赖媒体来发布企业信息，不仅受到较大局限，而且费用相对较高。当营销人员拥有自己的博客园地之后，企业可以随时发布所有企业希望发布的信息，只要这些信息没有违反国家法律，并且信息对用户是有价值的。博客的出现，对市场人员营销观念和营销方式带来了重大转变，博客是每个企业、每个人自由发布信息的权利，如何有效地利用这一权利为企业营销战略服务则取决于市场人员的知识背景和对博客营销的应用能力等因素。

三、客营销如何提高流量

提高访问量是博客营销必须面临的一个问题，访问人就是受众，访问量增加，几乎同时意味着影响力增加，也就意味着营销效果越好。

1. 问量的关键是高质量的内容

在博客树立自己的形象，如果你是企业博客，那就树立企业文化、企业理念。如果你是电影网站，那你就传播电影文化、电影资讯、电影人介绍、大片介绍等。博客是一种交流的平台，你首先要建立一种氛围才能让博客给自己带来最大的效果。

2. 站点的定位

定位不清很难吸引固定的用户群，甚至因此妨碍已经到来的用户。为了营销的最终效果，有时候放弃部分不合适的用户是必要的。如定位是在新闻和媒体，这样即使爱好诗词，也应该放弃因诗词而到来的朋友。

3. 保持适当的更新频率

更新频率不可太频繁，也不应该很久都不更新。更新频率和博客的性质相关，如果是评论，1天1篇2天1篇是不错的频率，很多朋友都喜欢每天看到新内容。

4. 搜索引擎优化

在博客服务提供商限定之下，还能使用搜索引擎优化吗？答案是可以！首先，可以在文章中使用较热的关键字，这点有点像在文章中嵌入不相干词语的意思。另外，还可以增加站点内在的链接。如果是独立的博客服务器，那么能做的就更多了，静态化页面、优化Blog内部的结构，都是有效的方法。

5. 广加链接

Blogroll是网志提要的集合，大多数blogger（博客）在其个人网志上都提供Blogroll。它允许读者链接到其他趣味和写作风格相投的人的网址上或者以其他方式可以广泛的交换链接，交换链接越多，你的博客就越容易被访问到。而且，链接在一定程度上代表着互联网中的重要性，链接越多，你的站点就越重要。

任务实施

本次的任务是通过博客营销策略来推广网站，达到一定的网络营销目的，主要有以下问题需要解决：

1. 选择优秀的博客进行注册；
2. 博客管理。

步骤1：选择优秀的博客，注册为网站用户。我们为了得到理想的推广效果，可以选择阿里巴巴中文站作为注册博客的网站。因为阿里巴巴是全球企业间（B2B）电子商务的著名品牌，是目前国内最大、最活跃的网上交易市场和商人社区，目前已融合了B2B、C2C、搜索引擎和门户，是全球首家拥有超过800万网商的电子商务网站，被商人们评为"最受欢迎的B2B网站"。其注册地址为http://blog.china.alibaba.com/（参见图14-16）。

项目十四　网站推广

图 14-16　阿里巴巴博客主页

步骤 2：博客管理

注册成功后，登录博客，点击"进入我的博客"，进入博客管理后台（参见图 14-17）。

图 14-17　博客后台管理

（1）点击"编辑博客信息"，进入编辑页面，详细介绍自己公司的情况，包括告诉浏览者这家公司是得乐办公用品有限公司，是从事办公用品的批发零售业务。

（2）发布文章。在公司的博客上发表关于公司、产品或者行业新闻的文章。因为在博客圈里，公司展示的就是公司本身和写的文章。因此需要让博客的浏览者明白公司博客的主题和博客里面将会写些什么。

任务五 分 类 信 息

 **相关知识**

一、分类信息的含义

分类信息又称为分类广告或主动式广告。也就是根据人们的主观需要，按信息内容的行业和信息类型、信息范围归类的信息表现形式就是分类广告。网络分类信息是一种全新的网络信息服务形式，它聚合了海量的个人信息和大量的商家信息，为广大网民提供实用、丰富、真实的消费和商务信息资源，满足企事业单位和商户在互联网上发布各类产品和服务的需求。

二、分类信息的出现

传统形式的广告信息，如电视、报刊等广告，基本上都是属于被动广告，也就是不管客户喜不喜欢，都会以固定的形式强加给客户，往往会使部分客户产生厌烦情绪，广告效果也欠佳。另一方面，随着广告数量的增加，传统广告在查询上出现很大的问题，而且保存也较难，推广成本也高。这样，传统形式的广告弊端就显现了出来。随着网络技术的发展，主要是 Web 2.0 的出现，网络上的分类信息应运而生。分类信息不仅信息量大，而且信息随时在线，永不丢失。更重要的利用分类搜索可以保证用户在任何时间、任何地点都能非常方便快捷地查询。这也是为什么美国在线的分类广告能够在短短 5 年内击败传统媒体分类广告，创下年销售额 2 亿美元的惊人业绩的原因。

3. 比较著名的分类信息网

（1）hao123 信息导航 http://www.hao123.com/。

（2）中国分类信息网 http://www.fenlei168.com/。

（3）58 同城信息网 http://wf.58.com/。

（4）雅虎口碑分类信息 http://fuwu.koubei.com/。

（5）赶集网 http://www.ganji.com/。

（6）万信分类信息网 http://www.wanxn.com/。

（7）阿里分分 http://www.alifenfen.com/。

任务实施

这次我们的任务是利用分类信息来推广我们的网站，达到网站营销的目的主要有以下问题需要解决：

1．寻找合适的分类信息网站；
2．发布信息。

步骤1：寻找合适的分类信息网站

要用分类信息的方法来推广网站，我们必须对要推广的网站情况进行分析。

（1）网站目标客户区域范围。

网站目标客户在某个城市或者地区，因此，适合区域性的分类信息网站。网站的服务范围是提供办公用品的交易信息。

我们根据推广网站的情况，寻找一个能提供办公用品的信息发布的区域性很强的分类信息网站最好。这里，我们选择"58同城"（参见图14-18）。

图14-18　58同城网

步骤2：发布信息

选择好信息分类的网站后，接下来就要把我们要推广的网站的信息发布上去，以达到营销的目的。

（1）注册登录。

"58同城"是一个提供免费发布信息的信息分类网站，注册过程参见图14-19。

图14-19　注册58同城会员

（2）发布信息。

登录后，点击首页上的"发布"或者左上角的"免费发布信息"即可（参见图14-20）。

图14-20　免费发布信息

因为我们要发布的是办公用品网站（公司）信息，因此，找到合适的分类是至关重要的，这里选择"办公用品设备"中的"办公耗材"（参见图14-21）。

填写信息资料（参见图14-22）。因为我们的主要目的是推广得乐办公用品网，因此在内容中要突出推广的网站的特点，凸现推广效果。

项目十四　网站推广

图 14-21　选择分类信息

图 14-22　填写免费发布信息资料

（3）查看效果。

完成上面的操作后，在信息分类网站中推广网站的具体步骤就完成了，很短时间内我们就能看到发布的信息（参见图 14-23）。另外，我们也可以利用发布分类信息来推广网站，如我们可以以出售一部二手车的信息来填写分类信息，只是在填写内容上添加要推广的网站的名称以及网址等，这样也能起到在信息分类网站来推广自己网站的目的。

图 14-23　查看发布的信息

任务六　商　圈　推　广

一、商圈的定义

商圈是指以店铺座落点为核心向外延伸一定距离而形成的一个方圆范围，是店铺吸引顾客的地理区域。随着网络的快速发展，现在商圈也在网络上流行开来，网络上的商圈是指就同一个话题组成的一个群体或者一个圈子。

二、网络商圈推广的意义

随着网络的快速发展和网民的日益增多，网络商圈已经成为一种逐渐在壮大的群体，他们因为共同的爱好或者话题聚在某一个网络空间，共同关注某一类事情。因此，在合适的网络商圈进行网站的推广，营销的目标较明确，推广的费用低廉等。

三、商圈推广的几种方法

（1）专业的商圈网站，如"一大把"网站，提供专业的商圈推广服务。

（2）QQ群、MSN、阿里旺旺等专业聊天通讯网络工具。因为这种群的使用人数众多，

项目十四　网站推广

使用简单。

**任务实施**

本次任务是利用网络商圈对得乐办公用品网网站进行推广，主要有以下问题需要解决：

1．使用"一大把"网站商圈；

2．使用个人圈；

3．使用生意圈；

4．使用易黄页；

5．使用行业圈；

6．利用阿里旺旺等网络通信工具。

步骤1：使用"一大把"网站商圈

（1）注册登录网络商圈。

进入到"一大把"网站的首页（http://www.yidaba.com/），注册（参见图14-24）。需要注意的是，邮箱是会员登录的账号，因此，一定要认真准确地填写邮箱地址。另外，填写完注册信息后，需要到注册的邮箱中进行确认。

图14-24　注册"一大把"会员

完成会员注册后，进行会员登录（参见图14-25）。邮箱即为注册时填写的邮箱，密码是注册时的密码，并不是邮箱的密码，这点需要注意。

图14-25　登录"一大把"会员

步骤2：使用个人圈

（1）群组。

我们要推广的得乐办公用品网，因此选择群组—企业服务群组（参见图14-26）。

图14-26　"一大把"群组

在"一大把"网上专门为用户搭建的一个交流平台上，解决商务难题，获得积分。它类似于百度的"知道"。

（2）个人空间。

在个人空间，用户首先要完善自己的资料，同时，用户可以发布日志和上传照片（参见图14-27)。

图14-27 个人空间功能

(3)发布日志。

如我们要推广经济型酒店,则在发表日志时就要注重对酒店网站以及酒店本身的宣传(参见图14-28)。

图14-28 发表日志

上传照片，除了上传本人照片外，要着重上传我们的宣传目标的照片。

步骤3：使用生意圈

生意圈是"一大把"网站为会员提供的网络推广服务。

（1）加入易黄页。

在易黄页的首页（http://business.yidaba.com/company）点击"加入易黄页"（参见图14-29）。

图14-29　注册加入易黄页

（2）填写相关资料，注意企业名称和电子邮箱只能注册一次（参见图14-30）。注册完后，要等待网站的审核通过。

图14-30　填写易黄页资料

步骤4：使用易黄页

（1）通过"一大把"网站的"大把搜"进行查找，把想要查找的企业名称填到搜索框中进行搜索就能找到你想要的信息。如把刚才已经注册了的"得乐办公用品网"输入到易黄页页面右上角的搜索框中（参见图14-31）。

图 14-31　通过"大把搜"搜索

（2）通过企业黄页的分类列表进行查找。点击想要查找行业的分类标签，就能找到你所需要的企业。

（3）利用易邮局。

易邮局实际上是企业的邮箱，是一个付费项目。以企业自有域名为邮箱地址后缀并可以自行管理和分配用户的软件系统。如得乐网站域名为"www.wf588.cn"，如果使用企业邮箱服务，那么企业内所有员工都可以被分配一个地址是"员工姓名@.wf588.com"的电子邮箱，企业所有对外和对内的信息往来全部通过企业邮箱进行，这十分有利于企业的内部管理以及外部形象的提升。

（4）会展信息。

即在"一大把"网站的会展页面上把知名的会展信息进行公布，并提供一定的会展服务，如会展信息介绍、参会方式、会展技巧、会展服务推荐等（参见图14-32）。

图 14-32　"一大把"会展

步骤5：使用行业圈

"一大把"行业圈是行业人士的聚集地，是交流学习的平台。站在不同的企业立场，产生不同的观点，不同的观点产生不同的结论和方法服务于企业（参见图14-33）。

图14-33 "一大把"行业圈

步骤6：利用阿里旺旺等网络通信工具

（1）下载阿里旺旺，然后安装，安装后的软件参见图14-34。

图14-34 安装的阿里旺旺

（2）寻找阿里巴巴网站上的办公用品采购商，即买家（参见图14-35）。

通过查看买家的购买需求，找到适合自己的买家，然后点击他们后面跟着的阿里旺旺图标，就可以利用阿里旺旺进行沟通洽谈了。

项目十四 网站推广

图 14-35　阿里巴巴上的办公用品买家

网站推广是企业营销的一个重要组成部分，进行网站推广的方式也有很多种，本项目选择了几种常用的而成本较低的推广方式，包括：

（1）搜索引擎推广；
（2）电子邮件推广；
（3）利用 BBS 推广网站；
（4）博客推广；
（5）分类信息；
（6）商圈推广。

大家可以在网店日常运营和管理中逐步探索和使用。

1．自己确定一个网站，调查它的主要的网站推广的方式有哪几种？
2．通过真实的体会，调查如何能够收集到有效的电子邮件？客户如何杜绝垃圾邮件？
3．根据本项目的学习内容，对前期自己开设的网上商城进行推广。

项目十五
网站评价

经过一系列的工作,网站的建设以及宣传推广工作已经完善,接下来,对网站的评价工作就要展开。网站的流量、受欢迎程度如何,需要通过网站评价阶段才能知晓。

为了更好地完成网站评价的任务,除了了解网站的评价原则以外,还需要借助某些网站排名和访问统计的软件或者网站的帮助才行。

电子商务的高速发展使企业网站如雨后春笋般不断涌现出来,但网站数量的增加并不完全代表着电子商务的发展的质量。在企业应用网站时出现了网站效应低、网站知名度不高、网站资源得不到充分利用等问题的困扰。因此,网站的评价在这种情况下出现,并得到了快速的发展。

一般情况下,我们认为对网站评价是指根据一定的评价方法和评价内容与指标对电子商务网站运行状况和工作质量进行评估,其强调的是对电子商务网站运行的评估。但是,也有人从广义和狭义来对网站评价进行定义。广义的网站评价是使之贯穿网站的开发项目主过程每一阶段的评价,包括立项评价、中期评价和结项评价;狭义的网站评价是指网站建成并投入运行后,所进行的全面的、综合的和系统的评价,即广义评价中的结项评价。

电子商务的发展促使网站评价的诞生。随着社会的需求,许多评价机构也会产生,促进网站评价研究的发展。网站评价要加强理论和方法实践的研究,不同行业需确定不同的指标体系,完善市场监管力度。面对电子商务发展潮流,网站评价一定会发挥巨大作用。

为完成以上工作,可以把本项工作分解成以下两个工作任务:
任务一:网站评价;
任务二:网站排名与访问统计。

任务一 网 站 评 价

一、对网站进行评价的意义

网站评价是指根据一定的评价方法和评价内容与指标对电子商务网站运行状况和工作质量进行评估。作为电子商务市场发展和完善的重要推动力量,网站评价不仅使自身得到快速发展,并且通过评价活动促进电子商务网站的整体水平和质量的提高,监督和促进电子商务网站经营规范和完善,从而推动电子商务的健康发展。

网站评价的意义主要体现在以下三个方面。

(1)被评价的电子商务网站。

通过网站评价,网站经营者可以更加客观、全面地了解电子商务网站实际运行的效果以及客户的满意程度,认识自己的网站的地位、优势和不足,作为网站维护、更新及进一步开发、完善的依据。

(2)测评机构和评比网站。

作为中立的第三方,测评机构通过提供信息增值服务(网站测评、排名及其分析报告等）抓住了市场机会快速地成长。如美国两个著名的评比网站（www.gomez.com 和 www.bizrate.com）对电子商务网站的排名，其影响力越来越大。另外，网站评价的社会需求促使一种新的电子商务模式——比较电子商务产生。

（3）顾客。

网站评价能够在一定程度上解决电子商务网站和顾客之间的信息不对称问题。顾客可以根据中立的网站评价结果，获得可靠的各个电子商务网站的评价信息，从而降低信息搜寻成本，并且有助于更方便、更迅速地选择合适的网站进行电子商务活动或获得最好的服务。

二、网站的评价分析方法

1. 企业自己评价

一些简单的指标可以借助于一些网站评价工具来进行，这些工具包括网站链接错误检测、网站下载速度测试、网站搜索引擎优化状况测试等，也可以利用专业机构提供的评价服务软件或者在线评价工具来进行初步的诊断。

企业自己评价的优点包括以下几个方面。

（1）网站评价的成本低。

企业利用一些免费的评价软件，虽然功能上会有一定的限制，但是也可以得到一些有利的评价信息，另外，使用有偿服务的评价软件，比起委托专业的评价机构评价，其成本也要低得多。

（2）在评价过程中，企业可以对企业的重要数据保密。

如果委托专业的评价机构来评价，企业的一些重要的资料必然会存在泄露出去的风险；如果利用客户评估，一些专业的问题也会得不到权威的资料。而企业自己对网站进行评价则可以在最大限度上保护企业的资料。

（3）评估工作对企业人员的技术要求不高。

只要具备基本的计算机操作能力，利用简单易用的评价软件就可以对自己企业的网站进行评价。

企业自己评价的缺点是比起委托专业评价机构来说，企业自己评价得到的资料，其客观性和质量上都要大打折扣。

2. 委托专业的评价机构评价

委托专业评价机构对网站进行评价虽然要耗费一定的财力，但是具有一定的客观性和权威性。因为专业的评价机构不仅在网站评估工作中积累了大量的工作经验，有一整套行之有效的评估方法和管理方法，而且他们有专业的评估人才和评估指标，可以对网站进行全面的评估。如 Gomez 积分卡用于测量电子商务网站的质量,积分卡的评价标准由 150 多项标准组成,这些标准由 Gomez 专家制订,用来获取某个领域互联网货物配送以及服务方面的信息。为决定一个公司是否满足特定的标准,Gomez 专家使用多种数据收集方法,包括:对一个网站进行彻底的直接检查,安全以及非安全页面性能监测,产品价格水平,通过电话和互联网的顾客交互服务,每个公司填写的调查表。

3. 利用客户评价

客户是直接接受网站服务的群体,也是最具有发言权的群体之一。企业可以通过在线对顾客进行调查,或者是通过邮件发放调查表,或者是采取有奖调查等形式来获取客户对网站的评价,然后利用反馈回来的信息进行统计分析,得到对网站建设改进有利的信息。如对几个电子商务购物网站进行比较分析,我们采取向在网站购物的客户调查的方式,调查问题可以包括以下几个方面:

(1)容易订购:下订单方便、快速;
(2)产品选择:提供产品的种类和规格数量;
(3)产品信息:信息的数量、质量及相关性;
(4)产品价格:相对于同类网上商店的价格;
(5)网站导航及外观:网站速度、版面质量、图片、是否有错误链接;
(6)准时送货:预期收货日期与实际日期相比;
(7)产品表现:描述的产品与实际收到产品是否相符;
(8)顾客支持的水平和质量:处理顾客投诉和解决问题的状况;
(9)个人信息政策:个人信息的保护和承诺;
(10)产品运输和操作:包装和运输是否合适。

三、网站的评价分析指标

1. 网站结构合理

网站栏目设置不要过于复杂、网站导清晰统一、网页布局设计合理,符合客户浏览习惯,百度在这方面就做得很好。

2. 访问速度快

不要有太多的 Flash、图片、框架、垃圾代码等。有时过多过大的 Flash 是堵墙,太慢的打开速度让客户浏览耐心尽失,从而把客户挡在了你的网站之外。

3. 有关键字和描述信息

关键字和描述信息是你递给搜索引擎的名片，搜索引擎凭此认识你，并凭此推荐给你的目标客户。所以，做好关键字和描述信息等于拥有了多个搜索引擎，获得在全世界介绍公司和产品的机会。

4. 网站及各个栏目的更新速度

网站及各个栏目的更新速度包括栏目更新速度、子网站更新速度、首页的更新速度、首页第一屏的更新速度。尤其是首页的更新速度、首页第一屏的更新速度（包括实际更新速度和感觉更新速度）。更新速度是网站自身活跃程度的一个表现。从这里也可以看出来，即使是知名的网站（如新浪）也有许多几个月没有更新的栏目。

5. 网站自有内容的数量、比例和被认可程度

由于时间紧加上专业差异，很难有全面的质量分析，因此主要通过数量和点击数、回复数或评论参与程度等进行考核。

6. 网站与读者互动程度

网站与读者互动程度是指：
（1）网站是否提供直接互动窗口，如文章直接评论，并且文章直接评论是否有人在使用，使用效果如何；
（2）网站是否有论坛，论坛平均的实际浏览人数、参与人数，每天的帖子数量及分布，其中高价值帖的数量，斑竹/管理员的能力等；
（3）网站是否有个人专栏，个人专栏的更新速度，专栏内容是否在网站中得到了体现，以及体现方式等；
（4）网站是否有博客，博客定位是否与网站保持基本一致，博客内容是否被广泛转载或传播，博客的活跃程度等。

7. 网站的相关增值活动以及其他收入来源（包括广告）开发情况

收入是网站发展的保证，收入方式是否多元化决定网站的未来走势。

任务实施

按照表 15-1 设计的内容，对以下三个网站进行评价。

项目十五　网站评价

表15-1　网站评价表

网站名称	网站地址	评价指标						
		网站结构	访问速度	关键字和描述信息	更新速度	网站自有内容	互动程度	增值活动及收入
上海优朋办公用品网	www.ufoa.net							
北京永硕办公用品采购网	www.uoso.com							
深圳办公用品网	www.szoffice.cn							

任务二　网站排名与访问统计

相关知识

一、网站排名规则

网站排名一般是按照网站流量排名为标准来进行测量，是网站推广效果的一种直接体现。如"中国网站排名"(http://www.chinarank.org.cn/)基于中国网站排名工具条和其他合作数据平台进行流量采集、统计、计算及发布，对在中国注册的网站和部分在中国运营的外国网站进行排名。

网站排名包含以下几个统计数据。

(1) 流量（人/百万人）。

流量是指每百万人访问该目标网站的人数，即一百万个上网用户中有多少人访问目标网站。

(2) 网站的综合流量。

以中国网站排名网站所覆盖的网民为基础，计算每百万网民中访问该网站的人群浏览页面的总量。

忠实访问率=忠实访问量÷网站总访问量×100%

① 网站忠实访问量。

以日为单位，在一段时间（30天）内，访问某网站达3日或3日以上的独立访问量（一日内多次访问不计算在内）。如A网站在30天内共有1000个独立访问记录，其中500个访问记录达 3 天或 3 天以上，该网站的忠实访问率为 500÷1000×100% =50%。

② 网站流量忠实率（网站忠实访问率）。

网站流量忠实率（网站忠实访问率）越高，间接体现该网站忠实用户的比例越高，以及网站的服务内容对网民的吸引力越强。

（3）网站的平均显示时间。

网站的平均显示时间指某网站所有被访问的网页平均打开时间。

2. 访问统计

网站的受欢迎程度，用户的访问量是重要的衡量指标之一。网站访问量统计分析是网络营销管理的重要组成部分，也是网络营销效果的评价的基础。同时网站访问量统计分析对网络营销诊断和网络营销策略研究提供了参考依据。网站访问量统计分析包括网站访问量指标的统计分析、网站访问者行为的统计分析、竞争者网站访问统计分析等内容。

常用的免费统计工具或网站有站长统计（http://www.cnzz.com/）、我要啦免费统计网（http://www.51.la/）、天空网站统计分析系统（http://stats.skybig.net/）、ITSUN 免费网站流量统计（http://www.itsun.com/）。

我们可以在"我要啦"免费统计网来对网站做访问统计。该网站提供免费的网站统计服务，包括 SEQ 数据、访问明细、升降榜、流量分析、内容分析、吸引力分析访问者信息等服务。

任务实施

要想知道自己的网站排名情况，除聘请专业的公司调查外，可以利用网络提供的免费资源来查询网站的排名情况。如利用 Alexa 查询全球专业的网站排名服务，Alexa 提供包括综合排名、到访量排名、页面访问量排名等多个评价指标信息，且目前尚没有而且也很难有更科学、更合理的评价参考，人们还是把它当做当前较为权威的网站访问量评价指标，这个排名具有很重要的参考价值。因此，我们利用 http://alexa.chinaz.com/ 来对网站进行排名调查。

步骤 1：登录查询

登录 http://alexa.chinaz.com/ 后，在"请输入要查询的网址"中仔细地输入我们要查询的网站的网址，一个新站点很难被收录和统计，因此在本处以京东商城（http://www.360buy.com/）为例进行查询（参见图 15-1）。

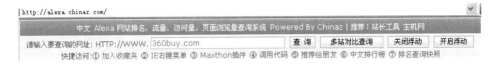

图 15-1　进行网站排名查询

步骤 2：查询结果

点击“查询”后，会在页面中出现查询的结果，查询结果参见图 15-2。

步骤 3：多站对比查询

如果想对不同的网站在 Alexa 上的排名进行比较的话，则可以点击“多站对比查询”。如我们查询京东商城、亚马逊网、当当网的排名对比情况，在文本框中输入网站域名，点击查询结果（参见图 15-3）。

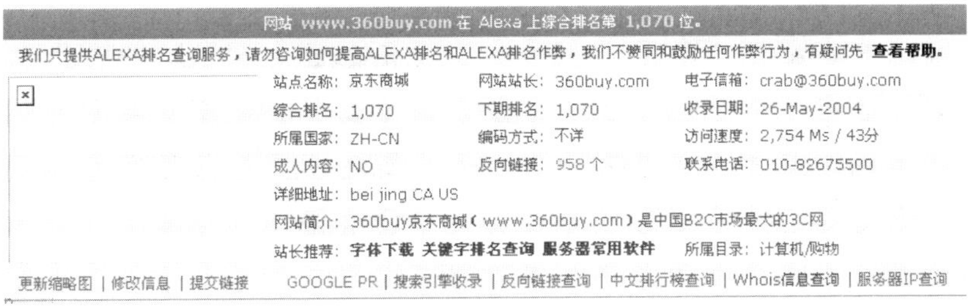

图 15-2　查询到的网站排名信息

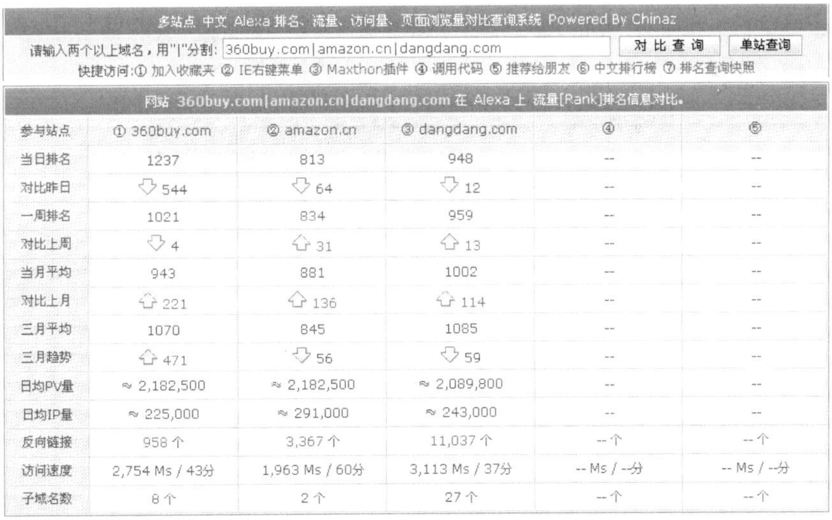

参与站点	① 360buy.com	② amazon.cn	③ dangdang.com	④	⑤
当日排名	1237	813	948	--	--
对比昨日	⇩ 544	⇩ 64	⇩ 12	--	--
一周排名	1021	834	959	--	--
对比上周	⇩ 4	⇧ 31	⇧ 13	--	--
当月平均	943	881	1002	--	--
对比上月	⇧ 221	⇧ 136	⇧ 114	--	--
三月平均	1070	845	1085	--	--
三月趋势	⇧ 471	⇩ 56	⇩ 59	--	--
日均PV量	≈ 2,182,500	≈ 2,182,500	≈ 2,089,800	--	--
日均IP量	≈ 225,000	≈ 291,000	≈ 243,000	--	--
反向链接	958 个	3,367 个	11,037 个	-- 个	-- 个
访问速度	2,754 Ms / 43分	1,963 Ms / 60分	3,113 Ms / 37分	-- Ms / --分	-- Ms / --分
子域名数	8 个	2 个	27 个	-- 个	-- 个

图 15-3　网站在 Alexa 上的排名比较

步骤4：申请访问统计免费服务

登录网站 http://www.51.la/，在首页点击免费申请，填写简单的注册资料进行注册（参见图15-4）。

步骤5：开通统计ID

要想能够在你的网站使用统计功能，还必须开通统计ID（参见图15-5），在控制台点击添加统计ID。输入网站名称和网站地址，点击添加。

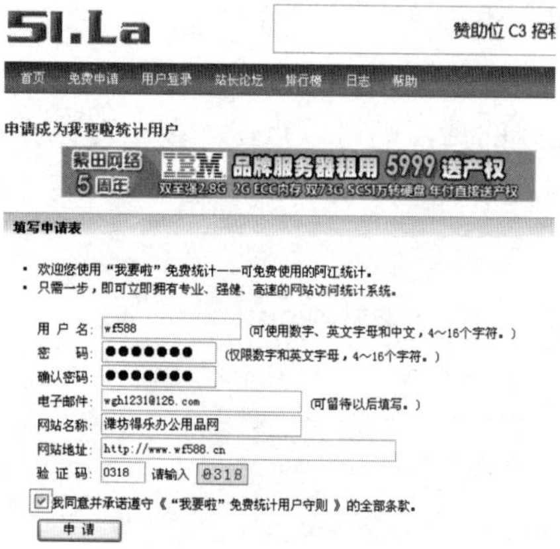

图15-4　申请统计免费服务 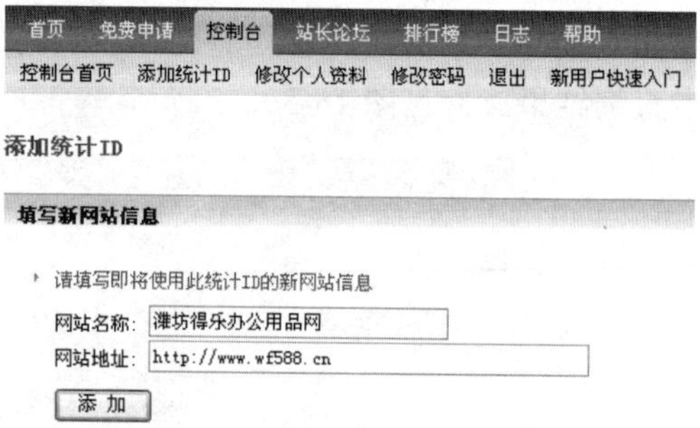　　　　　图15-5　开通统计ID

步骤6：获取统计代码

统计代码可以在控制台获取统计代码处获取，只有当在网站上放置了统计代码之后系统才开始计数（参见图15-6）。

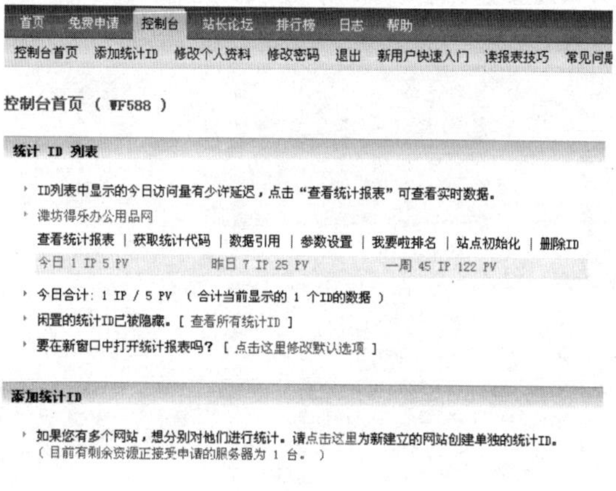

图15-6　进入控制台

项目十五 网站评价

代码如图 15-7 所示，我们将代码复制备用。

步骤 7：在网站中添加统计代码

我们登录网站后台，网站设置—基本设置—统计选项，将代码粘贴到输入框中，保存（参见图 15-8）。

图 15-7 统计代码

图 15-8 在网页中添加统计代码

步骤 8：页面查看站点统计

在我们网站系统前台的底部可以看到 的标记，此处是添加了两个站点统计，另一个是"站长统计"。点击前面的"A"图标可以链接到 http://www.51.la 查看到用户统计报表（参见图 15-9）。

图 15-9 网站页面查看统计信息

277

步骤9：到www.51.la 查看统计信息和分析

登录后，进入到控制台首页，点击要统计的网站的"查看统计报告"就可以看到关于这个网站的一系列统计结果（参见图15-10）。

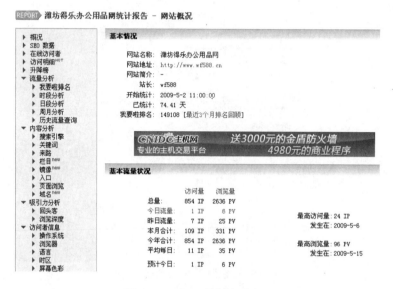

图15-10　51.la 控制台信息

前面我们结合网站的特点对网站进行了推广，然而，推广的效果如何还需要我们通过对网站统计分析得出客观合理的评价。本项目给出了网站评价分析的方法，网站评价分析的指标，同时给出了如何对网站排名进行查询和网站访问的统计的方法。

1．选择某行业的3个网站，合理设计评价指标，对其进行比较分析。
2．举例说明如何增加自己网站的排名及访问量？
3．用51.la 的控制台查询自己的网上商城。